全国职业院校汽车类专业新形态工作手册式教材
全国技工院校汽车类专业工学一体化教材

汽车发动机管理系统检测与维修

中德诺浩汽车职业教育研究院　组织编写
主编　吕丕华

中国劳动社会保障出版社

内容简介

本书是全国职业院校汽车类专业新形态工作手册式教材 / 全国技工院校汽车类专业工学一体化教材，由中德诺浩汽车职业教育研究院组织开发。全书共包含 7 个学习情境、29 个学习任务，内容涵盖电控系统自诊断、供油系统的检查、火花塞和点火线圈的检查、曲轴位置传感器的检查、凸轮轴位置传感器的检查、爆震传感器的检查、冷却液温度传感器的检查、空气流量计的检查、进气压力温度传感器的检查、EPC 控制系统——加速踏板的检查、EPC 控制系统——电子节气门的检查、氧传感器的检查、宽频型氧传感器的检查、涡轮增压系统的检查、柴油发动机燃油含水率传感器的检查、柴油发动机油轨压力传感器的检查、柴油发动机燃油计量阀的检查、发动机电控系统综合故障诊断等。

本书可作为全国职业院校与技工院校汽车类专业教学用书，也可作为汽车售后服务企业相关技术人员与社会人士培训参考用书。

本套教材由吕丕华主编，本书由温江杰负责编写。

图书在版编目（CIP）数据

汽车发动机管理系统检测与维修 / 吕丕华主编. -- 北京：中国劳动社会保障出版社，2023

全国职业院校汽车类专业新形态工作手册式教材　全国技工院校汽车类专业工学一体化教材

ISBN 978-7-5167-5844-1

Ⅰ. ①汽…　Ⅱ. ①吕…　Ⅲ. ①汽车 – 发动机 – 机械系统 – 车辆检修 – 职业教育 – 教材
Ⅳ. ①U472.43

中国国家版本馆 CIP 数据核字（2023）第 077442 号

中国劳动社会保障出版社出版发行

（北京市惠新东街 1 号　邮政编码：100029）

*

北京市白帆印务有限公司印刷装订　　新华书店经销

880 毫米 ×1230 毫米　16 开本　15 印张　363 千字

2023 年 6 月第 1 版　　2023 年 6 月第 1 次印刷

定价：48.00 元

营销中心电话：400-606-6496

出版社网址：http://www.class.com.cn

http://jg.class.com.cn

序

当前，我国正在加快实施“中国制造 2025”计划，处于由制造大国向制造强国、由人力资源大国向人力资源强国发展的重要时期，党和国家为此制定了一系列科教兴国、人才强国的战略措施。

在人才队伍中，工作在生产一线的技能型人才是重要基础。高素质技能型人才队伍是推动经济社会发展的重要保障，职业教育是培养高素质技能型人才的主要渠道。尽管世界各国国情不同，发展职业教育的条件、政策和具体措施各异，但无论发达国家还是新兴工业化国家，均普遍重视职业教育在培养高素质技能型人才中的重要作用，把发展职业教育作为人力资源开发、振兴经济、增强国力的战略选择。

德国的职业教育水平处于世界领先地位。德国经济在世界金融危机中之所以依然稳健发展，与其因职业教育发达而拥有大量的高素质技能型人才是分不开的。完备的法律制度和各方面的高度重视，为德国的职业教育发展提供了有力保障。德国的双元制职业教育制度将劳动人事制度与教育制度有机地结合在一起。学校和企业都是培养人才的主体，并承担相应责任，学校和企业的教学计划、形式和内容虽各有侧重，但又相互联系，且均以工作任务为教学载体，将技能学习和训练、理论学习和运用有机结合，充分发挥学生在教学中的主体作用，着力培养学生承担社会责任的能力、独立发现和解决问题的能力、在实践中自主学习的能力。

改革开放以来，我国在借鉴国外先进职业教育经验方面取得了可喜成就。我国职业教育的对外交流与合作就是从借鉴和学习德国经验开始的，中德诺浩（北京）教育投资股份有限公司为此做了积极而有效的探索。

长期以来，该公司致力于引进德国的汽车职业教育资源，与德国手工业协会合作，在国内与以德国品牌为主的汽车合资企业和各类职业院校共同开展教育工作。经过多年的探索，结合我国国情，该公司成功地引进德国汽车职业教育的课程体系、教学素材和教学方法，并结合互联网手段进行了全方位本土化，在此基础上与300多所职业院校联手，为我国汽车维修企业培养了大批优秀人才。与此同时，该公司组织中德两国的汽车技术专家、经验丰富的维修技师和职业教育专家，共同编写了职业院校汽车类专业新形态工作手册式教材。这套教材以培养高技能人才为目标，内容选自实际操作，既“原汁原味”地吸纳了德国经验，又结合我国实际情况充实了教学内容，推动我国汽车维修技能型人才的培养与世界接轨。我期待其在我国培养国际标准汽车高技能人才方面发挥出重要作用，在中国由汽车大国向汽车强国迈进的征程中做出应有的贡献。

唐天标

（本序作者系第十一届全国人大常委会委员、第十一届全国人大教科文卫委员会副主任委员，原中国人民解放军总政治部副主任，上将军衔）

前言

职业教育是国民教育体系和人力资源开发的重要组成部分，肩负着培养多样化人才、传承技术技能、促进就业创业的重要职责。随着新型工业化的推进和科学技术的发展，现代职业教育体系越来越成为国家竞争力的重要支撑。为贯彻落实全国职业教育大会精神，推动现代职业教育高质量发展，加快构建现代职业教育体系，建设技能型社会，弘扬工匠精神，培养更多高素质技术技能人才、能工巧匠、大国工匠，满足我国汽车产业迅猛发展对高端技术技能型汽车人才的需求，中德诺浩在总结多年来将德国汽车职业教育中国本土化经验的基础上，编写了这套职业院校汽车类专业新形态工作手册式教材。

本套教材将理论基础和实践应用有机结合，在引领学生学习汽车专业知识的同时培养学生实际操作技能，具有以下特点：

（1）以企业一线任务为引导，将理论知识与实践技能进行完美结合。

（2）集图、文、声、像于一体，为学生提供多种形式的学习素材。

（3）采用四色印刷，版面简洁清晰、主题明确、色彩清新。

（4）本套教材配有丰富的数字化教学资源，学生可通过扫描每本书专属的封面二维码进行浏览和自学。

本套教材由中德诺浩汽车职业教育研究院组织编写，编写方式充分发挥了学生的主体地位，优化了课堂设计，便于调动学生的学习积极性和主动性，还可培养学生的创新意识和创新能力。

本套教材是职业院校汽车类专业核心课程教材，同时也可供从事汽车研究、设计、制造、使用和维修的工程技术人员学习和参考。

由于时间紧、任务重，本书内容难免有不恰当和错误之处，敬请广大读者批评指正！

编者

2022 年 10 月

目录
CONTENTS

情境一
电控供油系统故障检修

任务一　电控系统自诊断

汽车发动机管理系统故障诊断与维修任务工单				
客户信息	姓名		电话	
车辆信息	车型	VIN 码	行驶里程	
客户描述	车辆无法启动，不着车 □ 车辆上坡时发动机熄火 □ 车辆行驶中发动机易熄火 □	车辆过颠簸路面时发动机熄火 □ 发动机维持在固定转速 □ 仪表盘上 EPC 故障指示灯异常点亮 □	发动机启动困难 □ 车辆加速无力 □ 仪表盘上充电指示灯点亮 □	
	其他：			

车辆外观检查		车辆内部检查	
凹凸 □	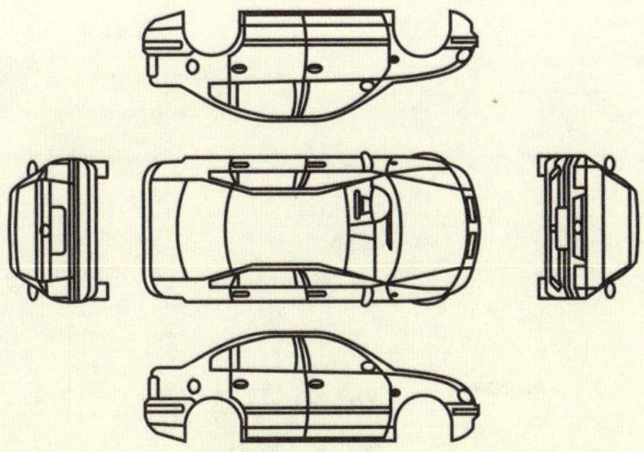	污渍 □	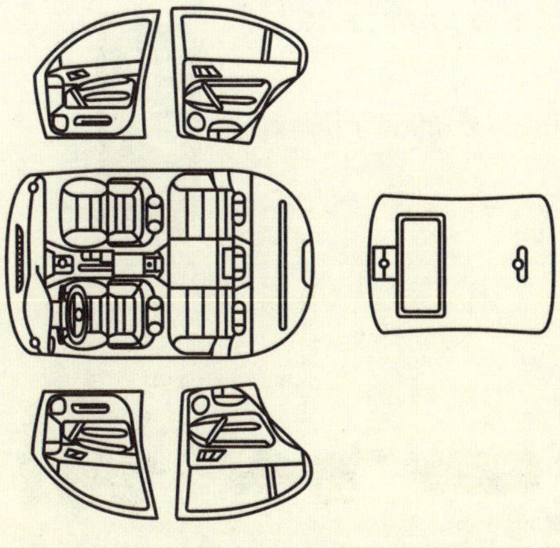
划痕 □		破损 □	
石击 □		色斑 □	
油漆 □		变形 □	

明确具体工作任务	

任务目标

- 能够独立、规范地完成发动机电控系统自诊断
- 能够正确操作诊断设备
- 能够针对诊断结果进行简单分析

续表

任务内容	● 发动机电控系统的组成与工作原理 ● 发动机电控系统的故障排查
任务重点	● 发动机电控系统自诊断 ● 诊断仪的使用方法
任务难点	● 发动机电控系统自诊断结果分析

一、知识讲解

（一）发动机电控系统的组成与工作原理

1. 发动机电控系统的组成及功能

发动机电控系统由传感器、发动机电子控制单元（简称发动机电控单元 ECU）和执行器三大部分组成（见图 1–1），它的基本功能是燃油喷射控制和电子点火控制。

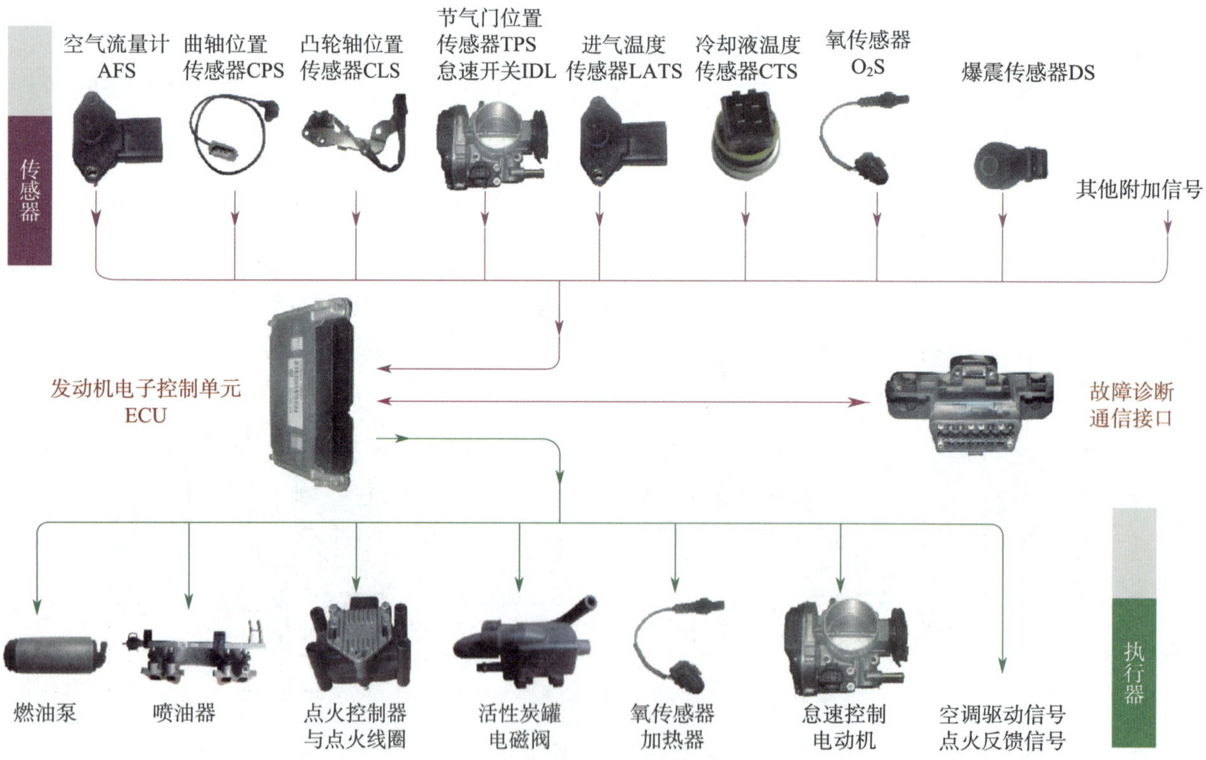

图 1–1　发动机电控系统的组成

2. 传感器、发动机电子控制单元（ECU）和执行器的功能

（1）传感器负责将发动机工况与环境信息通过各种信号即时、真实地传递到 ECU。

（2）执行器可以保证电控系统完成各种控制功能。

（3）发动机电子控制单元（ECU）是发动机电子控制系统的核心，它能完成发动机各种参数的采集和喷油量、点火时刻的控制，决定整个电控系统的功能。

3. 发动机电控系统的工作流程

在控制过程中，发动机电子控制单元接收变速器挡位和空调等开关量输入信号、进气温度和进气压力等模拟信号、曲轴位置传感器等基准信号，统筹计算后，发出具体的指令给喷油器驱动电路、点火驱动控制电路以及其他输出电路，来驱动各个执行器。执行器将 ECU 传来的控制信号转换为某种机械运动，从而引起发动机运行参数的改变，完成控制功能（见图 1–2）。

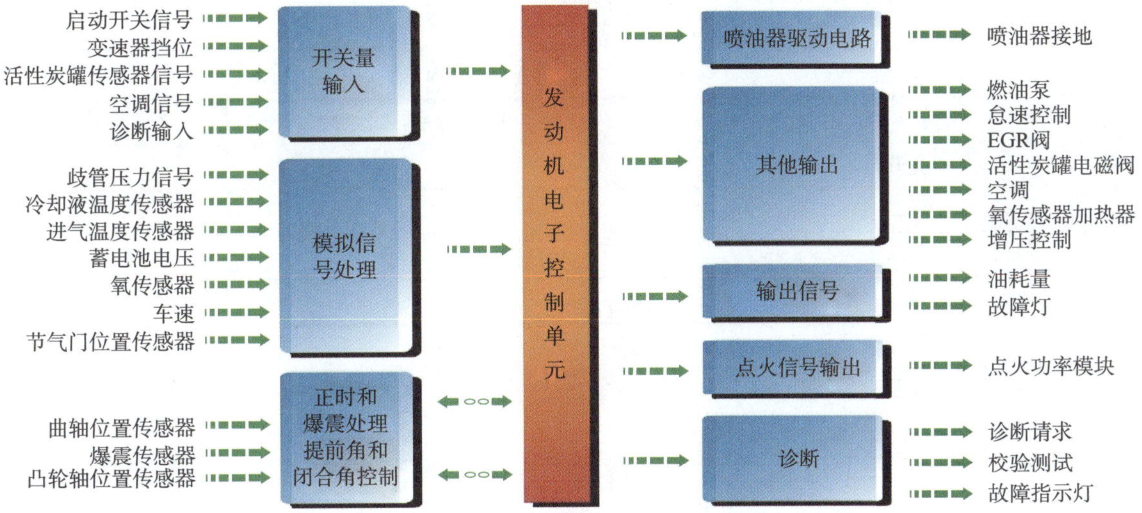

图 1–2 发动机电控系统的工作流程

（二）发动机电控系统的故障排查

1. 发动机故障指示灯

仪表盘上和发动机电控有关的指示灯有 EPC 故障指示灯和发动机排放故障指示灯。其中，EPC 故障指示灯对应电子节气门类或发动机电控类故障，发动机排放故障指示灯对应尾气排放监测相关故障（大众车型常用），如图 1–3 所示。

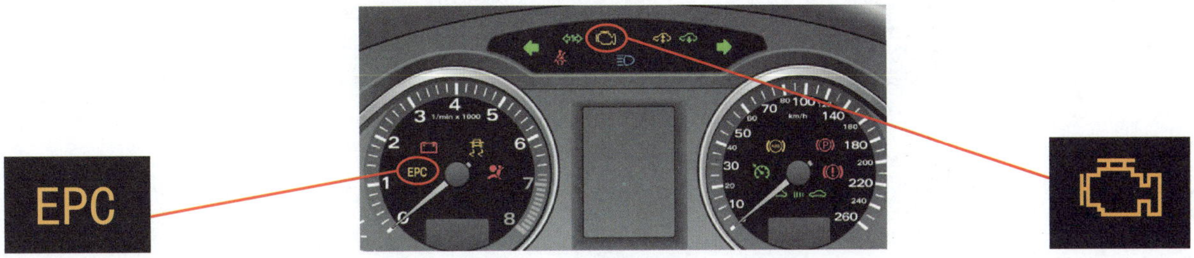

图 1–3 大众车型故障指示灯（带 OBD 功能）

2. 故障指示灯点亮的原因

发动机电子控制单元具有自诊断功能，可以对各传感器和执行器的工作情况进行监测。当检测到来自传感器或输送给执行器的故障信号时，系统将故障信息以设定的故障码形式储存在发动机电子控制单元中，同时依据不同的故障类别，采取不同的应对措施，如在仪表盘上点亮发动机电控系统故障指示灯。

正常情况下，当点火开关转到 ON 位置时，故障指示灯点亮，但在发动机启动后，故障指示灯自动熄灭。如果发动机运转时有故障指示灯点亮，则表明发动机管理系统或排放控制系统出现故障。

3. 读取故障码

电控系统的自诊断功能大大简化了烦琐的诊断过程，可以帮助维修人员快速确定故障的类型和范围。当遇到电控系统故障时，应先读取故障码，借助故障码可以更快地找到故障原因。

故障码需要使用专用诊断设备（如诊断仪）进行读取。诊断仪常用的功能有基本设定、读取测量数据块、读取故障码、执行元件自诊断等，见表 1–1。

表 1–1　诊断仪的诊断功能

序号	诊断功能
1	查询故障存储器
2	基本设定
3	清除故障存储器
4	编制控制单元码
5	读取测量数据块
6	读取单个测量值
7	执行元件自诊断

读取故障码需要符合检测条件，即发动机电控系统熔丝正常、蓄电池电压至少为 12 V、发动机与变速器的接地连接正常。

读取故障码的步骤为：关闭点火开关；连接汽车诊断设备，将诊断接头插到车辆诊断接口上；打开点火开关，执行读取故障码信息操作。

4. 分析故障码

故障表左侧的 5 位代码表示故障码。例如，故障表显示如下内容：16706 P0322 035，表示发动机转速传感器，没有信号，间歇式（见图 1–4）。

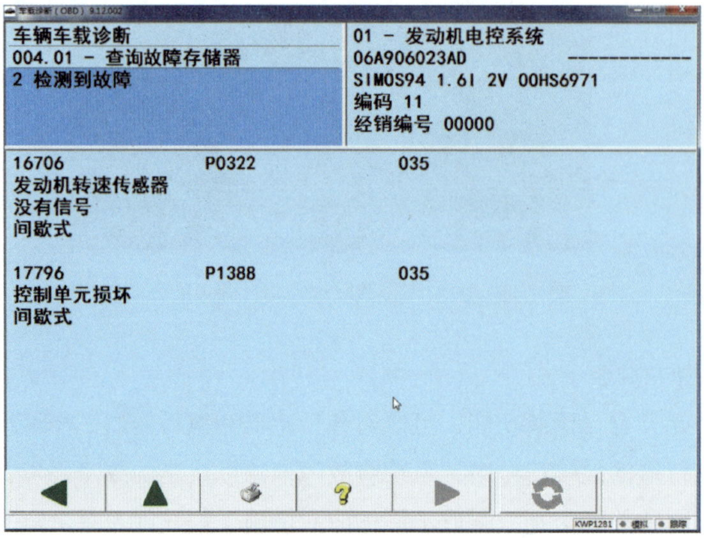

图 1–4　大众车型故障码

其中，16706 为故障码，代表出现故障的传感器或执行器名称。

P0322 为辅助故障代码（仅用于美国 SAE 标准，SAE 是指美国机动车工程师学会），代表故障类型，除没有信号外还有“过低、过高、断路、短路”等。

035 为故障类型号，代表故障出现的频次，有间歇式（有规律地出现）、偶发故障（代表不是经常出现的故障，如接触不良）等。

二、任务准备

在下列图片中勾选出完成本任务所需的工具、设备、资料等。

		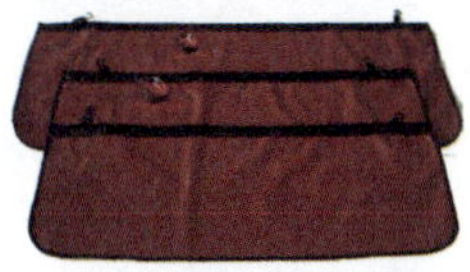	
扭力扳手	手锯	三件套	吹尘枪
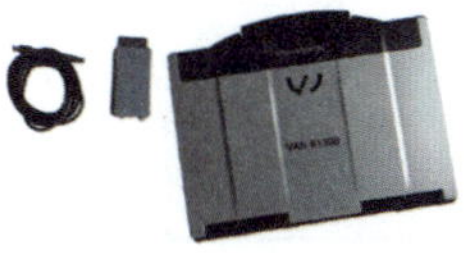			
专用诊断仪	工具车	工具套件	万用表
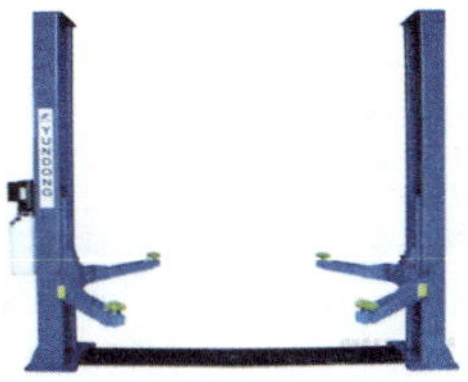			
举升机	维修手册	熔丝	实训车辆

三、防护措施

1. 进入车间应穿工鞋、戴工帽；工作服应整洁，无破损；操作时不可佩戴手表等金属饰品，以防划伤车辆表面。

2. 举升车辆时应严格按照举升机使用方法进行操作，并通知其他人员远离举升设备。

3. 更换油液或配件时，应处理好油液和配件的回收清理工作，以免对工作环境造成污染。

观察下列车间操作图片，勾选出操作正确的图片。

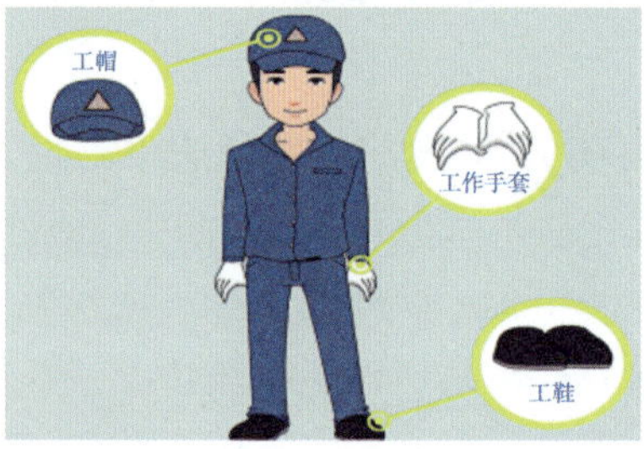		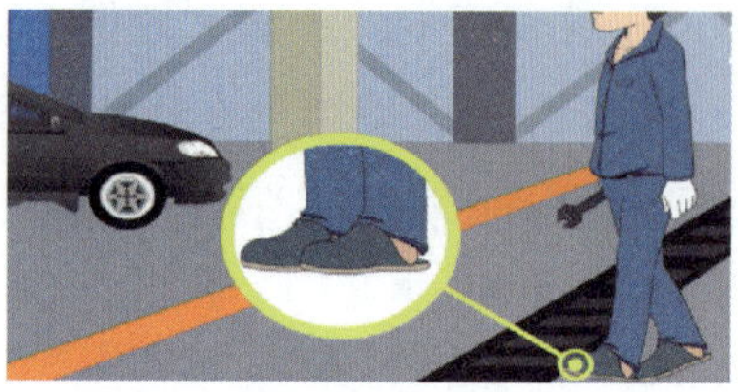

四、任务分配（见表 1-2）

表 1-2　任务分配表

职务	代码	姓名	工作内容
组长	A		监督、管理组员工作
组员	B		准备实训所需车辆及设备
	C		
	D		准备实训所需工具及资料
	E		

五、任务实施

（一）操作步骤

完成表 1-3 中工作内容对应工作步骤的排序。

表 1-3　操作步骤

工作步骤	工作内容
	打开点火开关，执行读取故障码信息的操作
	关闭点火开关
	铺好转向盘套、座椅套、脚垫，打开发动机舱盖，铺好翼子板布
	分析数据流，排除故障
	连接汽车诊断设备，将诊断接头插到车辆诊断接口上
	整理工具并打扫现场卫生

（二）实施记录

结合实施过程，对照检查项目，填写实际的检查结果（见表 1-4、表 1-5、表 1-6、表 1-7）。

表 1-4　实施记录

检测项目	与诊断设备是否连接正常	安装位置
发动机电子控制单元 ECU	是 □　否 □	发动机舱内靠近风窗玻璃处

表 1-5　检测传感器的实施记录

序号	检测项目	数据流内容	故障分析	安装位置
1	空气流量计（AFS）			
2	曲轴位置传感器（CPS）			
3	凸轮轴位置传感器（CLS）			
4	节气门位置传感器（TPS）			
5	进气温度传感器（LATS）			
6	氧传感器（O_2S）			
7	爆震传感器（DS）			

表 1-6　检测执行器的实施记录

序号	检测项目	数据流内容	故障分析	安装位置
1	燃油泵			
2	喷油器			
3	点火控制器与点火线圈			
4	活性炭罐电磁阀			
5	氧传感器加热器			
6	节气门			

表 1-7　故障码分析记录

序号	故障码内容	涉及的传感器或执行器	安装位置	故障分析
1				
2				
3				
4				
5				
6				
7				
8				

六、检查

（一）自检

结合本组任务操作过程，对任务执行过程中的操作规范性进行检查，检查操作过程中是否存在以下问题，分析讨论应如何避免并总结规范的操作方法（见表 1–8）。

表 1–8　自检

检查项目	检查结果
车辆停放位置是否合适，是否将变速器换挡杆置于空挡并拉紧驻车制动器	是 □　否 □
是否使用三件套对车辆进行防护	是 □　否 □
是否注意人身安全	是 □　否 □
发动机电控系统检测项目是否有漏项	是 □　否 □
工具、配件是否归位	是 □　否 □
工作场地是否清洁，车辆是否复位	是 □　否 □

（二）互检

组与组之间相互进行操作过程及结果检查，并把检查结果填写在表 1–9 中。

表 1–9　互检

检查项目	检查结果
车辆停放位置是否合适，是否将变速器换挡杆置于空挡并拉紧驻车制动器	是 □　否 □
是否使用三件套对车辆进行防护	是 □　否 □
是否注意人身安全	是 □　否 □
发动机电控系统检测项目是否有漏项	是 □　否 □
工具、配件是否归位	是 □　否 □
工作场地是否清洁，车辆是否复位	是 □　否 □

七、课堂小结

任务二　供油系统的检查（一）

汽车发动机管理系统故障诊断与维修任务工单——故障诊断				
客户信息	姓名		电话	
车辆信息	车型	VIN 码	行驶里程	
客户描述	车辆无法启动，不着车 □ 车辆上坡时发动机熄火 □ 车辆行驶中发动机易熄火 □ 其他：	车辆过颠簸路面时发动机熄火 □ 发动机维持在固定转速 □ 仪表盘上 EPC 故障指示灯异常点亮 □	发动机启动困难 □ 车辆加速无力 □ 仪表盘上充电指示灯点亮 □	

车辆外观检查		车辆内部检查	
凹凸 □	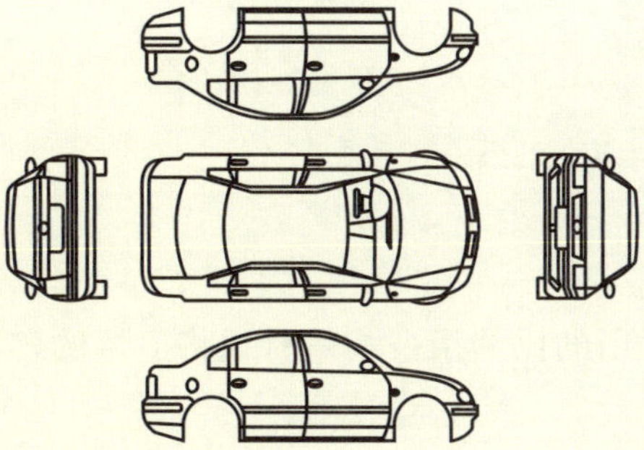	污渍 □	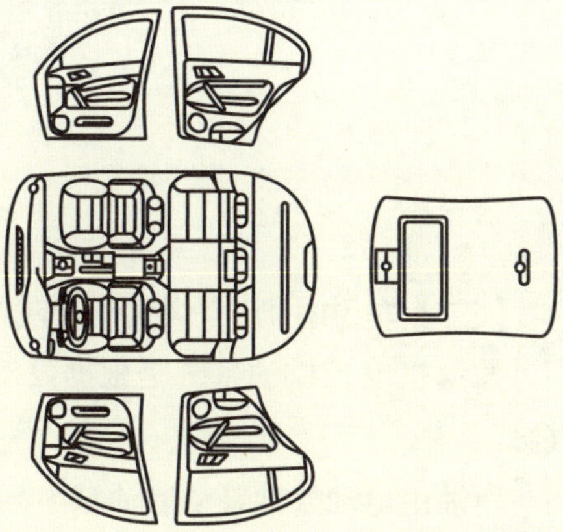
划痕 □		破损 □	
石击 □		色斑 □	
油漆 □		变形 □	

明确具体工作任务	

任务目标

- 能够独立、规范地完成发动机电控供油系统的检查
- 能够正确、规范地检查发动机电控供油系统各零部件
- 能够对发动机电控供油系统故障进行简单分析

续表

任务内容	● 发动机电控供油系统的组成 ● 发动机电控供油系统的工作原理 ● 发动机电控供油系统的检查
任务重点	● 发动机电控供油系统各零部件的检查 ● 发动机电控供油系统故障检查
任务难点	● 发动机电控供油系统故障检查方法

一、知识讲解

（一）发动机电控供油系统的组成

发动机电控供油系统包括燃油箱、电动燃油泵、燃油滤清器、燃油分配管、燃油压力调节器、喷油器等供油部件以及由活性炭罐、活性炭罐电磁阀等组成的燃油蒸发控制系统，如图 2–1 所示。

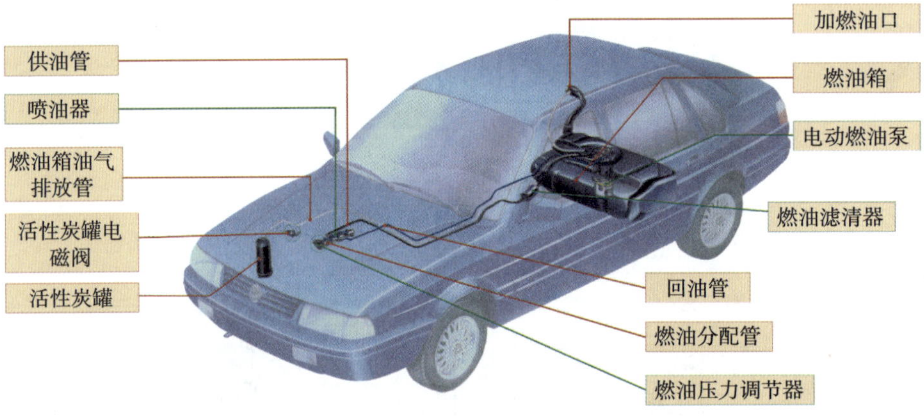

图 2–1　发动机电控供油系统的组成

（二）发动机电控供油系统的工作原理

发动机电控供油系统是根据发动机控制模块发出的供油指令，适时地将适量的燃油供给相应的气缸。

燃油由电动燃油泵从燃油箱中泵出，经过燃油滤清器，除去杂质及水分后，送至燃油分配管（油轨），再经各缸喷油器进入各个气缸。

喷油量和喷油时刻由发动机 ECU 根据各个传感器反馈的综合信息计算得出，发动机 ECU 再将喷油指令传递给喷油器来实现燃油喷射，如图 2–2 所示。

（三）燃油泵

燃油泵由直流电动机、叶片泵和端盖（集成了出油阀、安全阀和抗电磁干扰元件）等组成，如图 2–3 所示。燃油泵通常安装在油箱内部，和燃油余量传感器集成在一起。燃油泵的功能是将燃油从燃油箱送往发动机，且保证一定的油压和足够的油量。

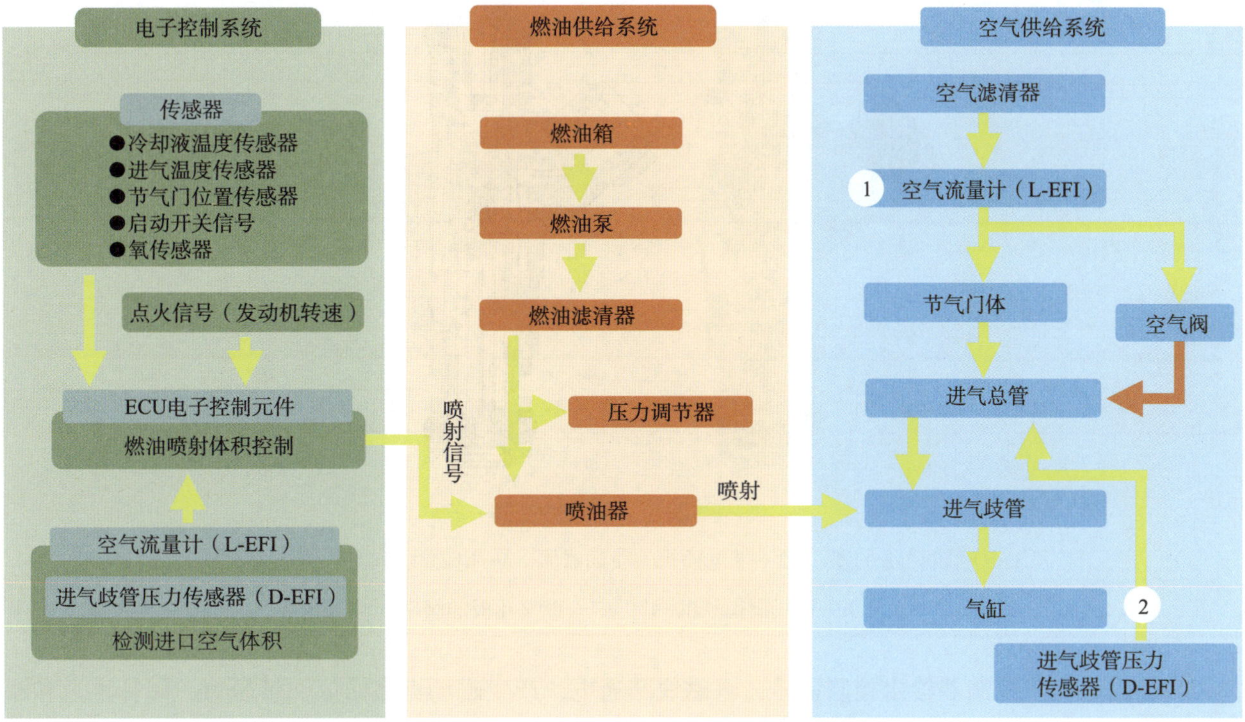

图 2-2 电控供油系统的工作原理

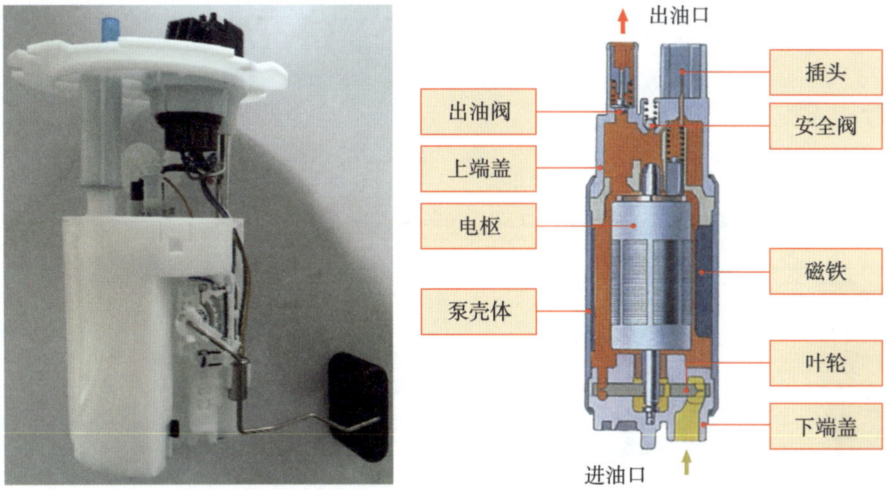

图 2-3 燃油泵的结构和工作原理

燃油泵电动机通电时，电动机驱动涡轮泵叶轮旋转，由于离心力的作用，叶轮周围小槽内的叶片贴紧泵壳体，将燃油从进油室带往出油室。

由于进油室的燃油不断被带走，所以形成一定的真空度，将燃油从进油口吸入；而出油室燃油不断增多，燃油压力升高，当达到一定值时，则顶开出油阀经出油口输出。出油阀还可在燃油泵不工作时阻止燃油流回燃油箱，保持油路中有一定的残余压力，便于下次启动。

（四）喷油器

喷油器的主要作用是将经 ECU 精确计量的燃油量在合适的时间喷入进气道或气缸内。

电磁控制型喷油器的结构如图 2-4 所示，壳体内的回位弹簧将阀针压紧在阀座上并封住喷油口。

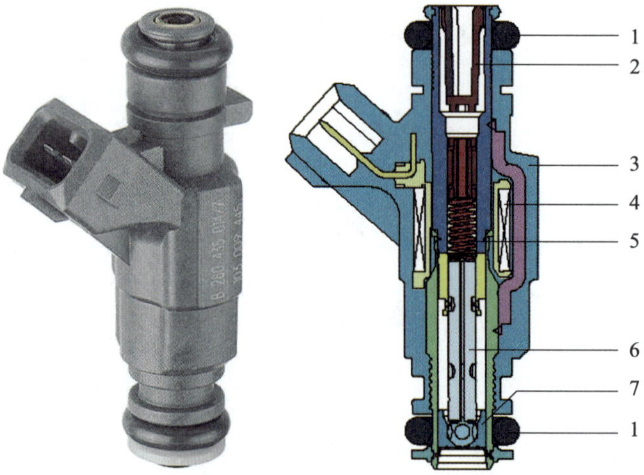

图 2-4　喷油器的结构

1—O 形圈　2—滤网　3—带电插头的喷油器体　4—电磁线圈　5—回位弹簧

6—带线圈衔铁的阀针　7—带喷孔板的阀座

喷油时，电子控制器给出控制信号，电磁线圈通电，产生磁场克服回位弹簧压力、阀针重力和摩擦力等将阀针顶起，使燃油在油压作用下喷出。

阀针升程不可调节，只要喷油器进出口的燃油压力差恒定不变，喷油量的多少取决于阀针开启的时间，即喷油器通电时间。

二、任务准备

在下列图片中勾选出完成本任务所需的工具、设备、资料等。

	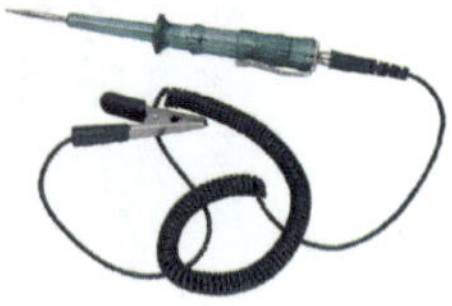		
燃油压力表	二极管试灯	三件套	吹尘枪

专用诊断仪	工具车	工具套件	万用表

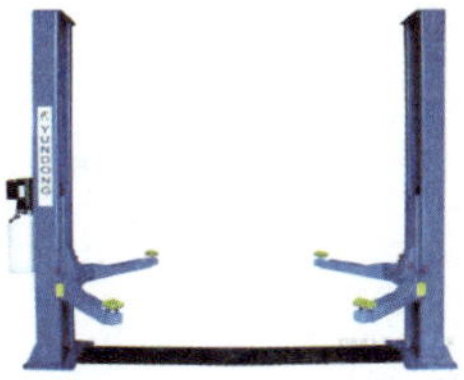		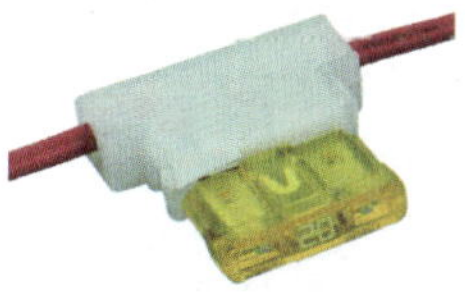	
举升机	维修手册	熔丝	实训车辆

三、防护措施

1. 进入车间应穿工鞋、戴工帽；工作服应整洁，无破损；操作时不可佩戴手表等金属饰品，以防划伤车辆表面。

2. 拆卸供油系统零部件时应保证操作现场通风良好、无明火，且在断开供油管路时要用抹布擦干燃油，现场应准备灭火器。

3. 更换油液或配件时，应处理好油液和配件的回收清理工作，以免对工作环境造成污染。

观察下列车间操作图片，勾选出操作正确的图片。

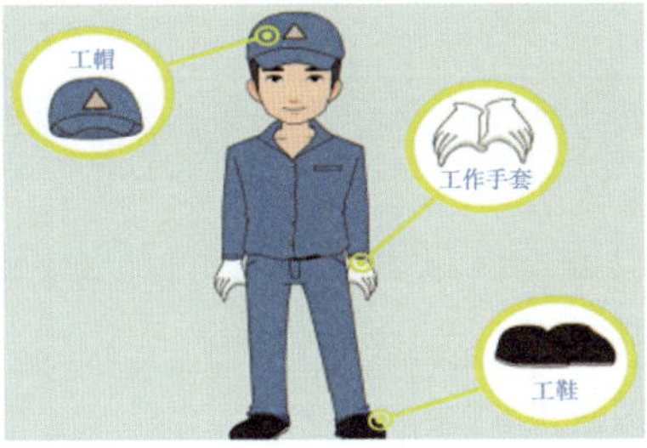		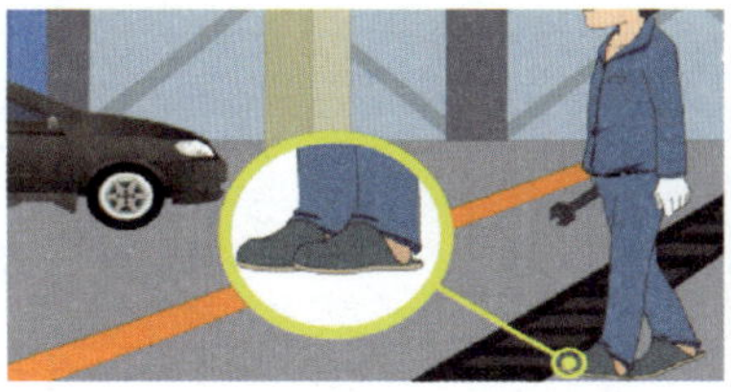

四、任务分配（见表 2-1）

表 2-1　任务分配表

职务	代码	姓名	工作内容
组长	A		监督、管理组员工作
组员	B		准备实训所需车辆及设备
	C		
	D		准备实训所需工具及资料
	E		

五、任务实施

（一）操作步骤

完成下列表格中工作内容对应工作步骤的排序，并将缺失的工作内容补充完整（见表 2-2、表 2-3、表 2-4、表 2-5）。

表 2-2　读取故障码的操作步骤

工作步骤	工作内容
	打开点火开关，执行读取故障码信息的操作
	分析数据流，排除故障
	连接汽车诊断设备，将诊断接头插到车辆诊断接口上
	铺好转向盘套、座椅套、脚垫，打开发动机舱盖，铺好翼子板布
	关闭点火开关
	整理工具并打扫现场卫生

表 2-3　检测燃油压力的操作步骤

工作步骤	工作内容
	安装防护三件套
	安装尾气排放管，接入尾排
	将变速杆置于空挡或驻车挡位置（自动挡车型），检查驻车制动器是否处于拉紧状态
4	
	对供油系统进行泄压：启动车辆至熄火，再启动车辆（　　）次
	关闭点火开关，将燃油压力表接入管路中（做好安全防护），用吹尘枪吹干燃油压力表连接处
7	
	接通点火开关，检查燃油压力表处是否漏油
	怠速运转，读取燃油压力表数值；拔掉真空管，读取燃油压力表数值
	中、高转速运转，读取燃油压力表数值
	关闭点火开关，等待（　　）min 后再观察燃油压力表的压力
	对供油系统进行泄压，拆除燃油压力表，恢复原车供油管路
	整理工具，用抹布擦拭工具表面，并将其放回工具箱内
	清理现场

表 2-4 检测燃油泵的操作步骤

工作步骤	工作内容
	使用十字旋具拆卸燃油泵上护盖的 3 个螺钉，取下燃油泵插接器
	打开行李舱盖，拆卸行李舱底部装饰板，露出燃油泵安装位置
	使用万用表 200 Ω 电阻挡测量燃油泵 1 号、4 号端子，正常电阻值为 0.2 ~ 3 Ω，若电阻值不正常，则应更换燃油泵
	整理工具，用抹布擦拭工具表面，并将其放回工具箱内
	若电阻值正常，则按相反顺序安装所拆下的配件
	清理现场

表 2-5 检测喷油器的操作步骤

工作步骤	工作内容
	拆卸发动机电子控制单元插接器，使用万用表 200 Ω 电阻挡测量喷油器插接器 2 号至 59 号端子之间的电阻（不同喷油器对应不同端子），正常电阻值应小于 1 Ω。若电阻值过大，则表明该线路存在故障；若电阻值正常，则表明发动机电子控制单元损坏
	使用二极管试灯连接喷油器 1 号端子，启动车辆，正常时试灯应该闪亮。如果不闪亮，则使用万用表 20 V 电压挡测量插接器 1 号端子对地是否有 12 V 的电压。若有 12 V 的电压，则检查插接器 2 号端子搭铁；若无 12 V 的电压，则检查 1 号端子供电情况
	使用万用表 200 Ω 电阻挡测量熔丝插脚至喷油器 1 号端子之间的电阻，正常电阻值应小于 1 Ω。若电阻值过大，则表明该线束故障；若电阻值正常，则进行下一步检查
	使用尖嘴钳拔下 S40 号熔丝，检查熔丝是否熔断。若熔丝熔断，则更换熔丝；若熔丝正常，则使用万用表 20 V 电压挡测量熔丝插脚是否有 12 V 的电压。若无 12 V 的电压，则使用万用表蜂鸣挡测量 S40 熔丝插脚至燃油泵继电器 87 号端子之间是否导通。若不导通，则表明该线路存在故障；若导通，则进行下一步检查
	检查喷油器 1 号与 2 号端子之间的电阻，正常电阻值为 13 ~ 18 Ω。若不正常，表明喷油器损坏
	连接诊断仪，进入“发动机电控系统”→“测量值”，启动发动机，观察喷油器的喷油脉宽，若喷油脉宽正常，则检查结束；若无喷油脉宽，则检查喷油器线路
	整理工具，用抹布擦拭仪表和工具表面，并将其放回工具箱内
	清理现场

（二）实施记录

结合实施过程，对照检查项目，填写实际的检查结果（见表 2–6、表 2–7、表 2–8）。

表 2-6 检测燃油压力的实施记录

检测项目	标准值	测量值	是否合格	处理意见
怠速时的燃油压力	约 350 kPa		是 □ 否 □	否： 是：
拔下真空管时的燃油压力	约 400 kPa		是 □ 否 □	
中、高转速运转时的燃油压力	约 350 kPa		是 □ 否 □	
熄火后的保持压力	10 min 后大于 200 kPa		是 □ 否 □	

表 2-7　检测喷油器的实施记录

检测项目	标准值	测量值	是否合格	处理意见
1 缸喷油器	13～18 Ω		是 □　否 □	否： 是：
2 缸喷油器	13～18 Ω		是 □　否 □	
3 缸喷油器	13～18 Ω		是 □　否 □	
4 缸喷油器	13～18 Ω		是 □　否 □	

表 2-8　实施记录

序号	检测项目	是否正常工作	处理意见	安装位置
1	燃油泵	是 □　否 □		
2	喷油器	是 □　否 □		

六、检查

（一）自检

结合本组任务操作过程，对任务执行过程中的操作规范性进行检查，检查操作过程中是否存在以下问题，分析讨论应如何避免并总结规范的操作方法（见表 2-9）。

表 2-9　自检

检查项目	检查结果
车辆停放位置是否合适，是否将变速器换挡杆置于空挡并拉紧驻车制动器	是 □　否 □
是否使用三件套对车辆进行防护	是 □　否 □
是否注意人身安全	是 □　否 □
发动机电控系统检测项目是否有漏项	是 □　否 □
工具、配件是否归位	是 □　否 □
工作场地是否清洁，车辆是否复位	是 □　否 □

（二）互检

组与组之间相互进行操作过程及结果检查，并把检查结果填写在表 2-10 中。

表 2-10　互检

检查项目	检查结果
车辆停放位置是否合适，是否将变速器换挡杆置于空挡并拉紧驻车制动器	是 □　否 □
是否使用三件套对车辆进行防护	是 □　否 □
是否注意人身安全	是 □　否 □
发动机电控系统检测项目是否有漏项	是 □　否 □
工具、配件是否归位	是 □　否 □
工作场地是否清洁，车辆是否复位	是 □　否 □

七、课堂小结

任务三　供油系统的检查（二）

汽车发动机管理系统故障诊断与维修任务工单——燃油压力检查				
客户信息	姓名		电话	
车辆信息	车型	VIN 码	行驶里程	
客户描述	车辆无法启动，不着车 □ 车辆上坡时发动机熄火 □ 车辆行驶中发动机易熄火 □	车辆过颠簸路面时发动机熄火 □ 发动机维持在固定转速 □ 仪表盘上 EPC 故障指示灯异常点亮 □	发动机启动困难 □ 车辆加速无力 □ 仪表盘上充电指示灯点亮 □	
	其他：			

车辆外观检查		车辆内部检查	
凹凸 □	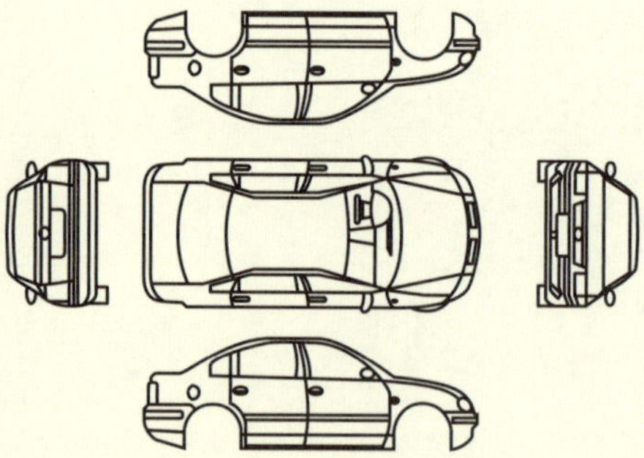	污渍 □	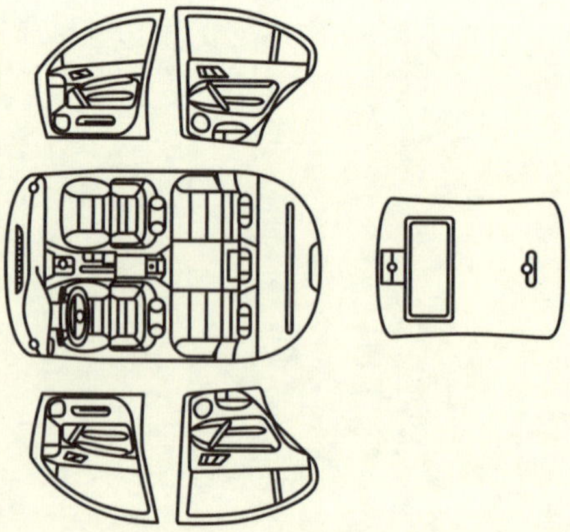
划痕 □		破损 □	
石击 □		色斑 □	
油漆 □		变形 □	

明确具体工作任务	

任务目标

- 能够独立、规范地完成发动机电控供油系统的检查
- 能够正确、规范地检查发动机电控供油系统各零部件
- 能够对发动机电控供油系统故障进行简单分析

续表

任务内容	● 发动机电控供油系统的组成 ● 发动机电控供油系统的工作原理 ● 发动机电控供油系统的检查
任务重点	● 发动机电控供油系统各零部件的检查 ● 发动机电控供油系统故障检查
任务难点	● 发动机电控供油系统故障检查方法

一、任务准备

在下列图片中勾选出完成本任务所需的工具、设备、资料等。

	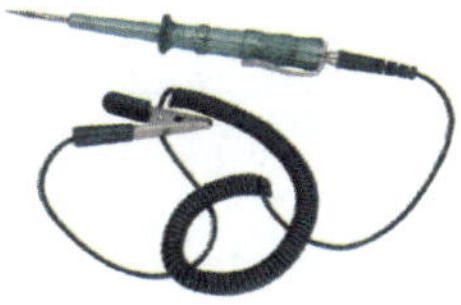		
燃油压力表	二极管试灯	三件套	吹尘枪

专用诊断仪	工具车	工具套件	万用表
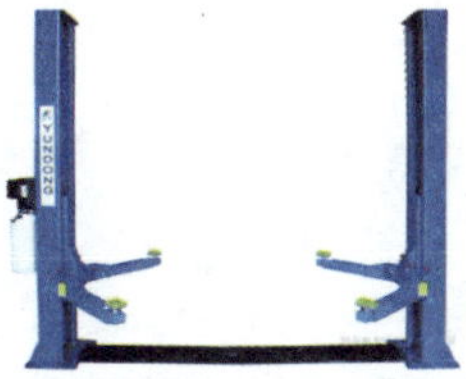			
举升机	维修手册	熔丝	实训车辆

二、防护措施

1. 进入车间应穿工鞋、戴工帽；工作服应整洁，无破损；操作时不可佩戴手表等金属饰品，以防划伤车辆表面。

2. 拆卸供油系统零部件时应保证操作现场通风良好、无明火，且在断开供油管路时要用抹布擦干燃油，现场应准备灭火器。

3. 更换油液或配件时，应处理好油液和配件的回收清理工作，以免对工作环境造成污染。

观察下列车间操作图片，勾选出操作正确的图片。

		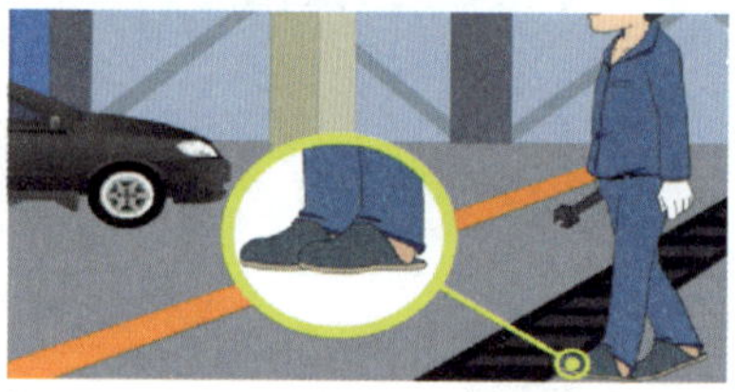

三、任务分配（见表 3-1）

表 3-1　任务分配表

职务	代码	姓名	工作内容
组长	A		监督、管理组员工作
组员	B		准备实训所需车辆及设备
	C		
	D		准备实训所需工具及资料
	E		

四、任务实施

（一）操作步骤

完成下列表格中工作内容对应工作步骤的排序（见表 3-2、表 3-3、表 3-4、表 3-5）。

表 3-2　读取故障码的操作步骤

工作步骤	工作内容
	铺好转向盘套、座椅套、脚垫，打开发动机舱盖，铺好翼子板布
	打开点火开关，执行读取故障码信息的操作

续表

工作步骤	工作内容
	关闭点火开关，连接汽车诊断设备，将诊断接头插到车辆诊断接口上
	整理工具并打扫现场卫生
	分析数据流，排除故障

表 3-3　检测燃油压力的操作步骤

工作步骤	工作内容
	安装尾气排放管，接入尾排
	安装防护三件套
	对供油系统进行泄压：启动车辆至熄火，再启动车辆 2～3 次
	拔掉燃油泵熔丝
	将变速器换挡杆置于空挡或驻车挡位置（自动挡车型），检查驻车制动器是否处于拉紧状态
	关闭点火开关，将燃油压力表接入管路中（做好安全防护），用吹尘枪吹干燃油压力表连接处
	插入燃油泵熔丝
	关闭点火开关，等待 10 min 后再观察燃油压力表的压力
	怠速运转，读取燃油压力表数值；拔掉真空管，读取燃油压力表数值
	中、高转速运转，读取燃油压力表数值
	接通点火开关，检查燃油压力表处是否漏油
	对供油系统进行泄压，拆除燃油压力表，恢复原车供油管路
	整理工具，用抹布擦拭工具表面，并将其放回工具箱内
	清理现场

表 3-4　检测燃油泵的操作步骤

工作步骤	工作内容
	打开行李舱盖，拆卸行李舱底部装饰板，露出燃油泵安装位置
	若电阻值正常，则按相反顺序安装所拆下的配件
	使用万用表 200 Ω 电阻挡测量燃油泵 1 号、4 号端子，正常电阻值为 0.2～3 Ω，若电阻值不正常，则应更换燃油泵
	使用十字旋具拆卸燃油泵上护盖的 3 个螺钉，取下燃油泵插接器
	整理工具，用抹布擦拭工具表面，并将其放回工具箱内
	清理现场

表 3-5　检测喷油器的操作步骤

工作步骤	工作内容
	连接诊断仪，进入“发动机电控系统”→“测量值”，启动发动机，观察喷油器的喷油脉宽，若喷油脉宽正常，则检查结束；若无喷油脉宽，则检查喷油器线路
	使用万用表 200 Ω 电阻挡测量熔丝插脚至喷油器 1 号端子之间的电阻，正常电阻值应小于 1 Ω。若电阻值过大，则表明该线束故障；若电阻值正常，则进行下一步检查

续表

工作步骤	工作内容
	使用尖嘴钳拔下 S40 号熔丝，检查熔丝是否熔断。若熔丝熔断，则更换熔丝；若熔丝正常，则使用万用表 20 V 电压挡测量熔丝插脚是否有 12 V 的电压。若无 12 V 的电压，则使用万用表蜂鸣挡测量 S40 熔丝插脚至燃油泵继电器 87 号端子之间是否导通。若不导通，则表明该线路存在故障；若导通，则进行下一步检查
	使用二极管试灯连接喷油器 1 号端子，启动车辆，正常时试灯应该闪亮。如果不闪亮，则使用万用表 20 V 电压挡测量插接器 1 号端子对地是否有 12 V 的电压。若有 12 V 的电压，则检查插接器 2 号端子搭铁；若无 12 V 的电压，则检查 1 号端子供电情况
	拆卸发动机电子控制单元插接器，使用万用表 200 Ω 电阻挡测量喷油器插接器 2 号至 59 号端子之间的电阻（不同喷油器对应不同端子），正常电阻值应小于 1 Ω。若电阻值过大，则表明该线路存在故障；若电阻值正常，则表明发动机电子控制单元损坏
	检查喷油器 1 号与 2 号端子之间的电阻，正常电阻值为 13～18 Ω。若不正常，表明喷油器损坏
	整理工具，用抹布擦拭仪表和工具表面，并将其放回工具箱内
	清理现场

（二）实施记录

结合实施过程，对照检查项目，填写实际的检查结果（见表 3–6、表 3–7、表 3–8）。

表 3–6　检测燃油压力的实施记录

检测项目	标准值	测量值	是否合格	处理意见
怠速时的燃油压力	约 350 kPa		是 □　否 □	否： 是：
拔下真空管时的燃油压力	约 400 kPa		是 □　否 □	
中、高转速运转时的燃油压力	约 350 kPa		是 □　否 □	
熄火后的保持压力	10 min 后大于 200 kPa		是 □　否 □	

表 3–7　检测喷油器的实施记录

检测项目	标准值	测量值	是否合格	处理意见
1 缸喷油器	13～18 Ω		是 □　否 □	否： 是：
2 缸喷油器	13～18 Ω		是 □　否 □	
3 缸喷油器	13～18 Ω		是 □　否 □	
4 缸喷油器	13～18 Ω		是 □　否 □	

表 3–8　实施记录

序号	检测项目	是否正常工作	处理意见	安装位置
1	燃油泵	是 □　否 □		
2	喷油器	是 □　否 □		

五、检查

（一）自检

结合本组任务操作过程，对任务执行过程中的操作规范性进行检查，检查操作过程中是否存在以下问题，分析讨论应如何避免并总结规范的操作方法（见表 3–9）。

表 3–9 自检

检查项目	检查结果
车辆停放位置是否合适，是否将变速器换挡杆置于空挡并拉紧驻车制动器	是 □ 否 □
是否使用三件套对车辆进行防护	是 □ 否 □
是否注意人身安全	是 □ 否 □
发动机电控系统检测项目是否有漏项	是 □ 否 □
工具、配件是否归位	是 □ 否 □
工作场地是否清洁，车辆是否复位	是 □ 否 □

（二）互检

组与组之间相互进行操作过程及结果检查，并把检查结果填写在表 3–10 中。

表 3–10 互检

检查项目	检查结果
车辆停放位置是否合适，是否将变速器换挡杆置于空挡并拉紧驻车制动器	是 □ 否 □
是否使用三件套对车辆进行防护	是 □ 否 □
是否注意人身安全	是 □ 否 □
发动机电控系统检测项目是否有漏项	是 □ 否 □
工具、配件是否归位	是 □ 否 □
工作场地是否清洁，车辆是否复位	是 □ 否 □

六、课堂小结

任务四　供油系统的检查（三）

汽车发动机管理系统故障诊断与维修任务工单——燃油泵检查				
客户信息	姓名		电话	
车辆信息	车型	VIN 码	行驶里程	
客户描述	车辆无法启动，不着车 □ 车辆上坡时发动机熄火 □ 车辆行驶中发动机易熄火 □ 其他：	车辆过颠簸路面时发动机熄火 □ 发动机维持在固定转速 □ 仪表盘上 EPC 故障指示灯异常点亮 □	发动机启动困难 □ 车辆加速无力 □ 仪表盘上充电指示灯点亮 □	

车辆外观检查		车辆内部检查	
凹凸 □	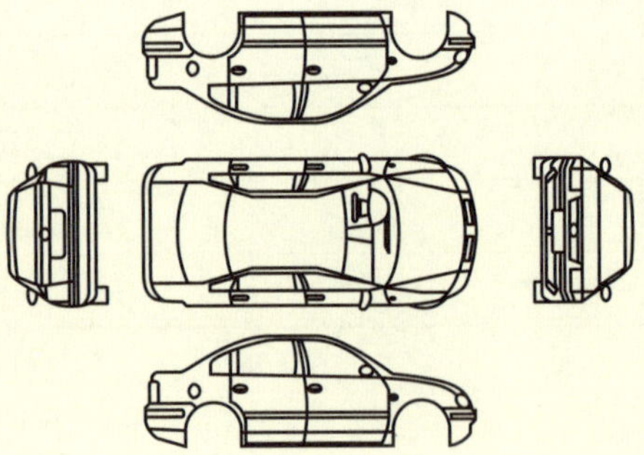	污渍 □	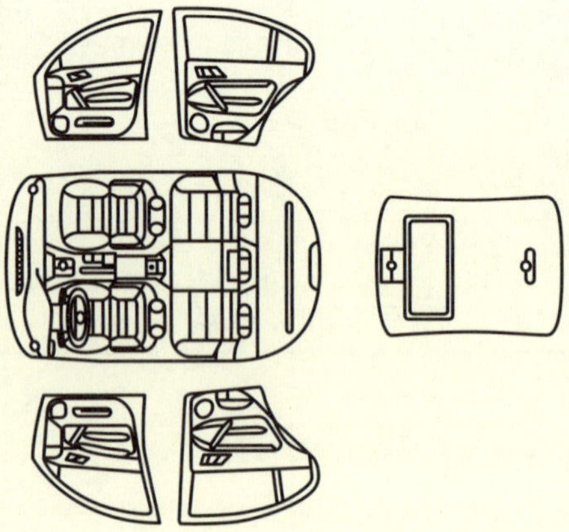
划痕 □		破损 □	
石击 □		色斑 □	
油漆 □		变形 □	

明确具体工作任务	

任务目标

- 能够独立、规范地完成发动机电控供油系统的检查
- 能够正确、规范地检查发动机电控供油系统各零部件
- 能够对发动机电控供油系统故障进行简单分析

续表

任务内容	● 发动机电控供油系统的组成 ● 发动机电控供油系统的工作原理 ● 发动机电控供油系统的检查
任务重点	● 发动机电控供油系统各零部件的检查 ● 发动机电控供油系统故障检查
任务难点	● 发动机电控供油系统故障检查方法

一、任务准备

在下列图片中勾选出完成本任务所需的工具、设备、资料等。

	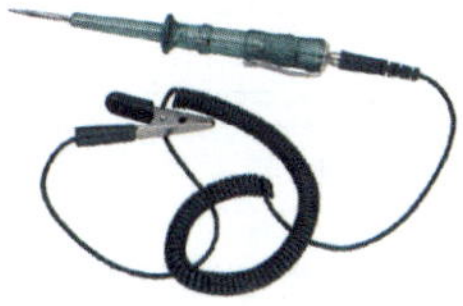		
燃油压力表	二极管试灯	三件套	吹尘枪
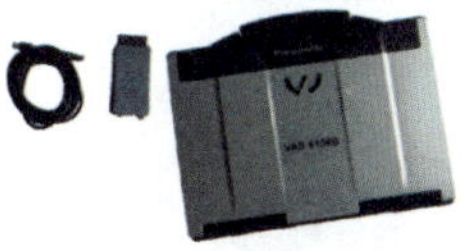			
专用诊断仪	工具车	工具套件	万用表
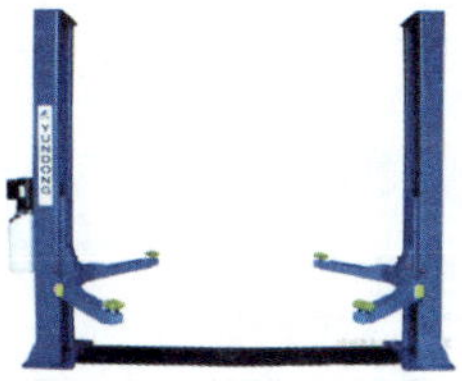			
举升机	维修手册	熔丝	实训车辆

二、防护措施

1. 进入车间应穿工鞋、戴工帽；工作服应整洁，无破损；操作时不可佩戴手表等金属饰品，以防划伤车辆表面。

2. 拆卸供油系统零部件时应保证操作现场通风良好、无明火，且在断开供油管路时要用抹布擦干燃油，现场应准备灭火器。

3. 更换油液或配件时，应处理好油液和配件的回收清理工作，以免对工作环境造成污染。

观察下列车间操作图片，勾选出操作正确的图片。

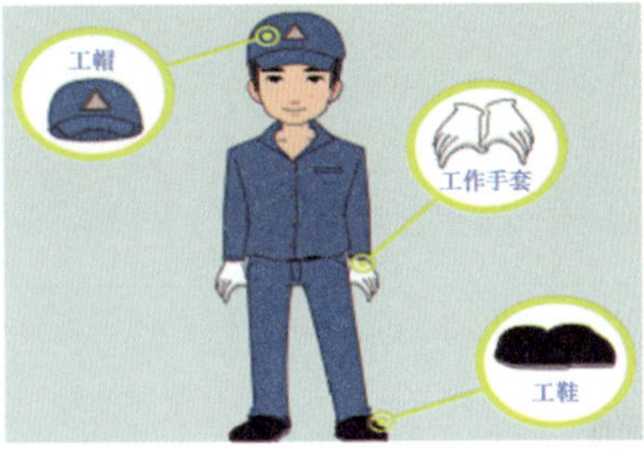		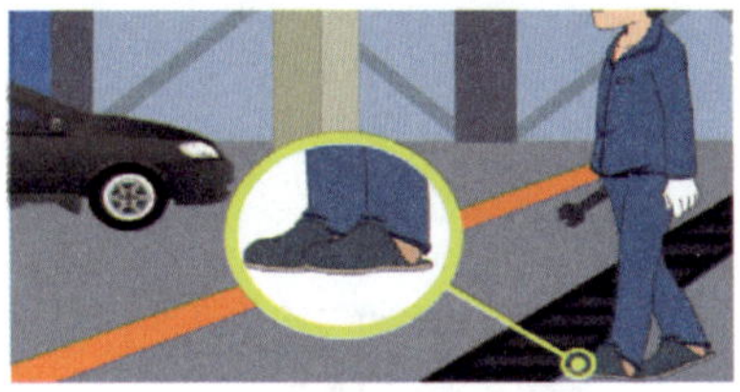

三、任务分配（见表 4-1）

表 4-1　任务分配表

职务	代码	姓名	工作内容
组长	A		监督、管理组员工作
组员	B		准备实训所需车辆及设备
	C		
	D		准备实训所需工具及资料
	E		

四、任务实施

（一）操作步骤

完成下列表格中工作内容对应工作步骤的排序（见表 4-2、表 4-3、表 4-4、表 4-5）。

表 4-2　读取故障码的操作步骤

工作步骤	工作内容
	分析数据流，排除故障
	打开点火开关，执行读取故障码信息的操作

续表

工作步骤	工作内容
	关闭点火开关，连接汽车诊断设备，将诊断接头插到车辆诊断接口上
	铺好转向盘套、座椅套、脚垫，打开发动机舱盖，铺好翼子板布
	整理工具并打扫现场卫生

表 4-3　检测燃油压力的操作步骤

工作步骤	工作内容
	安装防护三件套
	安装尾气排放管，接入尾排
	将变速器换挡杆置于空挡或驻车挡位置（自动挡车型），检查驻车制动器是否处于拉紧状态
	拔掉燃油泵熔丝
	插入燃油泵熔丝
	关闭点火开关，将燃油压力表接入管路中（做好安全防护），用吹尘枪吹干燃油压力表连接处
	对供油系统进行泄压：启动车辆至熄火，再启动车辆 2～3 次
	中、高转速运转，读取燃油压力表数值
	怠速运转，读取燃油压力表数值；拔掉真空管，读取燃油压力表数值
	接通点火开关，检查燃油压力表处是否漏油
	对供油系统进行泄压，拆除燃油压力表，恢复原车供油管路
	关闭点火开关，等待 10 min 后再观察燃油压力表的压力
	整理工具，用抹布擦拭工具表面，并将其放回工具箱内
	清理现场

表 4-4　检测燃油泵的操作步骤

工作步骤	工作内容
	使用十字旋具拆卸燃油泵上护盖的 3 个螺钉，取下燃油泵插接器
	打开行李舱盖，拆卸行李舱底部装饰板，露出燃油泵安装位置
	整理工具，用抹布擦拭工具表面，并将其放回工具箱内
	若电阻值正常，则按相反顺序安装所拆下的配件
	使用万用表 200 Ω 电阻挡测量燃油泵 1 号、4 号端子，正常电阻值为 0.2～3 Ω，若电阻值不正常，则应更换燃油泵
	清理现场

表 4-5　检测喷油器的操作步骤

工作步骤	工作内容
	使用二极管试灯连接喷油器 1 号端子，启动车辆，正常时试灯应该闪亮。如果不闪亮，则使用万用表 20 V 电压挡测量插接器 1 号端子对地是否有 12 V 的电压。若有 12 V 的电压，则检查插接器 2 号端子搭铁；若无 12 V 的电压，则检查 1 号端子供电情况
	连接诊断仪，进入“发动机电控系统”→“测量值”，启动发动机，观察喷油器的喷油脉宽，若喷油脉宽正常，则检查结束；若无喷油脉宽，则检查喷油器线路

续表

工作步骤	工作内容
	使用尖嘴钳拔下 S40 号熔丝，检查熔丝是否熔断。若熔丝熔断，则更换熔丝；若熔丝正常，则使用万用表 20 V 电压挡测量熔丝插脚是否有 12 V 的电压。若无 12 V 的电压，则使用万用表蜂鸣挡测量 S40 熔丝插脚至燃油泵继电器 87 号端子之间是否导通。若不导通，则表明该线路存在故障，若导通，则进行下一步检查
	检查喷油器 1 号与 2 号端子之间的电阻，正常电阻值为 13 ~ 18 Ω。若不正常，表明喷油器损坏
	使用万用表 200 Ω 电阻挡测量熔丝插脚至喷油器 1 号端子之间的电阻，正常电阻值应小于 1 Ω。若电阻值过大，则表明该线束故障；若电阻值正常，则进行下一步检查
	拆卸发动机电子控制单元插接器，使用万用表 200 Ω 电阻挡测量喷油器插接器 2 号至 59 号端子之间的电阻（不同喷油器对应不同端子），正常电阻值应小于 1 Ω。若电阻值过大，则表明该线路存在故障；若电阻值正常，则表明发动机电子控制单元损坏
	整理工具，用抹布擦拭仪表和工具表面，并将其放回工具箱内
	清理现场

（二）实施记录

结合实施过程，对照检查项目，填写实际的检查结果（见表 4–6、表 4–7、表 4–8）。

表 4–6　检测燃油压力的实施记录

检测项目	标准值	测量值	是否合格	处理意见
怠速时的燃油压力	约 350 kPa		是 □　否 □	否： 是：
拔下真空管时的燃油压力	约 400 kPa		是 □　否 □	
中、高转速运转时的燃油压力	约 350 kPa		是 □　否 □	
熄火后的保持压力	10 min 后大于 200 kPa		是 □　否 □	

表 4–7　检测喷油器的实施记录

检测项目	标准值	测量值	是否合格	处理意见
1 缸喷油器	13 ~ 18 Ω		是 □　否 □	否： 是：
2 缸喷油器	13 ~ 18 Ω		是 □　否 □	
3 缸喷油器	13 ~ 18 Ω		是 □　否 □	
4 缸喷油器	13 ~ 18 Ω		是 □　否 □	

表 4–8　实施记录

序号	检测项目	是否正常工作	处理意见	安装位置
1	燃油泵	是 □　否 □		
2	喷油器	是 □　否 □		

五、检查

（一）自检

结合本组任务操作过程，对任务执行过程中的操作规范性进行检查，检查操作过程中是否存在以下问题，分析讨论应如何避免并总结规范的操作方法（见表 4–9）。

表 4–9　自检

检查项目	检查结果
车辆停放位置是否合适，是否将变速器换挡杆置于空挡并拉紧驻车制动器	是 □　否 □
是否使用三件套对车辆进行防护	是 □　否 □
是否注意人身安全	是 □　否 □
发动机电控系统检测项目是否有漏项	是 □　否 □
工具、配件是否归位	是 □　否 □
工作场地是否清洁，车辆是否复位	是 □　否 □

（二）互检

组与组之间相互进行操作过程及结果检查，并把检查结果填写在表 4–10 中。

表 4–10　互检

检查项目	检查结果
车辆停放位置是否合适，是否将变速器换挡杆置于空挡并拉紧驻车制动器	是 □　否 □
是否使用三件套对车辆进行防护	是 □　否 □
是否注意人身安全	是 □　否 □
发动机电控系统检测项目是否有漏项	是 □　否 □
工具、配件是否归位	是 □　否 □
工作场地是否清洁，车辆是否复位	是 □　否 □

六、课堂小结

任务五　供油系统的检查（四）

汽车发动机管理系统故障诊断与维修任务工单——喷油器及电控系统检查				
客户信息	姓名		电话	
车辆信息	车型	VIN 码	行驶里程	
客户描述	车辆无法启动，不着车 □ 车辆上坡时发动机熄火 □ 车辆行驶中发动机易熄火 □	车辆过颠簸路面时发动机熄火 □ 发动机维持在固定转速 □ 仪表盘上 EPC 故障指示灯异常点亮 □	发动机启动困难 □ 车辆加速无力 □ 仪表盘上充电指示灯点亮 □	
	其他：			
车辆外观检查		车辆内部检查		
凹凸 □ 划痕 □ 石击 □ 油漆 □	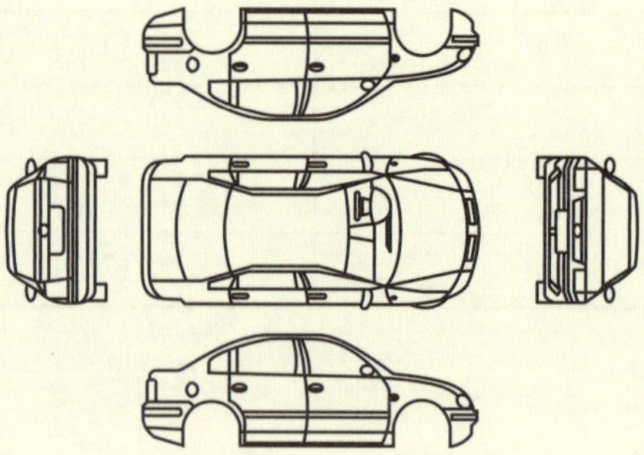	污渍 □ 破损 □ 色斑 □ 变形 □	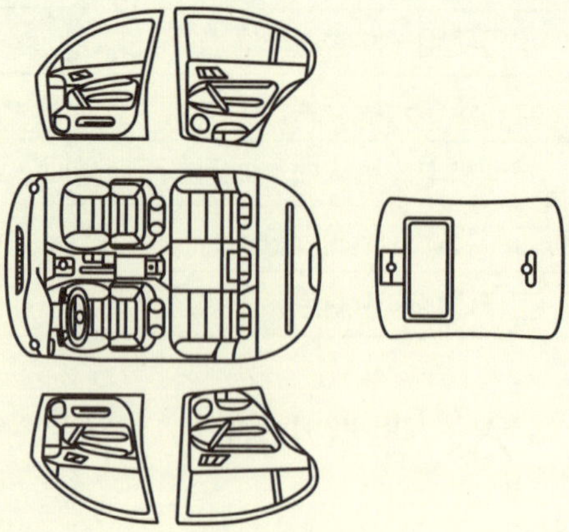	
明确具体工作任务				

任务目标

- 能够规范地完成供油系统各零部件电路故障的检查
- 能够完成喷油器的检测
- 能够排除供油系统常见故障

续表

任务内容	● 喷油器的检测 ● 供油系统故障排查
任务重点	● 喷油器的检测 ● 供油系统故障排查
任务难点	● 供油系统故障排查

一、知识讲解

（一）喷油器的检测

喷油器的检测主要包括三个方面：喷油器工作状况的检查；使用万用表测量喷油器电磁线圈的电阻；使用诊断仪检测喷油器。

1. 喷油器工作状况的检查

发动机运转时，可以通过喷油器的声音来判断其是否正常工作，也可以用手指触摸喷油器感觉其振动来判断。

2. 喷油器电磁线圈电阻的测量

低阻值的喷油器电磁线圈电阻值为 2 ~ 3 Ω，高阻值的喷油器电磁线圈电阻值为 12 ~ 18 Ω。如检测出超标的电阻值，则应更换喷油器。

3. 使用诊断仪检测喷油器

喷油质量的检查主要包括喷油量、雾化质量和泄漏检查。此项检查应在专用试验台上进行。

（1）在试验台上检测各缸喷油嘴喷油量的差别，相差越小，发动机运转越平稳；相差过大，则应更换喷油器。

（2）检测各喷油嘴的雾化情况，不能有集束情况及喷歪现象。

（3）停止喷射时，不可发生燃油泄漏，规定每分钟内泄漏不能超过 1 滴，否则应更换喷油器。

（4）单位时间内的喷油量应在规定数值范围内。

（二）喷油器的清洗和波形检测

1. 喷油器的清洗

把要清洗的喷油嘴与脉冲输入信号线相连接，将超声波电源线与主机开关插座相连接，然后把喷油嘴插在超声波清洗槽架上，清洗液加至规定液面高度（一般是清洗槽深度的二分之一），按下超声波清洗机开关，灯亮即可开始清洗。

2. 喷油器波形的检测

用示波器检测喷油器的工作波形（见图 5–1），查看波形是否正常。

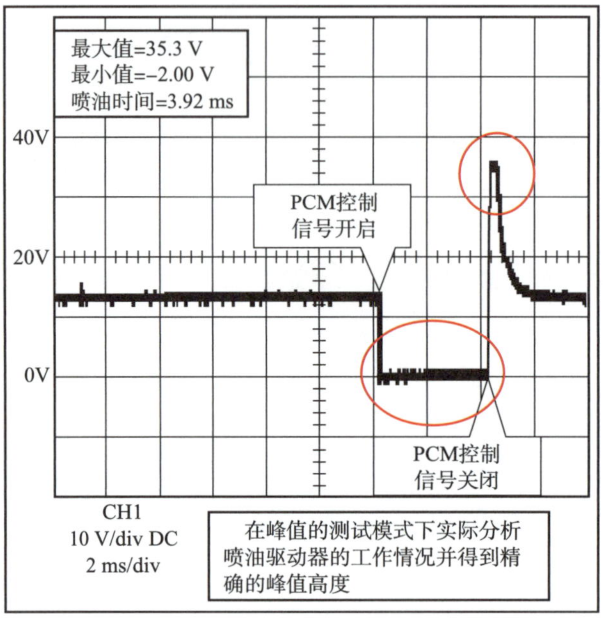

图 5-1 喷油器的工作波形

二、任务准备

在下列图片中勾选出完成本任务所需的工具、设备、资料等。

	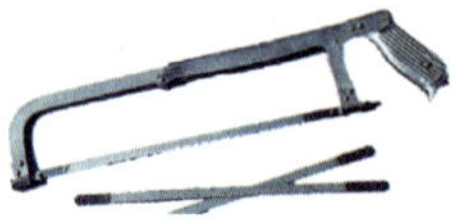	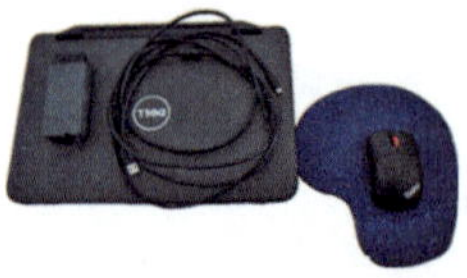	
超声波喷油器清洗机	手锯	大众 VAS 5054 诊断仪	吹尘枪
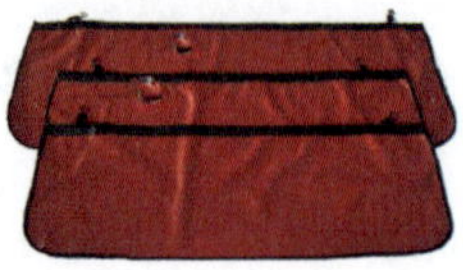			
三件套	工具车	工具套件	万用表

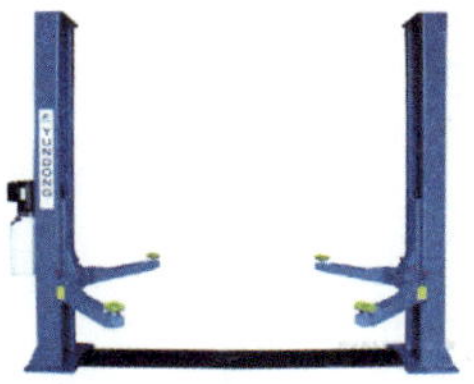			
举升机	维修手册	喷油器	实训车辆

三、防护措施

1. 进入车间应穿工鞋、戴工帽；工作服应整洁，无破损；操作时不可佩戴手表等金属饰品，以防划伤车辆表面。

2. 举升车辆时应严格按照举升机使用方法进行操作，并通知其他人员远离举升设备。

3. 更换油液或配件时，应处理好油液和配件的回收清理工作，以免对工作环境造成污染。

观察下列车间操作图片，勾选出操作正确的图片。

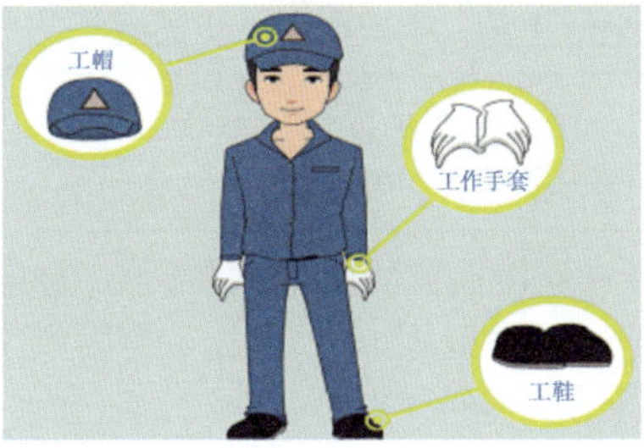	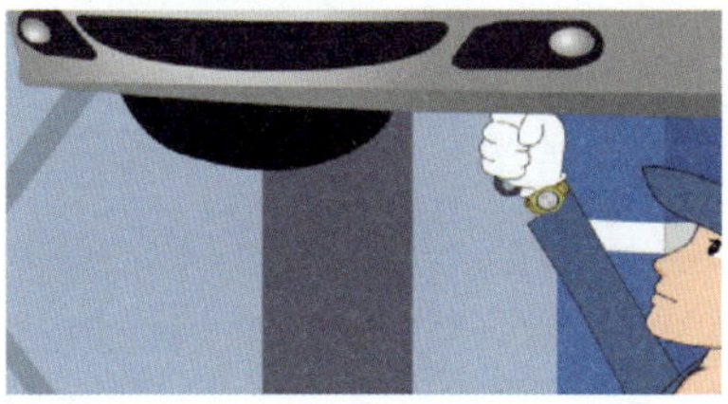	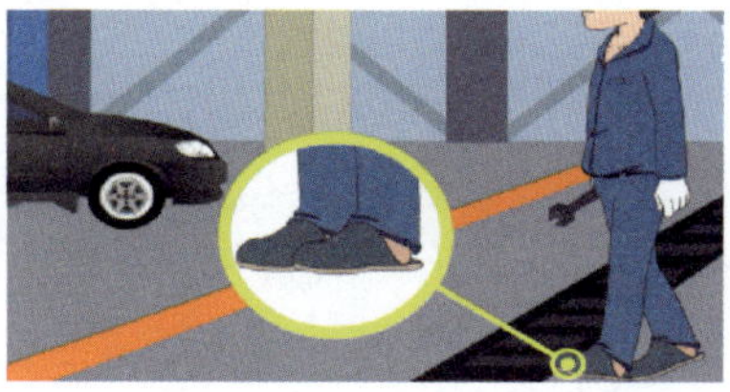

四、任务分配（见表 5-1）

表 5-1　任务分配表

职务	代码	姓名	工作内容
组长	A		监督、管理组员工作
组员	B		准备实训所需车辆及设备
	C		
	D		准备实训所需工具及资料
	E		

五、任务实施

（一）操作流程

完成表 5-2 中工作内容对应工作步骤的排序。

表 5-2　操作步骤

项目	工作步骤	工作内容
安全防护与准备工作		铺设三件套
		打开发动机舱盖，铺设翼子板布
检查喷油器		连接诊断仪，进入“发动机电控系统”→“测量值”，启动发动机，观察喷油器喷油脉宽。若喷油脉宽正常，则结束检查；若无喷油脉宽，则检查喷油器线路
		拔下喷油器插接器，使用万用表 200 Ω 电阻挡测量喷油器线圈的电阻，电阻值正常约为 12 Ω，若电阻过大或无穷大，则表明该喷油器损坏
		启动发动机，使用万用表 12 V 电压挡测量插接器 1 号端子对地是否有 12 V 电压。若有 12 V 电压，则检查插接器 2 号端子搭铁；若无 12 V 的电压，则检查 1 号端子供电情况
		使用尖嘴钳拔下 S40 号熔丝，检查熔丝是否熔断。若熔丝熔断，则更换熔丝；若熔丝正常，则使用万用表 12 V 电压挡测量熔丝插脚是否有 12 V 电压。若有 12 V 电压，则进行下一步检查；若无 12 V 电压，则使用万用表蜂鸣挡测量 S40 号熔丝插脚至燃油泵继电器 87 号端子之间是否导通。若不导通，则表明该线路存在故障；若导通，则进行下一步检查
		使用万用表 200 Ω 电阻挡测量熔丝插脚至喷油器 1 号端子之间的电阻，正常电阻值应小于 1 Ω。若电阻值过大，则表明该线束故障；若电阻值正常，则进行下一步检查
		启动发动机，使用万用表蜂鸣挡测量喷油器 2 号端子至蓄电池负极是否导通。若导通，则表明发动机电子控制单元正常；若不导通，则进行下一步检查
		拆卸发动机电子控制单元插接器，使用万用表 200 Ω 电阻挡测量喷油器插接器 2 号至 59 号端子之间的电阻（不同喷油器对应不同端子），正常电阻值应小于 1 Ω。若电阻值过大，则表明线路故障；若电阻值正常，则表明发动机电子控制单元损坏
读取喷油器波形		连接示波器线束
		启动发动机，使用示波器读取喷油器波形
整理		撤去翼子板布并关闭发动机舱盖
		撤去三件套
		整理工具并打扫现场卫生

（二）实施记录

结合实施过程，对照检查项目，填写实际的检查结果（见表 5-3）。

表 5-3　实施记录

<table>
<tr><td rowspan="5">喷油器的检查</td><td rowspan="2">工作状况检查</td><td>1 缸喷油器</td><td>2 缸喷油器</td><td>3 缸喷油器</td><td>4 缸喷油器</td></tr>
<tr><td>正常 □　异常 □</td><td>正常 □　异常 □</td><td>正常 □　异常 □</td><td>正常 □　异常 □</td></tr>
<tr><td rowspan="3">电阻测量</td><td>1 缸喷油器</td><td>2 缸喷油器</td><td>3 缸喷油器</td><td>4 缸喷油器</td></tr>
<tr><td>（　　）Ω</td><td>（　　）Ω</td><td>（　　）Ω</td><td>（　　）Ω</td></tr>
<tr><td>正常 □　异常 □</td><td>正常 □　异常 □</td><td>正常 □　异常 □</td><td>正常 □　异常 □</td></tr>
</table>

续表

喷油器喷油质量的检查			
检测项目	喷油量	雾化质量	泄漏
1 缸喷油器	正常 □ 异常 □	正常 □ 异常 □	有 □ 无 □
2 缸喷油器	正常 □ 异常 □	正常 □ 异常 □	有 □ 无 □
3 缸喷油器	正常 □ 异常 □	正常 □ 异常 □	有 □ 无 □
4 缸喷油器	正常 □ 异常 □	正常 □ 异常 □	有 □ 无 □
喷油器工作波形的检查			
检测项目	波形是否正常	是否堵塞	其他故障
喷油器	是 □ 否 □	是 □ 否 □	

六、检查

（一）自检

结合本组任务操作过程，对任务执行过程中的操作规范性进行检查，检查操作过程中是否存在以下问题，分析讨论应如何避免并总结规范的操作方法（见表 5–4）。

表 5–4　自检

检查项目	检查结果
车辆停放位置是否合适，是否将变速器换挡杆置于空挡并拉紧驻车制动器	是 □ 否 □
是否使用三件套对车辆进行防护	是 □ 否 □
喷油器故障是否排除，供油系统是否正常工作	是 □ 否 □
检测项目是否有漏项	是 □ 否 □
拆卸、诊断部位是否恢复	是 □ 否 □
工具、配件是否归位	是 □ 否 □
工作场地是否清洁，车辆是否复位	是 □ 否 □

（二）互检

组与组之间相互进行操作过程及结果检查，并把检查结果填写在表 5–5 中。

表 5–5　互检

检查项目	检查结果
车辆停放位置是否合适，是否将变速器换挡杆置于空挡并拉紧驻车制动器	是 □ 否 □
是否使用三件套对车辆进行防护	是 □ 否 □
喷油器故障是否排除，供油系统是否正常工作	是 □ 否 □

续表

检查项目	检查结果
检测项目是否有漏项	是☐ 否☐
拆卸、诊断部位是否恢复	是☐ 否☐
工具、配件是否归位	是☐ 否☐
工作场地是否清洁，车辆是否复位	是☐ 否☐

七、课堂小结

____

____

____

情境二

电控点火系统故障检修

任务六　火花塞和点火线圈的检查（一）

<table>
<tr><td colspan="6">汽车发动机管理系统故障诊断与维修任务工单——火花塞检查</td></tr>
<tr><td>客户信息</td><td>姓名</td><td colspan="2"></td><td>电话</td><td></td></tr>
<tr><td rowspan="2">车辆信息</td><td colspan="2">车型</td><td colspan="2">VIN 码</td><td>行驶里程</td></tr>
<tr><td colspan="2"></td><td colspan="2"></td><td></td></tr>
<tr><td>客户描述</td><td colspan="5">车辆无法启动，不着车 □　车辆过颠簸路面时发动机熄火 □　发动机启动困难 □
车辆上坡时发动机熄火 □　发动机维持在固定转速 □　车辆加速无力 □
车辆行驶中发动机易熄火 □　仪表盘上 EPC 故障指示灯异常点亮 □　仪表盘上充电指示灯点亮 □
其他：</td></tr>
<tr><td colspan="3">车辆外观检查</td><td colspan="3">车辆内部检查</td></tr>
<tr><td>凹凸 □
划痕 □
石击 □
油漆 □</td><td colspan="2">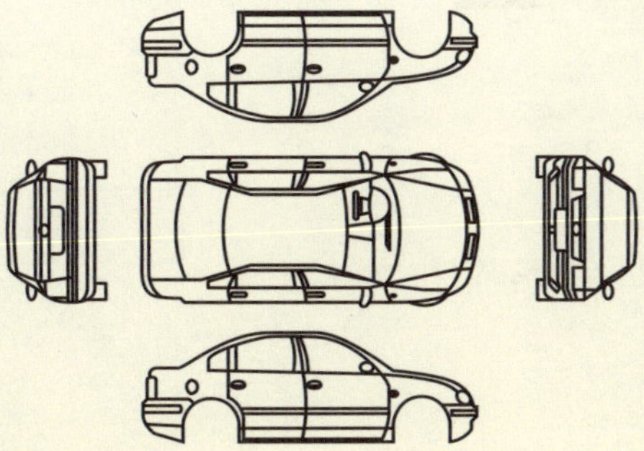</td><td>污渍 □
破损 □
色斑 □
变形 □</td><td colspan="2">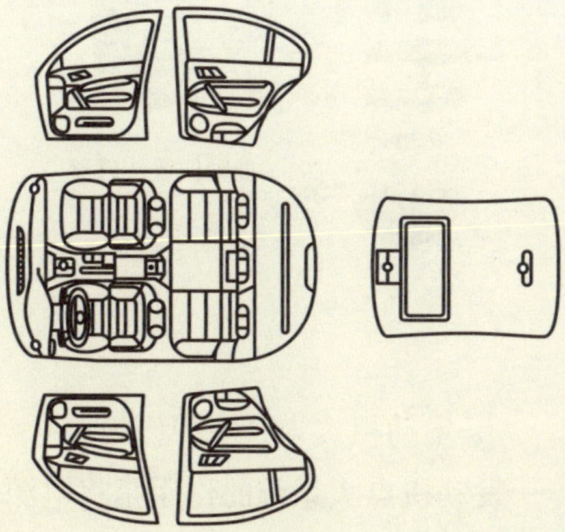</td></tr>
<tr><td>明确具体工作任务</td><td colspan="5"></td></tr>
</table>

任务目标

- 能够独立、规范地完成发动机点火系统的检查
- 能够正确、规范地检查发动机点火系统各零部件
- 能够对发动机点火系统故障进行简单分析

续表

任务内容	● 发动机点火系统的组成 ● 发动机点火系统的工作原理 ● 发动机点火系统的检查
任务重点	● 火花塞的检查 ● 点火线圈的检查 ● 发动机点火系统故障检查
任务难点	● 发动机点火系统故障检查

一、知识讲解

（一）发动机点火系统的组成与作用

1. 发动机点火系统的组成

发动机点火系统由电子控制单元、点火线圈和点火模块、高压线、火花塞、曲轴位置传感器、凸轮轴位置传感器、爆震传感器等组成（见图 6–1）。

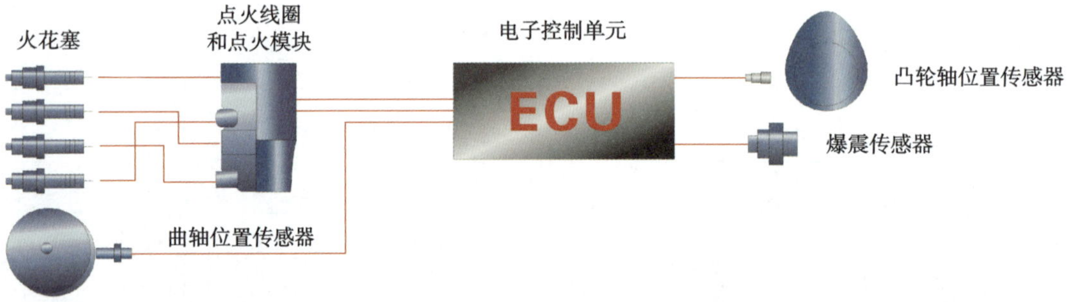

图 6–1　发动机点火系统的组成

2. 发动机点火系统的作用

发动机点火系统的作用是将电源供给的 12 V 低压电转变为高压电，并根据发动机的工作顺序与点火时间要求，适时、准确地将高压电送到各缸火花塞，产生电火花，点燃混合气，使发动机达到最佳燃烧效率。

（二）发动机点火系统的工作原理

1. 点火线圈

点火线圈按照点火方式可以分为分组点火线圈和单独点火线圈两种。

分组点火线圈（见图 6–2）共用一组点火线圈驱动级，两个火花塞同时点火，点火时这两个气缸分别处于压缩上止点和排气上止点，其中处于压缩上止点的火花塞为有效点火。

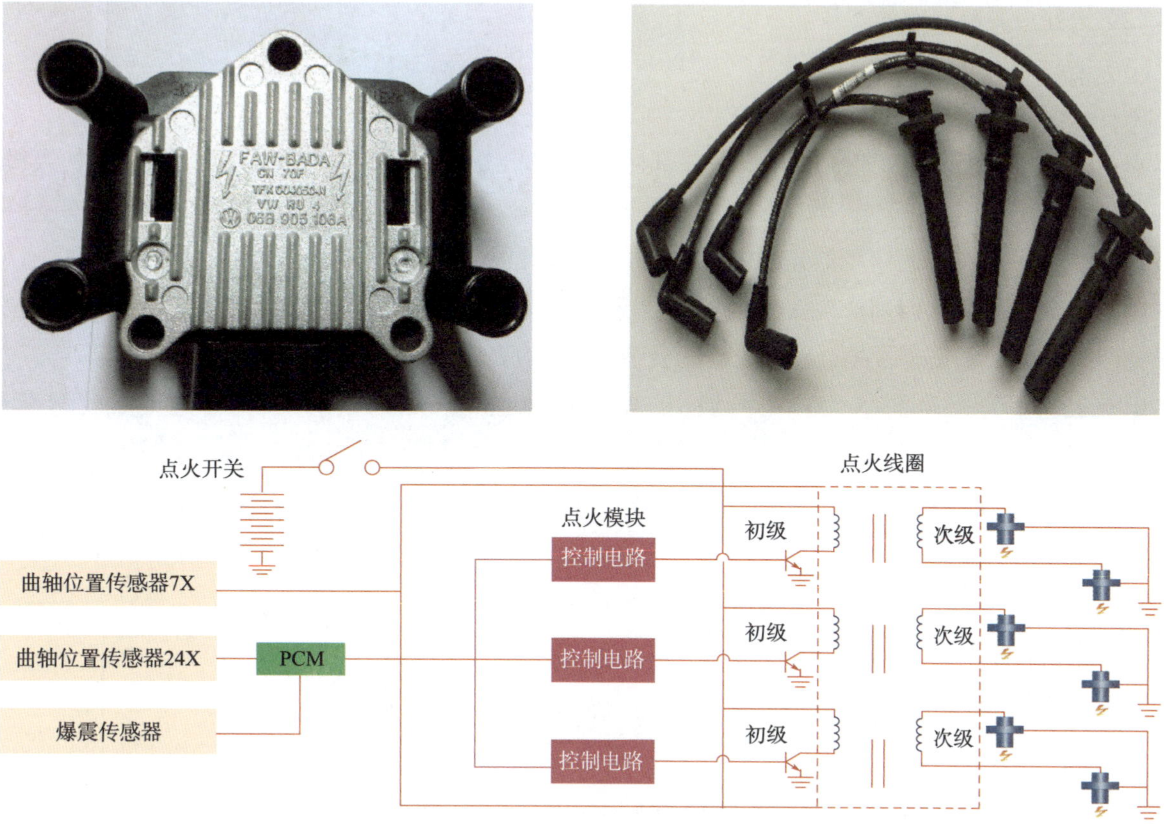

图 6-2　分组点火线圈的结构和工作原理

单缸独立点火系统（见图 6-3）的每个火花塞使用一个独立的点火线圈（单火花点火线圈），电压直接通往火花塞电极，而不用通过分电器或高压点火线。这种连接方法让火花的能量尽可能强，且提高了点火系统的可靠性。

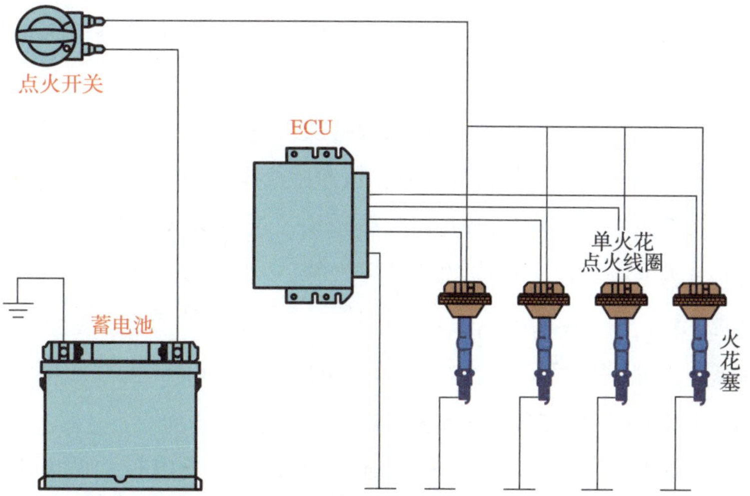

图 6-3　单缸独立点火系统的工作原理

2. 发动机电控系统对点火系统的要求

（1）能产生足以击穿火花塞间隙的高电压。

（2）火花应具有足够的能量。

（3）适时的点火时刻。

3. 点火高压电的产生

点火线圈是将低压电变为高压电的主要部件，是汽车点火系统的高压电源。点火线圈由初级线圈、次级线圈和铁芯等组成。

点火线圈采用与普通变压器相同的形式，次级线圈的圈数要多于初级线圈。当初级线圈接通电源时，随着电流的加大，四周产生一个很强的磁场，铁芯储存磁场能；当开关装置使初级线圈电路断开时，初级线圈的磁场迅速衰减，次级线圈就会感应出很高的电压。

电流断开瞬间的电流越大，两个线圈的疏密差距越大，次级线圈产生的感应电压就越高（见图 6–4）。

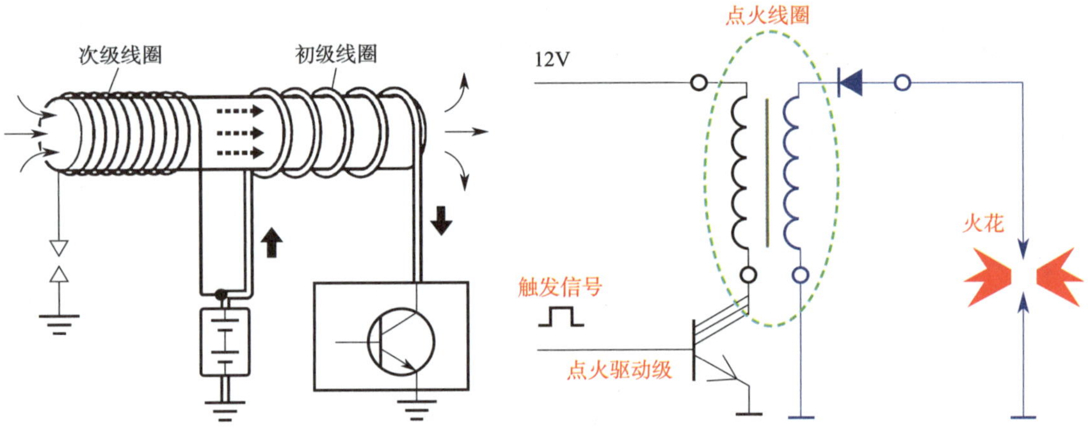

图 6–4　点火线圈的工作原理

4. 电火花的产生

火花塞的作用是把点火线圈产生的高压电引入发动机气缸，在火花塞电极的间隙产生火花，以点燃混合气。

火花塞的重要参数有热值、点火间隙和中心电极材质。

火花塞按照热值高低来分，有冷型和热型两种；按照中心电极材质来分，有镍合金、铱金和铂金等。

火花塞的热值代表散热快慢，其数值越大则散热越快（或称为火花塞越冷），不同的发动机要求使用的火花塞不同，必须按照维修手册上相应的标准去选择。

5. 火花塞的点火原理

点火线圈中初级线圈电路的通断会在次级线圈（高压电路）中产生感应电压（20 ~ 30 kV），感应电压通过高压线或由独立点火线圈直接加在火花塞两个电极上。

火花塞的外形与结构如图 6–5 所示，有一个中心电极和一个侧电极，两电极之间是绝缘的。当在火花塞两电极之间加上直流电压并且电压升高到一定值时，火花塞两电极之间的间隙就会被击穿而产生电火花（见图 6–6）。

火花塞电极间隙是其主要技术指标，若电极间隙过大，点火线圈和分电器产生的高压电难以跳过，使发动机启动困难；若电极间隙过小，会导致火花微弱，同时易发生漏电事故。

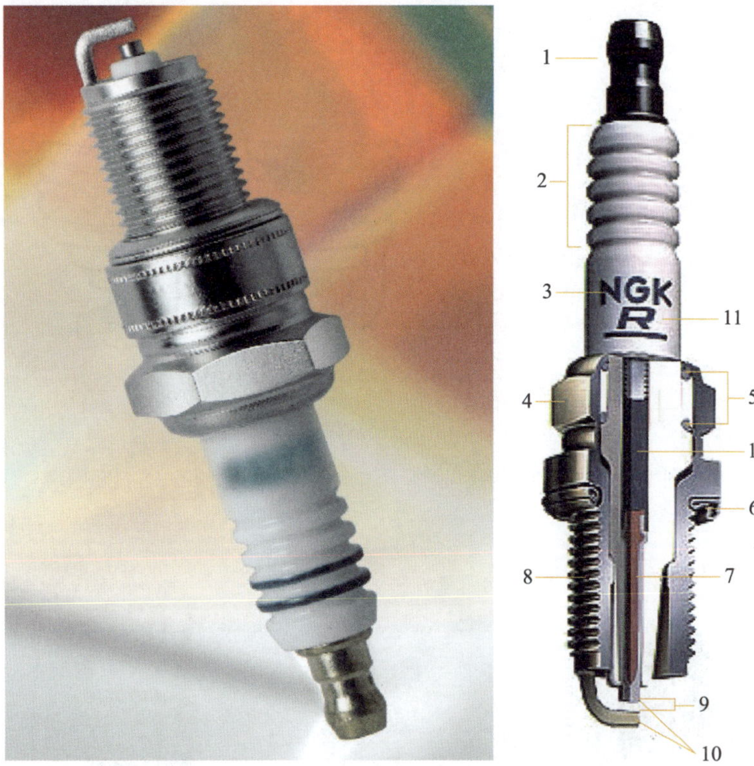

图 6-5　火花塞的外形与结构

1—接线螺母　2—高氧化铝陶瓷绝缘体　3—火花塞商标　4—钢质壳体（六角形）　5—内垫圈（密封、导热）
6—密封垫圈　7—中心电极导电杆　8—火花塞裙部螺纹　9—电极间隙　10—中心电极和侧电极
11—火花塞型号　12—去干扰电阻

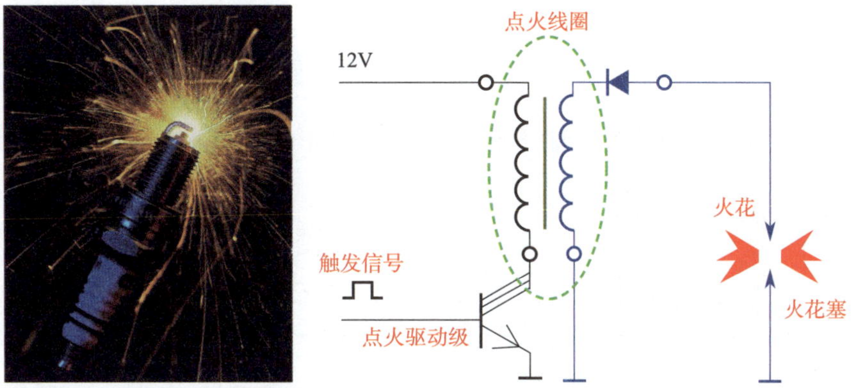

图 6-6　火花塞的点火原理

火花塞电极间隙及不同电极构造决定了火花塞的性能及使用寿命（见图 6-7）。

6. 点火波形的检测

次级点火波形明显受发动机的性能、燃油系统的配置和点火条件等因素的影响，因此，它能够有效地检测出发动机机械部件、燃油系统部件以及点火系统部件的故障。一个波形的不同部分还能指明在气缸中哪个部件或哪个系统有故障。

检测波形时需要使用的设备是示波器或博世 740 综合诊断仪（见图 6-8）。

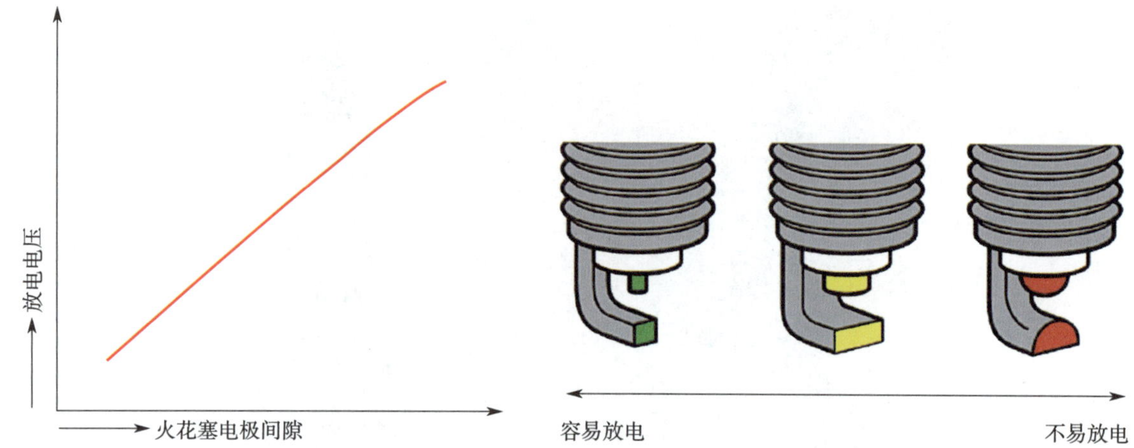

图 6-7　火花塞电极间隙及不同电极构造对火花塞性能的影响

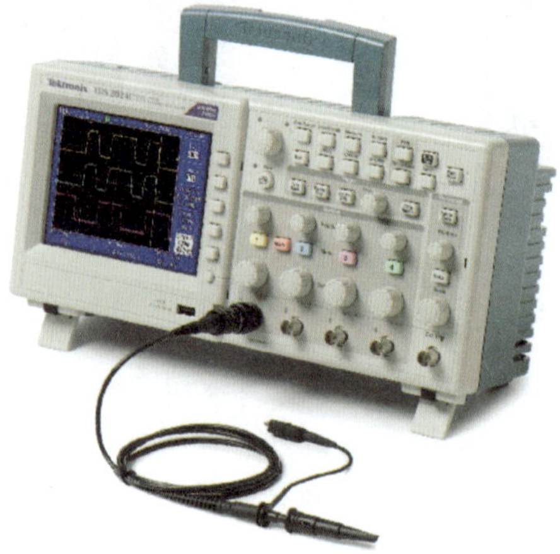

示波器

博世 740 综合诊断仪

图 6-8　示波器和博世 740 综合诊断仪

标准波形是指在各种条件均处于理想状态下所测得的波形（见图 6-9）。

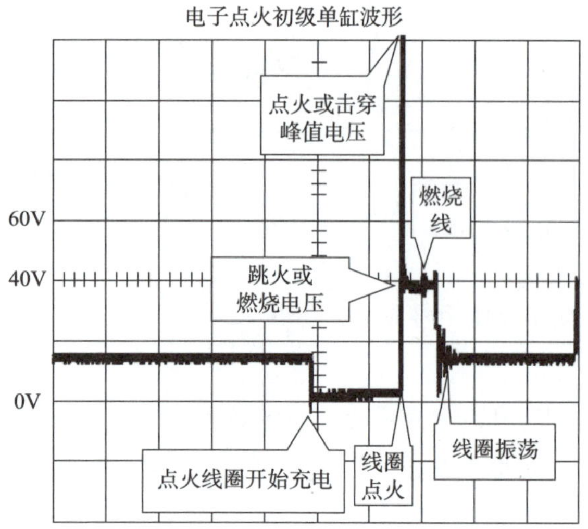

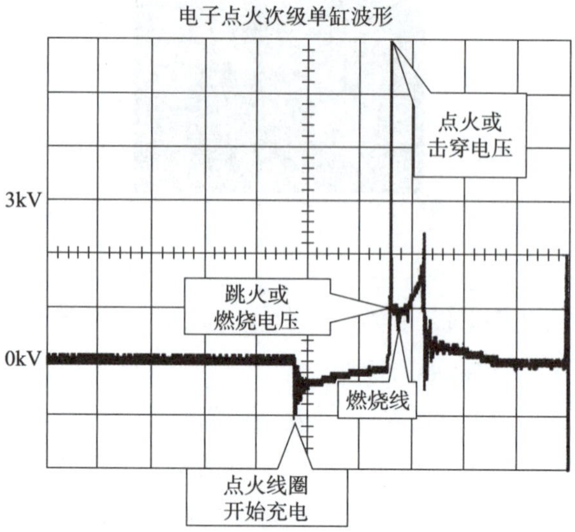

图 6-9　标准波形

二、任务准备

在下列图片中勾选出完成本任务所需的工具、设备、资料等。

	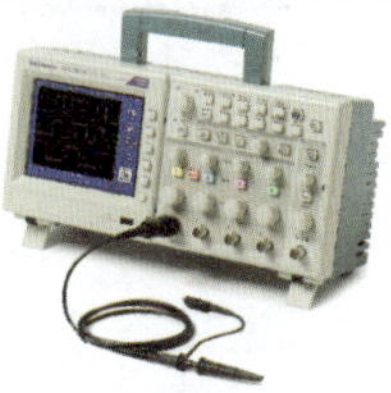		
扭力扳手	示波器	三件套	吹尘枪

			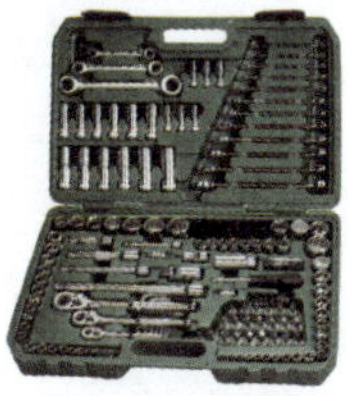	
塞尺	专用诊断仪	工具车	工具套件	万用表
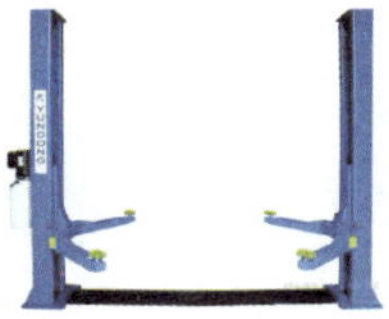				
举升机	跨接线	维修手册	熔丝	实训车辆

三、防护措施

1. 进入车间应穿工鞋、戴工帽；工作服应整洁，无破损；操作时不可佩戴手表等金属饰品，以防划伤车辆表面。

2. 举升车辆时应严格按照举升机使用方法进行操作，并通知其他人员远离举升设备。

3. 更换油液或配件时，应处理好油液和配件的回收清理工作，以免对工作环境造成污染。

观察下列车间操作图片，勾选出操作正确的图片。

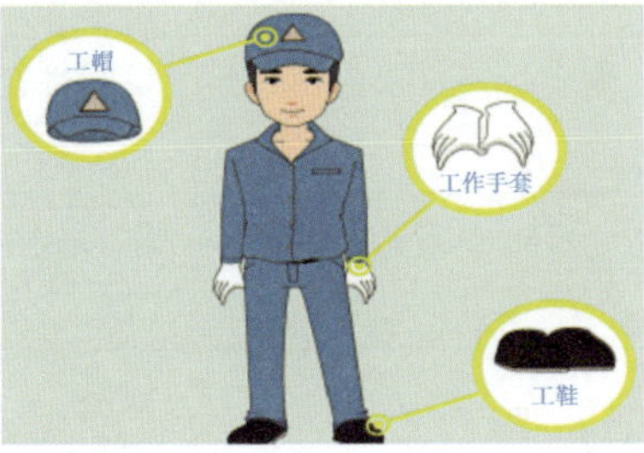		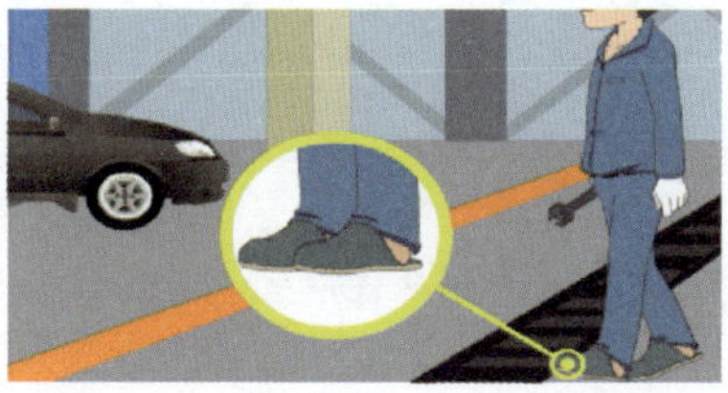

四、任务分配（见表 6-1）

表 6-1　任务分配表

职务	代码	姓名	工作内容
组长	A		监督、管理组员工作
组员	B		准备实训所需车辆及设备
	C		
	D		准备实训所需工具及资料
	E		

五、任务实施

（一）操作步骤

完成下列表格中工作内容对应工作步骤的排序（见表 6-2、表 6-3、表 6-4、表 6-5）。

表 6-2　读取故障码的操作步骤

工作步骤	工作内容
	将诊断接头插到车辆诊断接口上
	关闭点火开关
	打开点火开关，执行读取故障码信息的操作
	铺好转向盘套、座椅套、脚垫，打开发动机舱盖，铺好翼子板布
	连接汽车诊断设备
	分析数据流，排除故障
	整理工具并打扫现场卫生

表 6-3　检查火花塞的操作步骤

工作步骤	工作内容
	使用塞尺检查火花塞电极间隙，应为 0.9 ~ 1.1 mm，且 4 只火花塞电极间隙应保持一致
	检查火花塞外观是否有积炭、淹缸、机油浸入、中心电极烧损、侧电极烧损、过度燃烧、绝缘体破裂、绝缘体击穿等现象
	将拆下的火花塞装在高压线套筒上，火花塞一端搭铁，启动发动机，进行火花塞跳火试验，检查火花塞跳火情况
	使用尖嘴钳拔下 S37 号燃油泵熔丝
	拔下火花塞上的高压线，使用 16 mm 火花塞套筒拆卸火花塞

表 6-4 检查点火线圈的操作步骤

工作步骤	工作内容
	拆卸点火线圈上的高压线，断开插接器，使用 5 mm 内六角套筒拆卸点火线圈上的 3 个固定螺栓，取下点火线圈
	检查高压线绝缘外皮是否存在破损、开裂、老化等现象
	检查点火线圈外观是否破损，绝缘外皮是否老化、开裂
	使用万用表 20 kΩ 电阻挡分别测量高压线的 4 个电阻值，然后与维修手册中的正常电阻值进行比对（参考值为 4～8 kΩ）

表 6-5 检测点火波形的操作步骤

工作步骤	工作内容
	将示波器推至工作地点，连接电源开关并开机，打开检测程序
	选取示波器应用程序并进行操作
	将示波器上的点火专用夹分别夹在 4 条高压线上，然后启动车辆，怠速运转
	整理示波器并将其归位

（二）实施记录

结合实施过程，对照检查项目，填写实际的检查结果（见表 6-6、表 6-7）。

表 6-6 检查火花塞和点火线圈的实施记录

序号	检查项目	是否正常工作	处理意见	备注
1	火花塞（1 缸）	是 □ 否 □		
2	火花塞（2 缸）	是 □ 否 □		
3	火花塞（3 缸）	是 □ 否 □		
4	火花塞（4 缸）	是 □ 否 □		
5	点火线圈、高压线（1 缸）	是 □ 否 □		
6	点火线圈、高压线（2 缸）	是 □ 否 □		
7	点火线圈、高压线（3 缸）	是 □ 否 □		
8	点火线圈、高压线（4 缸）	是 □ 否 □		

表 6-7　检测点火波形的实施记录

检测项目	标准波形	测量波形	是否合格	处理结果
1 缸点火次级波形			是☐　否☐	
2 缸点火次级波形			是☐　否☐	
3 缸点火次级波形			是☐　否☐	
4 缸点火次级波形			是☐　否☐	

六、检查

（一）自检

结合本组任务操作过程，对任务执行过程中的操作规范性进行检查，检查操作过程中是否存在以下问题，分析讨论应如何避免并总结规范的操作方法（见表 6–8）。

表 6–8 自检

检查项目	检查结果
车辆停放位置是否合适，是否将变速器换挡杆置于空挡并拉紧驻车制动器	是 □ 否 □
是否使用三件套对车辆进行防护	是 □ 否 □
是否注意人身安全	是 □ 否 □
发动机电控系统检测项目是否有漏项	是 □ 否 □
工具、配件是否归位	是 □ 否 □
工作场地是否清洁，车辆是否复位	是 □ 否 □

（二）互检

组与组之间相互进行操作过程及结果检查，并把检查结果填写在表 6–9 中。

表 6–9 互检

检查项目	检查结果
车辆停放位置是否合适，是否将变速器换挡杆置于空挡并拉紧驻车制动器	是 □ 否 □
是否使用三件套对车辆进行防护	是 □ 否 □
是否注意人身安全	是 □ 否 □
发动机电控系统检测项目是否有漏项	是 □ 否 □
工具、配件是否归位	是 □ 否 □
工作场地是否清洁，车辆是否复位	是 □ 否 □

七、课堂小结

任务七　火花塞和点火线圈的检查（二）

汽车发动机管理系统故障诊断与维修任务工单——点火线圈及高压线检查				
客户信息	姓名		电话	
车辆信息	车型	VIN 码	行驶里程	

客户描述

车辆无法启动，不着车 □　车辆过颠簸路面时发动机熄火 □　发动机启动困难 □

车辆上坡时发动机熄火 □　发动机维持在固定转速 □　车辆加速无力 □

车辆行驶中发动机易熄火 □　仪表盘上 EPC 故障指示灯异常点亮 □　仪表盘上充电指示灯点亮 □

其他：

车辆外观检查		车辆内部检查	
凹凸 □	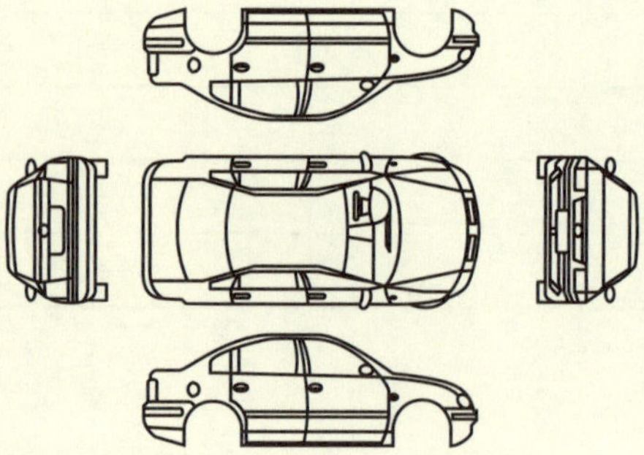	污渍 □	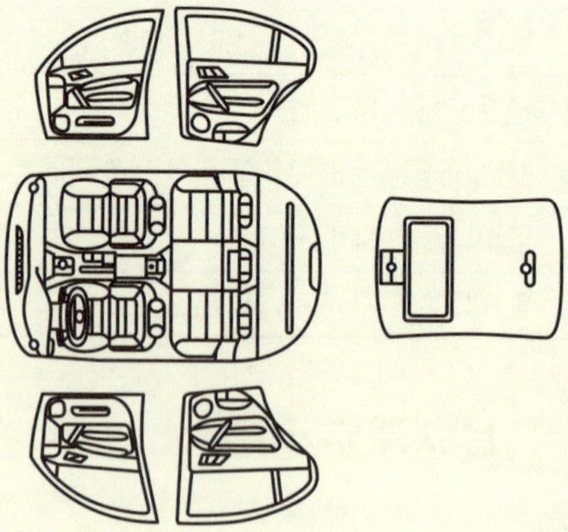
划痕 □		破损 □	
石击 □		色斑 □	
油漆 □		变形 □	

明确具体工作任务

任务目标

- 能够独立、规范地完成发动机点火系统的检查
- 能够正确、规范地检查发动机点火系统各零部件
- 能够对发动机点火系统故障进行简单分析

续表

任务内容	● 发动机点火系统的组成 ● 发动机点火系统的工作原理 ● 发动机点火系统的检查
任务重点	● 火花塞的检查 ● 点火线圈的检查 ● 发动机点火系统故障检查
任务难点	● 发动机点火系统故障检查

一、任务准备

在下列图片中勾选出完成本任务所需的工具、设备、资料等。

	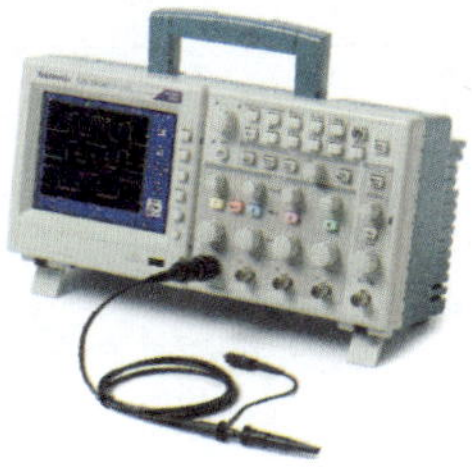		
扭力扳手	示波器	三件套	吹尘枪

	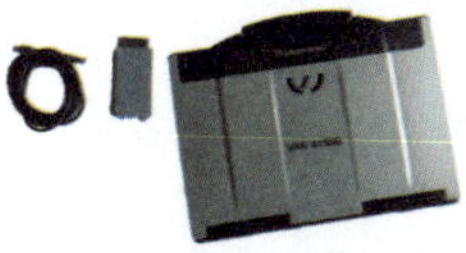			
塞尺	专用诊断仪	工具车	工具套件	万用表
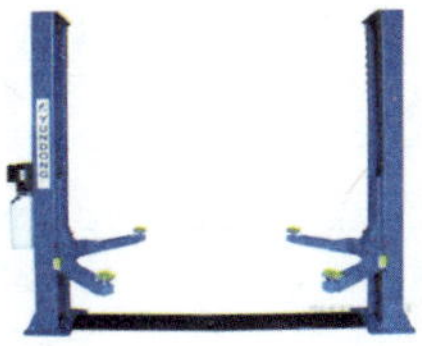				
举升机	跨接线	维修手册	熔丝	实训车辆

二、防护措施

1. 进入车间应穿工鞋、戴工帽；工作服应整洁，无破损；操作时不可佩戴手表等金属饰品，以防划伤车辆表面。

2. 举升车辆时应严格按照举升机使用方法进行操作，并通知其他人员远离举升设备。

3. 更换油液或配件时，应处理好油液和配件的回收清理工作，以免对工作环境造成污染。

观察下列车间操作图片，勾选出操作正确的图片。

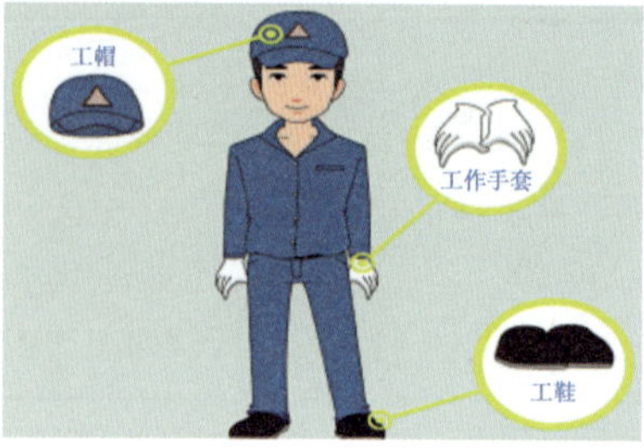		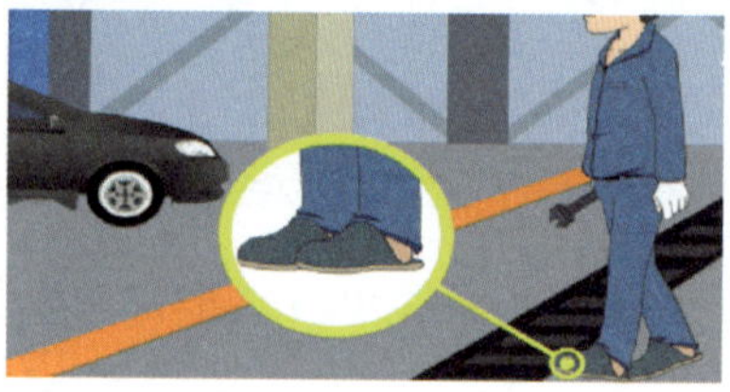

三、任务分配（见表 7-1）

表 7-1　任务分配表

职务	代码	姓名	工作内容
组长	A		监督、管理组员工作
组员	B		准备实训所需车辆及设备
	C		
	D		准备实训所需工具及资料
	E		

四、任务实施

（一）操作步骤

完成下列表格中工作内容对应工作步骤的排序（见表 7-2、表 7-3、表 7-4、表 7-5）。

表 7-2　读取故障码的操作步骤

工作步骤	工作内容
	铺好转向盘套、座椅套、脚垫，打开发动机舱盖，铺好翼子板布
	关闭点火开关
	连接汽车诊断设备

续表

工作步骤	工作内容
	将诊断接头插到车辆诊断接口上
	打开点火开关，执行读取故障码信息的操作
	分析数据流，排除故障
7	整理工具并打扫现场卫生

表 7-3 检查火花塞的操作步骤

工作步骤	工作内容
	拔下火花塞上的高压线，使用 16 mm 火花塞套筒拆卸火花塞
	使用尖嘴钳拔下 S37 号燃油泵熔丝
	将拆下的火花塞装在高压线套筒上，火花塞一端搭铁，启动发动机，进行火花塞跳火试验，检查火花塞跳火情况
	检查火花塞外观是否有积炭、淹缸、机油浸入、中心电极烧损、侧电极烧损、过度燃烧、绝缘体破裂、绝缘体击穿等现象
	使用塞尺检查火花塞电极间隙，应为 0.9～1.1 mm，且 4 只火花塞电极间隙应保持一致

表 7-4 检查点火线圈的操作步骤

工作步骤	工作内容
	拆卸点火线圈上的高压线，断开插接器，使用 5 mm 内六角套筒拆卸点火线圈上的 3 个固定螺栓，取下点火线圈
	检查点火线圈外观是否破损，绝缘外皮是否老化、开裂
	检查高压线绝缘外皮是否存在破损、开裂、老化等现象
	使用万用表 20 kΩ 电阻挡分别测量高压线的 4 个电阻值，然后与维修手册中的正常电阻值进行比对（参考值为 4～8 kΩ）

表 7-5 检测点火波形的操作步骤

工作步骤	工作内容
	将示波器推至工作地点，连接电源开关并开机，打开检测程序
	将示波器上的点火专用夹分别夹在 4 条高压线上，然后启动车辆，怠速运转
	选取示波器应用程序并进行操作
	整理示波器并将其归位

（二）实施记录

结合实施过程，对照检查项目，填写实际的检查结果（见表 7–6、表 7–7）。

表 7-6　检查火花塞和点火线圈的实施记录

序号	检查项目	是否正常工作	处理意见	备注
1	火花塞（1 缸）	是 □　否 □		
2	火花塞（2 缸）	是 □　否 □		
3	火花塞（3 缸）	是 □　否 □		
4	火花塞（4 缸）	是 □　否 □		
5	点火线圈、高压线（1 缸）	是 □　否 □		
6	点火线圈、高压线（2 缸）	是 □　否 □		
7	点火线圈、高压线（3 缸）	是 □　否 □		
8	点火线圈、高压线（4 缸）	是 □　否 □		

表 7-7　检测点火波形的实施记录

检测项目	标准波形	测量波形	是否合格	处理结果
1 缸点火次级波形			是 □　否 □	
2 缸点火次级波形			是 □　否 □	
3 缸点火次级波形			是 □　否 □	

续表

检测项目	标准波形	测量波形	是否合格	处理结果
4 缸点火次级波形			是 □ 否 □	

五、检查

（一）自检

结合本组任务操作过程，对任务执行过程中的操作规范性进行检查，检查操作过程中是否存在以下问题，分析讨论应如何避免并总结规范的操作方法（见表 7–8）。

表 7–8 自检

检查项目	检查结果
车辆停放位置是否合适，是否将变速器换挡杆置于空挡并拉紧驻车制动器	是 □ 否 □
是否使用三件套对车辆进行防护	是 □ 否 □
是否注意人身安全	是 □ 否 □
发动机电控系统检测项目是否有漏项	是 □ 否 □
工具、配件是否归位	是 □ 否 □
工作场地是否清洁，车辆是否复位	是 □ 否 □

（二）互检

组与组之间相互进行操作过程及结果检查，并把检查结果填写在表 7–9 中。

表 7–9 互检

检查项目	检查结果
车辆停放位置是否合适，是否将变速器换挡杆置于空挡并拉紧驻车制动器	是 □ 否 □
是否使用三件套对车辆进行防护	是 □ 否 □
是否注意人身安全	是 □ 否 □
发动机电控系统检测项目是否有漏项	是 □ 否 □
工具、配件是否归位	是 □ 否 □
工作场地是否清洁，车辆是否复位	是 □ 否 □

六、课堂小结

任务八 曲轴位置传感器的检查（一）

汽车发动机管理系统故障诊断与维修任务工单——曲轴位置传感器检查			
客户信息	姓名		电话	
车辆信息	车型	VIN 码	行驶里程
客户描述	车辆无法启动，不着车 □ 车辆上坡时发动机熄火 □ 车辆行驶中发动机易熄火 □	车辆过颠簸路面时发动机熄火 □ 发动机维持在固定转速 □ 仪表盘上 EPC 故障指示灯异常点亮 □	发动机启动困难 □ 车辆加速无力 □ 仪表盘上充电指示灯点亮 □
	其他：		

车辆外观检查		车辆内部检查	
凹凸 □ 划痕 □ 石击 □ 油漆 □	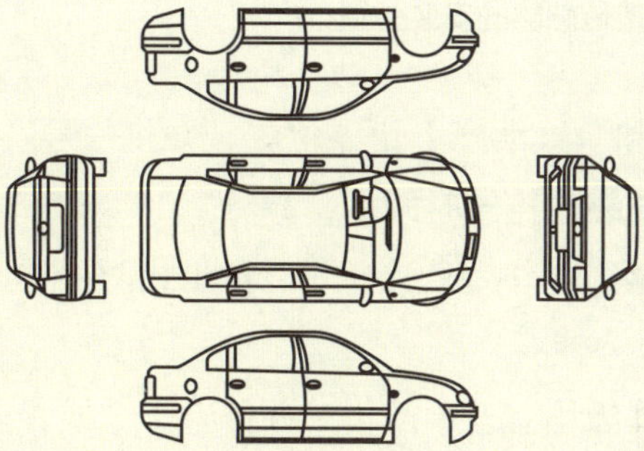	污渍 □ 破损 □ 色斑 □ 变形 □	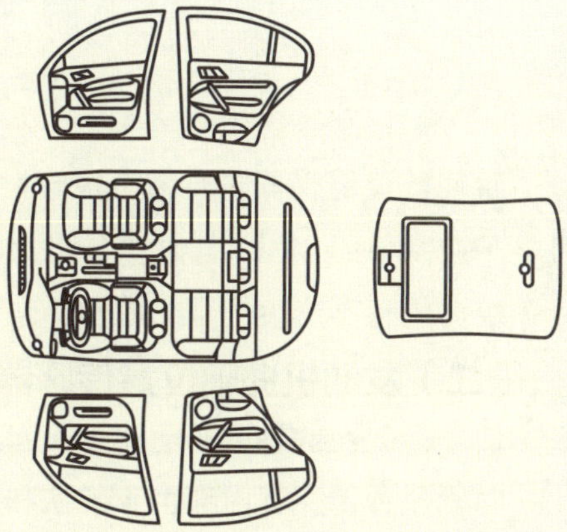

明确具体工作任务	

任务目标

- 能够独立、规范地完成发动机曲轴位置传感器的检查
- 能够正确、规范地检测发动机曲轴位置传感器的波形
- 能够对发动机曲轴位置传感器故障进行简单分析

续表

任务内容	● 发动机曲轴位置传感器的工作原理 ● 发动机曲轴位置传感器的检查方法 ● 发动机曲轴位置传感器波形的检测方法
任务重点	● 发动机曲轴位置传感器故障检查
任务难点	● 发动机曲轴位置传感器故障分析

一、知识讲解

（一）发动机曲轴位置传感器

曲轴位置传感器由装在曲轴或飞轮上的齿形信号盘与固定在机体上的传感器组成（见图 8–1）。

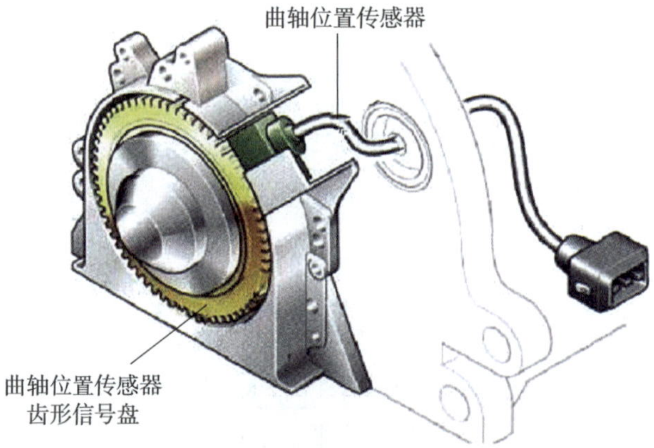

图 8–1　曲轴位置传感器的安装位置

曲轴位置传感器主要用于检测发动机曲轴转角和一缸活塞上止点位置，并将信号及时传递给发动机电子控制单元，用于计算最佳点火时刻及最合理的燃油供给时间。

根据传感器产生信号的原理不同，曲轴位置传感器可分为磁脉冲式、霍尔式两种类型。

（二）发动机曲轴位置传感器信号的产生

信号盘装在曲轴上，随曲轴一起旋转，信号盘外缘均有若干凸齿，并留有 1 个或 2 个缺齿。

曲轴位置传感器内部由永磁铁和感应线圈等组成（见图 8–2）。

信号盘随曲轴一起旋转时，由于信号盘外缘有缺齿，所以传感器与信号盘磁隙发生变化，通过感应线圈的磁通发生变化，于是随发动机转动感应线圈中就产生交变电动势，发动机电子控制单元根据每分钟接收的曲轴位置传感器信号来判断发动机曲轴旋转的转速和曲轴的位置，输出波形如图 8–3 所示。

（三）发动机点火系统的控制

点火系统控制方式包括通电时间控制、点火提前角控制和爆震控制。

通电时间：在发动机工作时，必须保证点火线圈的初级电路有足够的通电时间，但如果通电时间过长，点火线圈又会发热并增大电能消耗。

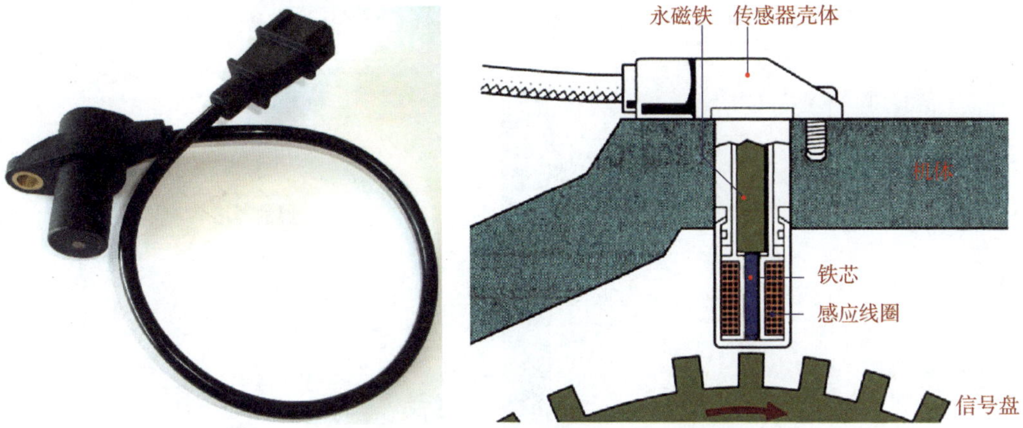

图 8-2　曲轴位置传感器的外形与结构

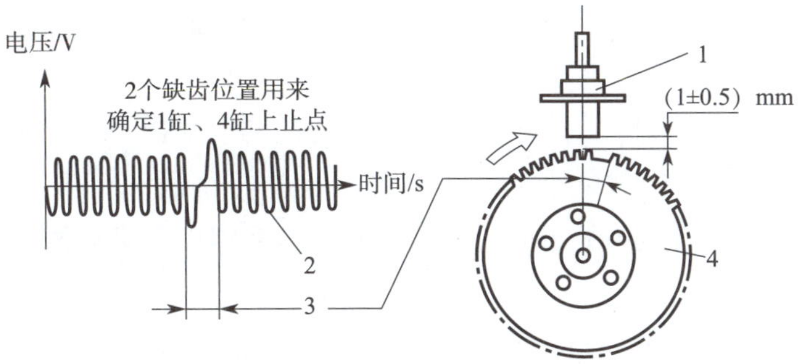

图 8-3　曲轴位置传感器的输出波形

1—曲轴位置传感器　2—正常齿波形　3—缺齿波形　4—齿形信号盘（位于发动机飞轮上）

现在，点火线圈初级电路的通电时间通常由 ECU 控制，根据发动机的转速信号和电源电压信号确定最佳的闭合角（通电时间），并控制点火器输出指令信号，以控制点火器中晶体管的导通时间。点火波形如图 8-4 所示。

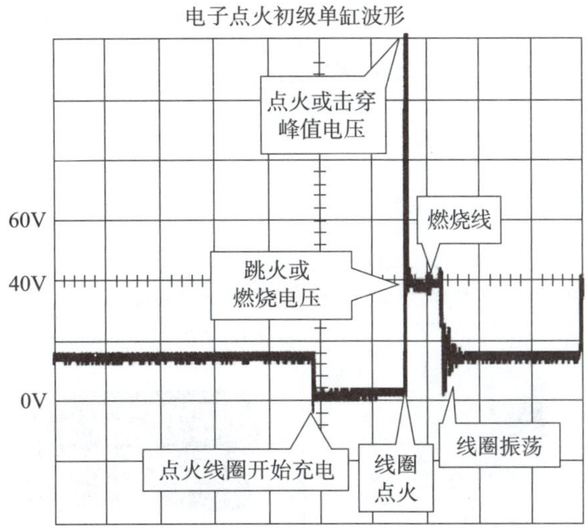

图 8-4　点火波形图

从点火时刻起到活塞到达压缩上止点，这段时间内曲轴转过的角度称为点火提前角。能使发动机获得最佳动力性、经济性和最佳排放性能的点火提前角，称为最佳点火提前角（见图 8–5）。

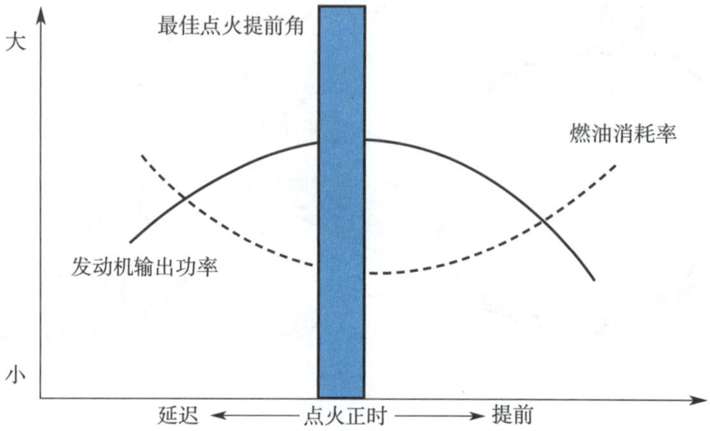

图 8–5　点火正时特性曲线图

点火提前角过早：大部分混合气在压缩过程中燃烧，活塞所消耗的压缩功增加，且缸内最高压力升高，末端混合气自燃所需的时间缩短，爆燃倾向增大。

点火提前角过迟：燃烧延长到膨胀过程，燃烧最高压力和温度下降，传热损失增多，排气温度升高，功率、热效率降低，但爆燃倾向减小，氮氧化物排放量降低。

需根据具体情况制定最佳方案。决定最佳点火提前角的重要因素包括发动机转速、发动机负荷、发动机结构、燃料品质和运行工况等（如启动、怠速、全速和倒拖工况）。

（四）曲轴位置传感器的检测方法

1. 查阻值：拔下传感器插头，用万用表检测传感器线圈的阻值，一般情况下传感器线圈阻值在 1 000 Ω 左右（车型不同，阻值不同），否则为传感器故障。

2. 查线束：测量传感器端到发动机 ECU 对应端子之间的线束电阻，最大为 1 Ω。

3. 查间隙：传感器与信号转子之间的间隙为 0.3～0.5 mm，且信号转子的轮齿应无缺损或铁粉粘附。

4. 读波形：将传感器插头接好，点火开关置于“ON”位置，读取点火波形。当信号盘旋转时，应出现如图 8–4 所示的有规律的波形，否则为传感器或信号盘故障。

二、任务准备

在下列图片中勾选出完成本任务所需的工具、设备、资料等。

	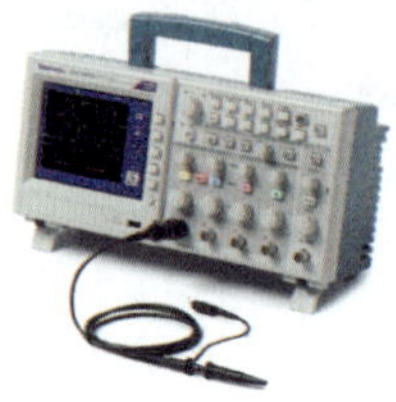		
扭力扳手	示波器	三件套	吹尘枪

专用诊断仪	工具车	工具套件	万用表

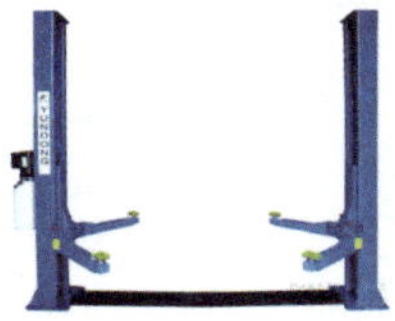				
举升机	跨接线	维修手册	熔丝	实训车辆

三、防护措施

1. 进入车间应穿工鞋、戴工帽；工作服应整洁，无破损；操作时不可佩戴手表等金属饰品，以防划伤车辆表面。

2. 举升车辆时应严格按照举升机使用方法进行操作，并通知其他人员远离举升设备。

3. 更换油液或配件时，应处理好油液和配件的回收清理工作，以免对工作环境造成污染。

观察下列车间操作图片，勾选出操作正确的图片。

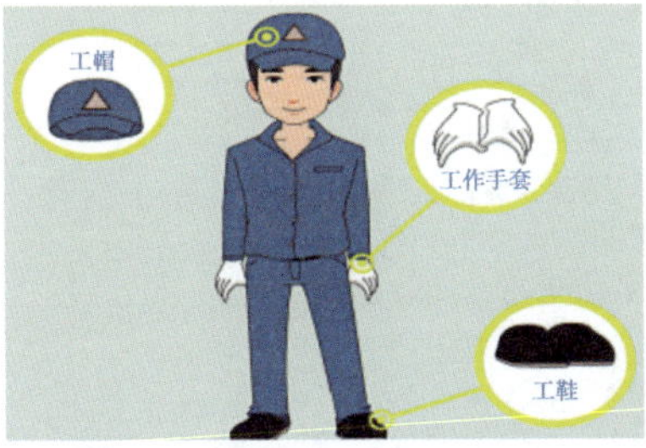		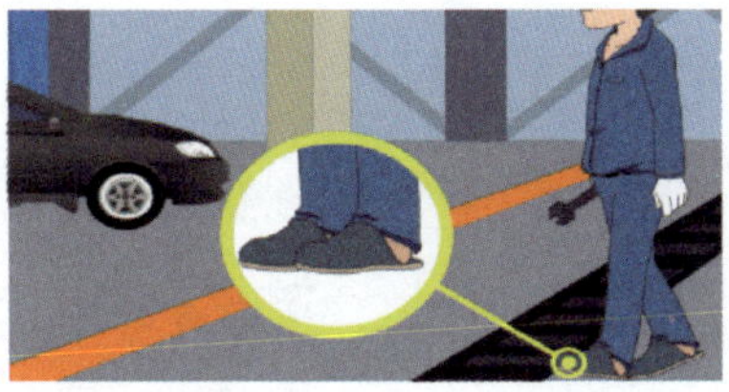

四、任务分配（见表 8-1）

表 8-1 任务分配表

职务	代码	姓名	工作内容
组长	A		监督、管理组员工作
组员	B		准备实训所需车辆及设备
	C		
	D		准备实训所需工具及资料
	E		

五、任务实施

（一）操作步骤

完成表 8–2 中工作内容对应工作步骤的排序。

表 8–2　操作步骤

项目	工作步骤	工作内容
安全防护及准备工作	1	铺设三件套
	2	打开发动机舱盖，铺设翼子板布
检查前的准备工作	1	使用 10 mm 套筒拆卸蓄电池负极紧固螺栓，并取下负极桩头
	2	拆卸前风挡左前方塑料装饰板，并取下发动机控制模块，拔下控制模块插头
测量曲轴位置传感器电阻及线路		使用万用表 2 kΩ 电阻挡测量 53 号与 64 号端子之间的电阻值，正常电阻值为 500 ~ 1 000 Ω
		观察控制模块上的端子，并在插接器上找到对应的端子
		使用万用表 200 Ω 电阻挡分别测量曲轴位置传感器插接器 3 号端子至控制单元 53 号端子、接插器 2 号端子至控制单元 64 号端子之间的电阻值，电阻值应小于 1 Ω，若电阻值无穷大则表明该线路断路，若电阻值正常则表明该插接器虚接
		若电阻值为无穷大或电阻值大于正常值，则断开曲轴位置传感器与发动机控制模块线束的连接插头，使用万用表 2 kΩ 电阻挡测量曲轴位置传感器插接器 2 号与 3 号端子之间的电阻值，若电阻值正常则检测该插接器至发动机电子控制单元的线路
		若曲轴位置传感器电阻值仍为无穷大或过大，则表明曲轴位置传感器损坏
测量曲轴位置传感器相邻端子间的电阻值	1	若曲轴位置传感器电阻值正常，则使用万用表 200 MΩ 电阻挡分别测量 1 号端子与 2 号端子及 1 号端子与 3 号端子之间的电阻值
	2	若不导通则表明曲轴位置传感器正常，若导通则表明曲轴位置传感器损坏
使用示波器检测曲轴位置传感器波形		将示波器调到图形显示页面，启动车辆，观察示波器中曲轴位置传感器的波形并截图
		将示波器推到工作位置，连接电源，打开显示器。从曲轴位置传感器 2 号端子引出一根线，将示波器的正极线连接曲轴位置传感器的 2 号端子，负极线连接蓄电池的负极
		测量完毕后，将车辆熄火，收回示波器线束，将示波器推回至指定位置
整理	1	撤去翼子板布并关闭发动机舱盖
	2	撤去三件套，整理工具并打扫现场卫生

（二）实施记录

结合实施过程，对照检查项目，填写实际的检查结果（见表 8–3、表 8–4）。

表 8-3 检测曲轴位置传感器的实施记录

检测项目	标准值	测量值	是否合格	处理结果
测量曲轴位置传感器电阻及线路			是□ 否□	
测量曲轴位置传感器相邻端子间的电阻值			是□ 否□	

表 8-4 检测曲轴位置传感器波形的实施记录

检测项目	标准波形	测量波形	是否合格	处理结果
使用示波器检测曲轴位置传感器的波形			是□ 否□	

六、检查

（一）自检

结合本组任务操作过程，对任务执行过程中的操作规范性进行检查，检查操作过程中是否存在以下问题，分析讨论应如何避免并总结规范的操作方法（见表 8-5）。

表 8-5 自检

检查项目	检查结果
车辆停放位置是否合适，是否将变速器换挡杆置于空挡并拉紧驻车制动器	是□ 否□
是否使用三件套对车辆进行防护	是□ 否□
是否注意人身安全	是□ 否□
发动机电控系统检测项目是否有漏项	是□ 否□
工具、配件是否归位	是□ 否□
工作场地是否清洁，车辆是否复位	是□ 否□

（二）互检

组与组之间相互进行操作过程及结果检查，并把检查结果填写在表 8-6 中。

表 8-6 互检

检查项目	检查结果
车辆停放位置是否合适，是否将变速器换挡杆置于空挡并拉紧驻车制动器	是 □ 否 □
是否使用三件套对车辆进行防护	是 □ 否 □
是否注意人身安全	是 □ 否 □
发动机电控系统检测项目是否有漏项	是 □ 否 □
工具、配件是否归位	是 □ 否 □
工作场地是否清洁，车辆是否复位	是 □ 否 □

七、课堂小结

任务九　曲轴位置传感器的检查（二）

<table>
<tr><td colspan="4">汽车发动机管理系统故障诊断与维修任务工单——曲轴位置传感器波形检测</td></tr>
<tr><td>客户信息</td><td>姓名</td><td></td><td>电话</td></tr>
<tr><td rowspan="2">车辆信息</td><td>车型</td><td>VIN 码</td><td>行驶里程</td></tr>
<tr><td></td><td></td><td></td></tr>
<tr><td>客户描述</td><td colspan="3">车辆无法启动，不着车 □　车辆过颠簸路面时发动机熄火 □　发动机启动困难 □
车辆上坡时发动机熄火 □　发动机维持在固定转速 □　车辆加速无力 □
车辆行驶中发动机易熄火 □　仪表盘上 EPC 故障指示灯异常点亮 □　仪表盘上充电指示灯点亮 □
其他：</td></tr>
<tr><td colspan="2">车辆外观检查</td><td colspan="2">车辆内部检查</td></tr>
<tr><td>凹凸 □
划痕 □
石击 □
油漆 □</td><td>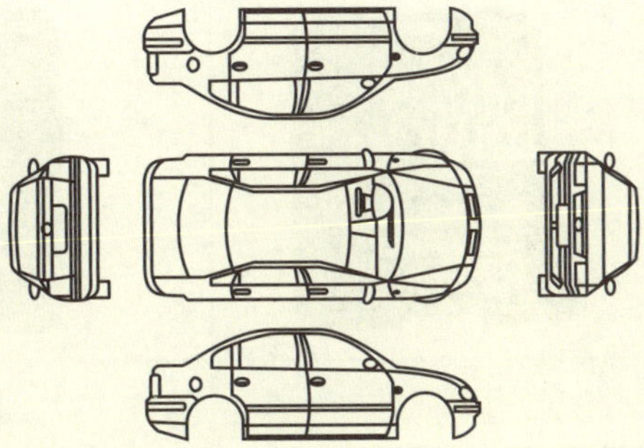</td><td>污渍 □
破损 □
色斑 □
变形 □</td><td>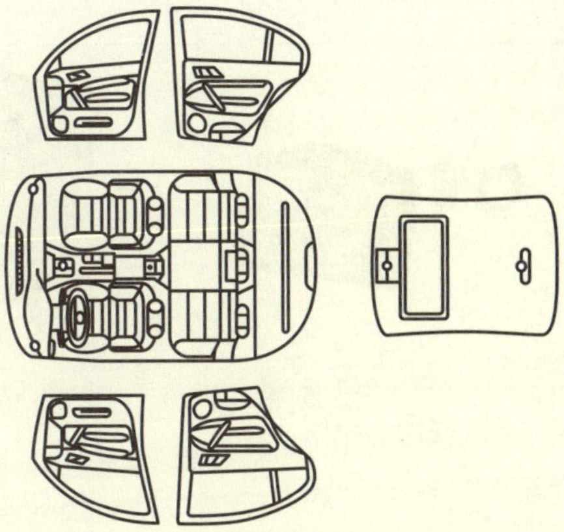</td></tr>
<tr><td>明确具体工作任务</td><td colspan="3"></td></tr>
</table>

任务目标

- 能够独立、规范地完成发动机曲轴位置传感器的检查
- 能够正确、规范地检测发动机曲轴位置传感器的波形
- 能够对发动机曲轴位置传感器故障进行简单分析

续表

任务内容	● 发动机曲轴位置传感器的工作原理 ● 发动机曲轴位置传感器的检查方法 ● 发动机曲轴位置传感器波形的检测方法
任务重点	● 发动机曲轴位置传感器故障检查
任务难点	● 发动机曲轴位置传感器故障分析

一、任务准备

在下列图片中勾选出完成本任务所需的工具、设备、资料等。

	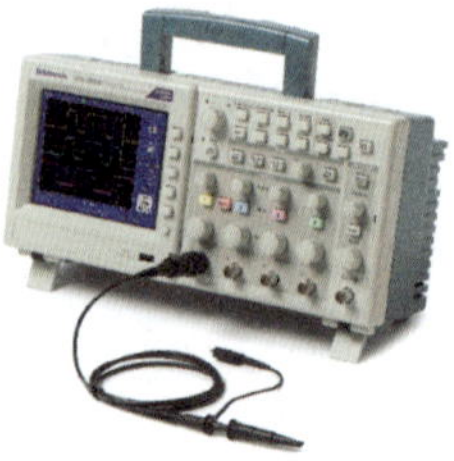		
扭力扳手	示波器	三件套	吹尘枪

专用诊断仪	工具车	工具套件	万用表

举升机	跨接线	维修手册	熔丝	实训车辆

二、防护措施

1. 进入车间应穿工鞋、戴工帽；工作服应整洁，无破损；操作时不可佩戴手表等金属饰品，以防划伤车辆表面。

2. 举升车辆时应严格按照举升机使用方法进行操作，并通知其他人员远离举升设备。

3. 更换油液或配件时，应处理好油液和配件的回收清理工作，以免对工作环境造成污染。

观察下列车间操作图片，勾选出操作正确的图片。

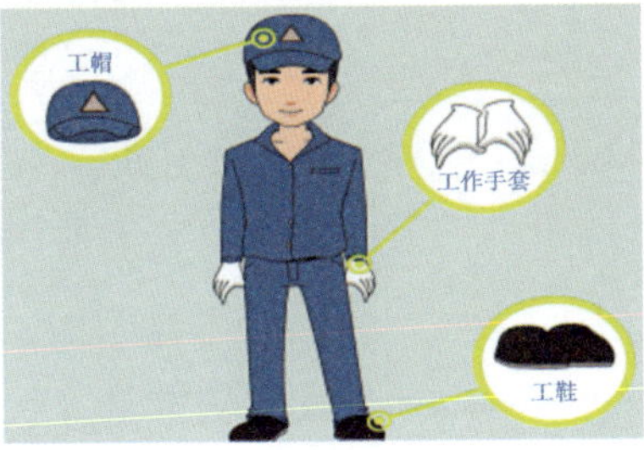		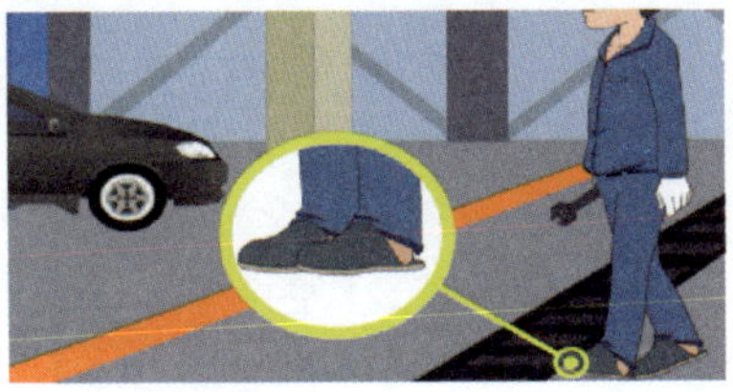

三、任务分配（见表 9-1）

表 9-1　任务分配表

职务	代码	姓名	工作内容
组长	A		监督、管理组员工作
组员	B		准备实训所需车辆及设备
	C		
	D		准备实训所需工具及资料
	E		

四、任务实施

（一）操作步骤

完成表 9-2 中工作内容对应工作步骤的排序。

表 9-2　操作步骤

项目	工作步骤	工作内容
安全防护及准备工作	1	铺设三件套
	2	打开发动机舱盖，铺设翼子板布
检查前的准备工作	1	使用 10 mm 套筒拆卸蓄电池负极紧固螺栓，并取下负极桩头
	2	拆卸前风挡左前方塑料装饰板，并取下发动机控制模块，拔下控制模块插头

续表

项目	工作步骤	工作内容
测量曲轴位置传感器电阻及线路		观察控制模块上的端子，并在插接器上找到对应的端子
		使用万用表 2 kΩ 电阻挡测量 53 号与 64 号端子之间的电阻值，正常电阻值为 500 ~ 1 000 Ω
		若电阻值为无穷大或电阻值大于正常值，则断开曲轴位置传感器与发动机控制模块线束的连接插头，使用万用表 2 kΩ 电阻挡测量曲轴位置传感器插接器 2 号与 3 号端子之间的电阻值，若电阻值正常则检测该插接器至发动机电子控制单元的线路
		使用万用表 200 Ω 电阻挡分别测量插接器 3 号端子至控制单元 53 号端子、插接器 2 号端子至控制单元 64 号端子之间的电阻值，电阻值应小于 1 Ω，若电阻值无穷大则表明该线路断路，若电阻值正常则表明该插接器虚接
		若曲轴位置传感器电阻值仍为无穷大或过大，则表明曲轴位置传感器损坏
测量曲轴位置传感器相邻端子间的电阻值	1	若曲轴位置传感器电阻值正常，则使用万用表 200 MΩ 电阻挡分别测量 1 号端子与 2 号端子及 1 号端子与 3 号端子之间的电阻值
	2	若不导通则表明曲轴位置传感器正常，若导通则表明曲轴位置传感器损坏
使用示波器检测曲轴位置传感器波形		将示波器推到工作位置，连接电源，打开显示器。从曲轴位置传感器 2 号端子引出一根线，将示波器的正极线连接曲轴位置传感器的 2 号端子，负极线连接蓄电池的负极
		将示波器调到图形显示页面，启动车辆，观察示波器中曲轴位置传感器的波形并截图
		测量完毕后，将车辆熄火，收回示波器线束，将示波器推回至指定位置
整理	1	撤去翼子板布并关闭发动机舱盖
	2	撤去三件套，整理工具并打扫现场卫生

（二）实施记录

结合实施过程，对照检查项目，填写实际的检查结果（见表 9-3、表 9-4）。

表 9-3　检测曲轴位置传感器的实施记录

检测项目	标准值	测量值	是否合格	处理结果
测量曲轴位置传感器电阻及线路			是 □　否 □	
测量曲轴位置传感器相邻端子间的电阻值			是 □　否 □	

表 9-4 检测曲轴位置传感器波形的实施记录

检测项目	标准波形	测量波形	是否合格	处理结果
使用示波器检测曲轴位置传感器的波形			是 □ 否 □	

五、检查

（一）自检

结合本组任务操作过程，对任务执行过程中的操作规范性进行检查，检查操作过程中是否存在以下问题，分析讨论应如何避免并总结规范的操作方法（见表 9-5）。

表 9-5 自检

检查项目	检查结果
车辆停放位置是否合适，是否将变速器换挡杆置于空挡并拉紧驻车制动器	是 □ 否 □
是否使用三件套对车辆进行防护	是 □ 否 □
是否注意人身安全	是 □ 否 □
发动机电控系统检测项目是否有漏项	是 □ 否 □
工具、配件是否归位	是 □ 否 □
工作场地是否清洁，车辆是否复位	是 □ 否 □

（二）互检

组与组之间相互进行操作过程及结果检查，并把检查结果填写在表 9-6 中。

表 9-6 互检

检查项目	检查结果
车辆停放位置是否合适，是否将变速器换挡杆置于空挡并拉紧驻车制动器	是 □ 否 □
是否使用三件套对车辆进行防护	是 □ 否 □
是否注意人身安全	是 □ 否 □
发动机电控系统检测项目是否有漏项	是 □ 否 □
工具、配件是否归位	是 □ 否 □
工作场地是否清洁，车辆是否复位	是 □ 否 □

六、课堂小结

任务十　凸轮轴位置传感器的检查（一）

汽车发动机管理系统故障诊断与维修任务工单——凸轮轴位置传感器检查				
客户信息	姓名		电话	
车辆信息	车型	VIN 码	行驶里程	

客户描述

- 车辆无法启动，不着车 □
- 车辆过颠簸路面时发动机熄火 □
- 发动机启动困难 □
- 车辆上坡时发动机熄火 □
- 发动机维持在固定转速 □
- 车辆加速无力 □
- 车辆行驶中发动机易熄火 □
- 仪表盘上 EPC 故障指示灯异常点亮 □
- 仪表盘上充电指示灯点亮 □

其他：

____

____

____

车辆外观检查	车辆内部检查
凹凸 □ 划痕 □ 石击 □ 油漆 □	污渍 □ 破损 □ 色斑 □ 变形 □

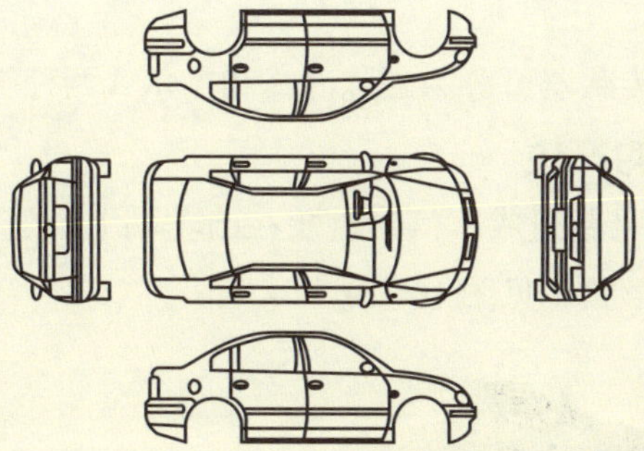

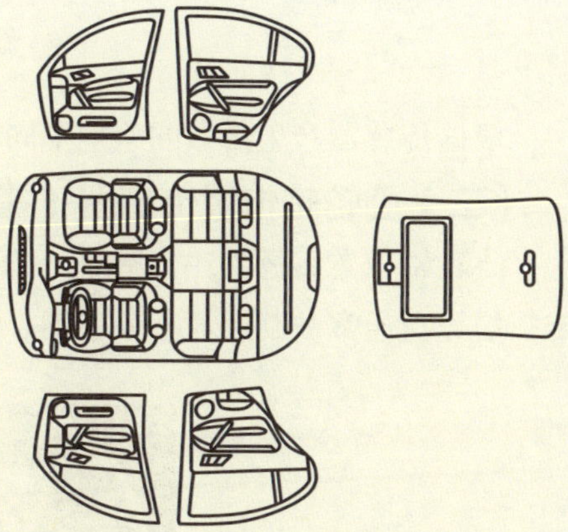

明确具体工作任务

____

____

____

任务目标

- 能够独立、规范地完成发动机凸轮轴位置传感器的检查
- 能够正确、规范地检测发动机凸轮轴位置传感器的波形
- 能够对发动机凸轮轴位置传感器故障进行简单分析

续表

任务内容	● 发动机凸轮轴位置传感器的工作原理 ● 发动机凸轮轴位置传感器的检查方法 ● 发动机凸轮轴位置传感器波形的检测方法
任务重点	● 发动机凸轮轴位置传感器故障检查
任务难点	● 发动机凸轮轴位置传感器故障分析

一、知识讲解

（一）发动机凸轮轴位置传感器的作用

凸轮轴位置传感器的作用是采集凸轮轴的位置信号，并传送给发动机 ECU，结合曲轴位置信号，用于计算一缸压缩上止点，从而进行发动机启动控制、燃油喷射控制、点火时刻控制和爆震控制（见图 10–1）。

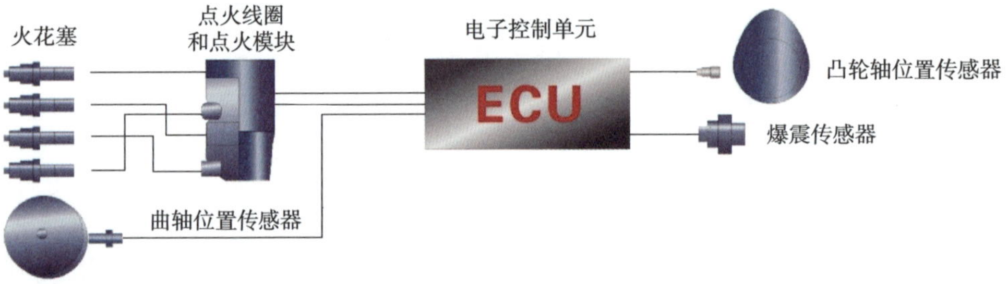

图 10–1　凸轮轴位置传感器工作示意图

根据传感器产生信号的原理不同，凸轮轴位置传感器可分为磁脉冲式和霍尔式两种类型。

（二）凸轮轴位置传感器（霍尔式）信号的产生

凸轮轴位置传感器由永磁铁、霍尔元件及集成电路组成。信号盘装在凸轮轴上，随凸轮轴一起旋转，信号盘通常被制成若干大小不一的叶轮或叶片形状（见图 10–2）。

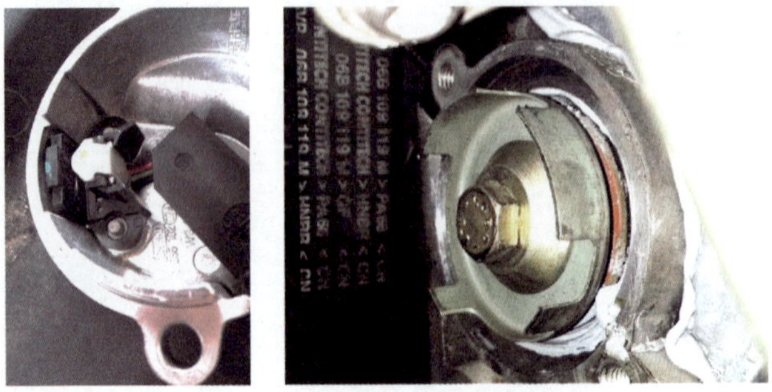

图 10–2　凸轮轴位置传感器

霍尔式凸轮轴位置传感器利用霍尔效应原理，产生与凸轮轴转角相对应的电压脉冲信号，它利用触发叶片或轮齿改变通过霍尔元件的磁场强度，从而使霍尔元件产生脉冲式霍尔电压信号，该脉冲电压信号经集成电路的放大与整形处理后送至发动机电子控制单元，经细化处理后用于控制发动机的点火及喷油时刻（见图 10–3）。

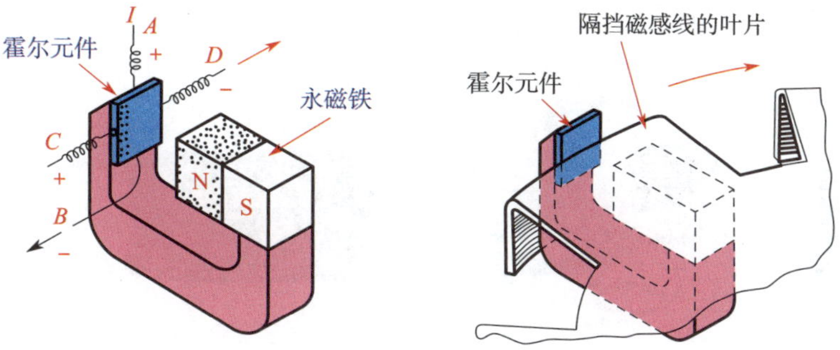

图 10–3 霍尔式凸轮轴位置传感器的工作原理

（三）发动机凸轮轴位置传感器的检测流程

使用诊断仪读取故障码，如果有凸轮轴位置传感器相关故障码，则读取相关数据块或使用示波器读取相关波形，以进一步确认故障。如果不正常，则检查凸轮轴线束端供电搭铁以及信号线；如果均正常，则检查信号盘。如果信号盘正常，则表明凸轮轴位置传感器有故障。图 10–4 所示为发动机凸轮轴位置传感器的检测流程。

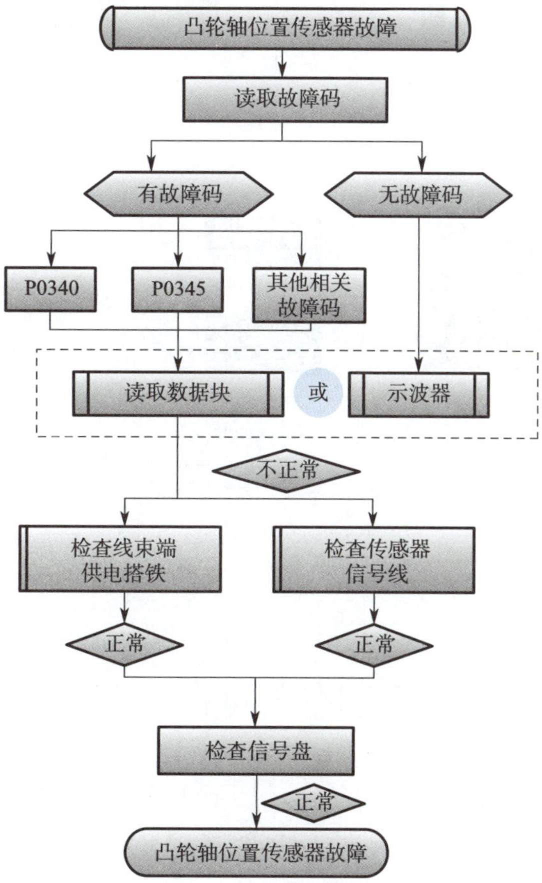

图 10–4 发动机凸轮轴位置传感器的检测流程

二、任务准备

在下列图片中勾选出完成本任务所需的工具、设备、资料等。

	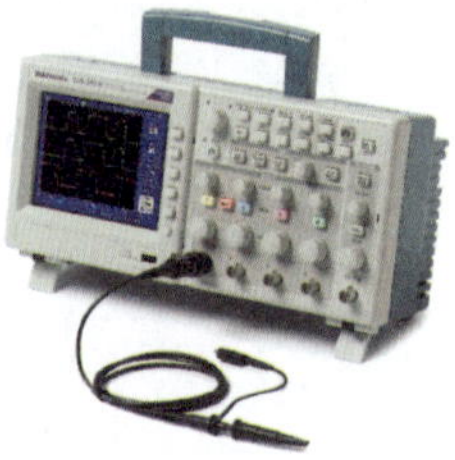		
扭力扳手	示波器	三件套	吹尘枪

专用诊断仪	工具车	工具套件	万用表

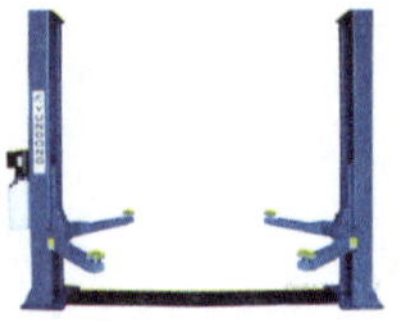				
举升机	跨接线	维修手册	熔丝	实训车辆

三、防护措施

1. 进入车间应穿工鞋、戴工帽；工作服应整洁，无破损；操作时不可佩戴手表等金属饰品，以防划伤车辆表面。

2. 举升车辆时应严格按照举升机使用方法进行操作，并通知其他人员远离举升设备。

3. 更换油液或配件时，应处理好油液和配件的回收清理工作，以免对工作环境造成污染。

观察下列车间操作图片，勾选出操作正确的图片。

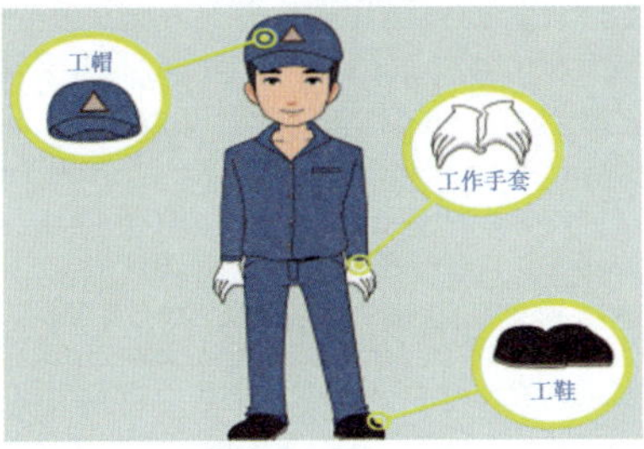		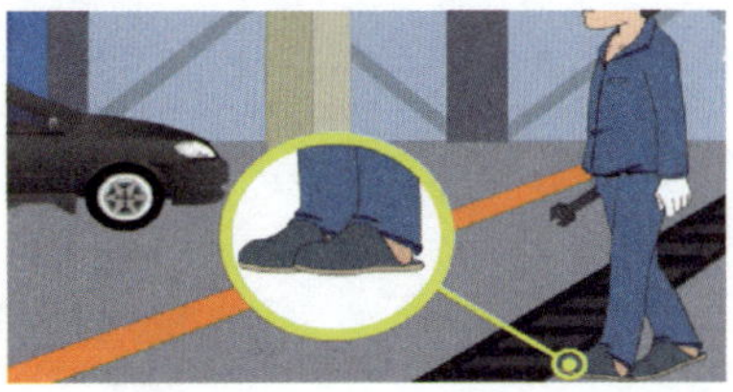

四、任务分配（见表 10-1）

表 10-1 任务分配表

职务	代码	姓名	工作内容
组长	A		监督、管理组员工作
组员	B		准备实训所需车辆及设备
	C		
	D		准备实训所需工具及资料
	E		

五、任务实施

（一）操作步骤

完成表 10-2 中工作内容对应工作步骤的排序。

表 10-2 操作步骤

项目	工作步骤	工作内容
安全防护及准备工作	1	铺设三件套
	2	打开发动机舱盖，铺设翼子板布
验证故障现象	1	车辆启动困难，仪表故障指示灯点亮
	2	接入诊断仪，读取发动机电子控制单元故障码，根据故障码进行下一步检查
检查、测量凸轮轴位置传感器		如果线束电阻值小于 1 Ω，则线束正常，可判断为发动机电子控制单元损坏；如果线束电阻值无穷大，表明线束故障，应修复或更换发动机线束
		使用 10 mm 套筒拆卸蓄电池负极固定螺栓，并断开蓄电池负极，拆卸发动机电子控制单元插接器，使用 200 Ω 电阻挡分别测量发动机电子控制单元插接器 62 号端子与凸轮轴位置传感器插接器 1 号端子、发动机电子控制单元插接器 54 号端子与凸轮轴位置传感器插接器 3 号端子、发动机电子控制单元插接器 60 号端子与凸轮轴位置传感器插接器 2 号端子之间线束的电阻值，正常应小于 1 Ω。如果电阻值正常，还应使用万用表蜂鸣挡检查发动机电子控制单元插接器 60 号端子与凸轮轴位置传感器插接器 2 号端子之间的线束有没有对地短路

续表

项目	工作步骤	工作内容
检查、测量凸轮轴位置传感器		断开凸轮轴位置传感器插接器，打开点火开关，使用万用表 20 V 电压挡测量插接器 1 号端子与 3 号端子之间是否有 5 V 的电压，若无 5 V 的电压，则应进行线束检查
		装上蓄电池负极和发动机电子控制单元插接器，将示波器推到工作位置，连接电源，打开显示器，从凸轮轴位置传感器插接器 2 号端子引出一根线，使用示波器的正极线连接凸轮轴位置传感器插接器 2 号端子，负极线搭铁，将示波器调到图形显示页面，启动车辆，观察示波器是否有脉冲波形并截图，测量完毕后将车辆熄火，收回示波器线束，并将示波器推回至指定位置
		若凸轮轴位置传感器插接器 1 号端子与 3 号端子之间有 5 V 的电压，则应使用示波器检测凸轮轴位置传感器的波形
		如果没有脉冲波形，且凸轮轴位置传感器插接器 1 号端子与 3 号端子之间有 5 V 的电压，凸轮轴位置传感器插接器与发动机电子控制单元插接器之间的线束检查都正常，则表明传感器损坏，应更换凸轮轴位置传感器。如果有脉冲波形，且发动机电子控制单元插接器 60 号端子与凸轮轴位置传感器插接器 2 号端子之间的线束电阻值小于 1 Ω，线束对地不导通，则表明发动机电子控制单元损坏
验证故障是否排除	1	连接诊断仪，打开点火开关，进入发动机电子控制系统读取并清除故障码，重新读取故障码，检查故障码是否能够清除，并且不再出现；启动车辆，若车辆能够正常启动表明故障排除，否则应重新检查
整理	1	撤去翼子板布并关闭发动机舱盖
	2	撤去三件套，整理工具并打扫现场卫生

（二）实施记录

结合实施过程，对照检查项目，填写实际的检查结果（见表 10–3、表 10–4）。

表 10–3 检测凸轮轴位置传感器的实施记录

检测项目	标准值	测量值	是否合格	处理结果
测量凸轮轴位置传感器插接器端子与发动机 ECU 插接器之间的电阻值	小于 1 Ω		是□ 否□	
测量凸轮轴位置传感器的电压	5 V		是□ 否□	

表 10–4 检测凸轮轴位置传感器波形的实施记录

检测项目	标准波形	测量波形	是否合格	处理结果
使用示波器检测凸轮轴位置传感器的波形			是□ 否□	

六、检查

（一）自检

结合本组任务操作过程，对任务执行过程中的操作规范性进行检查，检查操作过程中是否存在以下问题，分析讨论应如何避免并总结规范的操作方法（见表 10–5）。

表 10–5 自检

检查项目	检查结果
车辆停放位置是否合适，是否将变速器换挡杆置于空挡并拉紧驻车制动器	是 □ 否 □
是否使用三件套对车辆进行防护	是 □ 否 □
是否注意人身安全	是 □ 否 □
发动机电控系统检测项目是否有漏项	是 □ 否 □
工具、配件是否归位	是 □ 否 □
工作场地是否清洁，车辆是否复位	是 □ 否 □

（二）互检

组与组之间相互进行操作过程及结果检查，并把检查结果填写在表 10–6 中。

表 10–6 互检

检查项目	检查结果
车辆停放位置是否合适，是否将变速器换挡杆置于空挡并拉紧驻车制动器	是 □ 否 □
是否使用三件套对车辆进行防护	是 □ 否 □
是否注意人身安全	是 □ 否 □
发动机电控系统检测项目是否有漏项	是 □ 否 □
工具、配件是否归位	是 □ 否 □
工作场地是否清洁，车辆是否复位	是 □ 否 □

七、课堂小结

____

____

____

任务十一　凸轮轴位置传感器的检查（二）

汽车发动机管理系统故障诊断与维修任务工单——凸轮轴位置传感器波形检测				
客户信息	姓名		电话	

车辆信息	车型	VIN 码	行驶里程

客户描述			
	车辆无法启动，不着车 □	车辆过颠簸路面时发动机熄火 □	发动机启动困难 □
	车辆上坡时发动机熄火 □	发动机维持在固定转速 □	车辆加速无力 □
	车辆行驶中发动机易熄火 □	仪表盘上 EPC 故障指示灯异常点亮 □	仪表盘上充电指示灯点亮 □
	其他：		

车辆外观检查		车辆内部检查	
凹凸 □	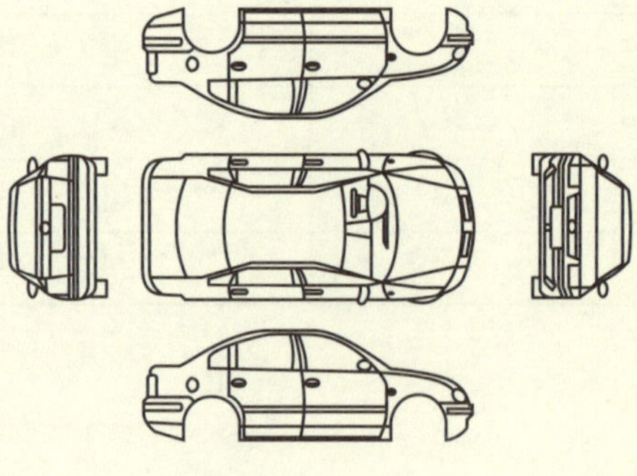	污渍 □	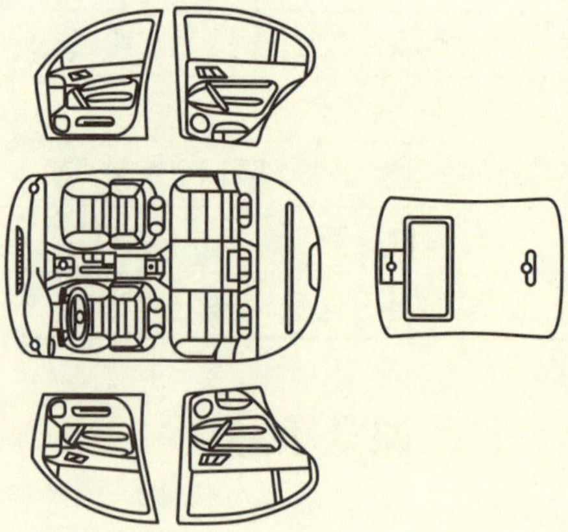
划痕 □		破损 □	
石击 □		色斑 □	
油漆 □		变形 □	

明确具体工作任务	

任务目标

- 能够独立、规范地完成发动机凸轮轴位置传感器的检查
- 能够正确、规范地检测发动机凸轮轴位置传感器的波形
- 能够对发动机凸轮轴位置传感器故障进行简单分析

续表

任务内容	● 发动机凸轮轴位置传感器的工作原理 ● 发动机凸轮轴位置传感器的检查方法 ● 发动机凸轮轴位置传感器波形的检测方法
任务重点	● 发动机凸轮轴位置传感器故障检查
任务难点	● 发动机凸轮轴位置传感器故障分析

一、任务准备

在下列图片中勾选出完成本任务所需的工具、设备、资料等。

	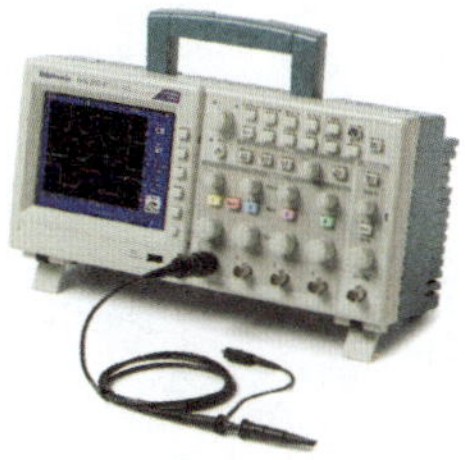		
扭力扳手	示波器	三件套	吹尘枪

专用诊断仪	工具车	工具套件	万用表

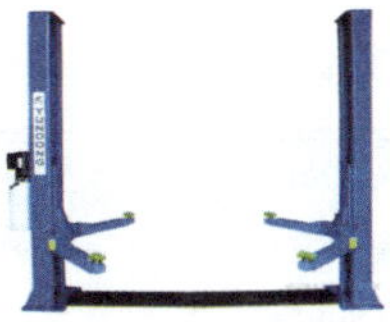				
举升机	跨接线	维修手册	熔丝	实训车辆

二、防护措施

1. 进入车间应穿工鞋、戴工帽；工作服应整洁，无破损；操作时不可佩戴手表等金属饰品，以防划伤车辆表面。

2. 举升车辆时应严格按照举升机使用方法进行操作，并通知其他人员远离举升设备。

3. 更换油液或配件时，应处理好油液和配件的回收清理工作，以免对工作环境造成污染。

观察下列车间操作图片，勾选出操作正确的图片。

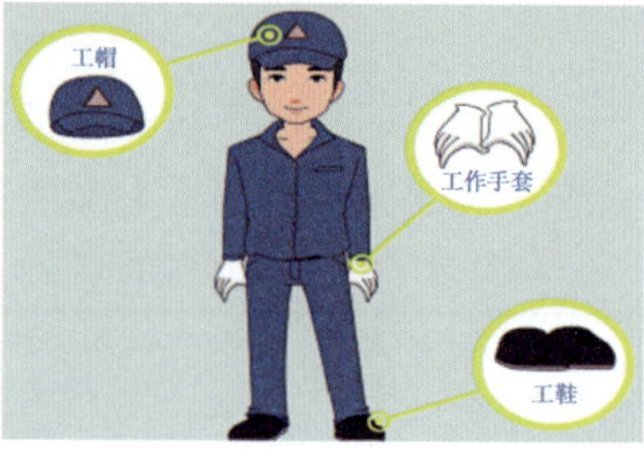

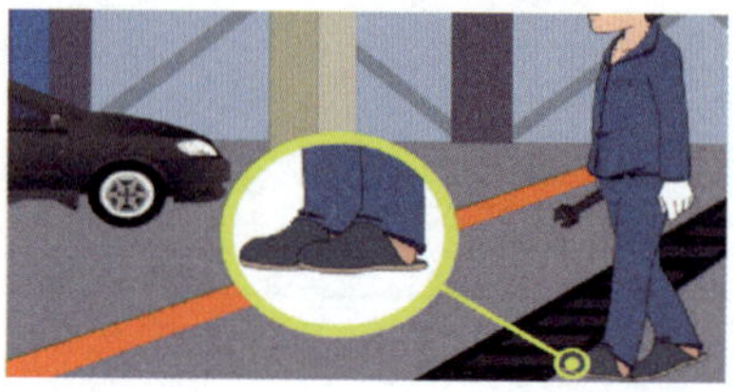

三、任务分配（见表 11-1）

表 11-1　任务分配表

职务	代码	姓名	工作内容
组长	A		监督、管理组员工作
组员	B		准备实训所需车辆及设备
	C		
	D		准备实训所需工具及资料
	E		

四、任务实施

（一）操作步骤

完成表 11-2 中工作内容对应工作步骤的排序。

表 11-2　操作步骤

项目	工作步骤	工作内容
安全防护及准备工作	1	铺设三件套
	2	打开发动机舱盖，铺设翼子板布
验证故障现象	1	车辆启动困难，仪表故障指示灯点亮
	2	接入诊断仪，读取发动机电子控制单元故障码，根据故障码进行下一步检查
检查、测量凸轮轴位置传感器		断开凸轮轴位置传感器插接器，打开点火开关，使用万用表 20 V 电压挡测量插接器 1 号端子与 3 号端子之间是否有 5 V 的电压，若无 5 V 的电压，则应进行线束检查

续表

项目	工作步骤	工作内容
检查、测量凸轮轴位置传感器		装上蓄电池负极和发动机电子控制单元插接器，将示波器推到工作位置，连接电源，打开显示器，从凸轮轴位置传感器插接器 2 号端子引出一根线，使用示波器的正极线连接凸轮轴位置传感器插接器 2 号端子，负极线搭铁，将示波器调到图形显示页面，启动车辆，观察示波器是否有脉冲波形并截图，测量完毕后将车辆熄火，收回示波器线束，并将示波器推回至指定位置
		如果线束电阻值小于 1 Ω，则线束正常，可判断为发动机电子控制单元损坏；如果线束电阻值无穷大，表明线束故障，应修复或更换发动机线束
		若凸轮轴位置传感器插接器 1 号端子与 3 号端子之间有 5 V 的电压，则应使用示波器检测凸轮轴位置传感器的波形
		使用 10 mm 套筒拆卸蓄电池负极固定螺栓，并断开蓄电池负极，拆卸发动机电子控制单元插接器，使用 200 Ω 电阻挡分别测量发动机电子控制单元插接器 62 号端子与凸轮轴位置传感器插接器 1 号端子、发动机电子控制单元插接器 54 号端子与凸轮轴位置传感器插接器 3 号端子、发动机电子控制单元插接器 60 号端子与凸轮轴位置传感器插接器 2 号端子之间线束的电阻值，正常应小于 1 Ω。如果电阻值正常，还应使用万用表蜂鸣挡检查发动机电子控制单元插接器 60 号端子与凸轮轴位置传感器插接器 2 号端子之间的线束有没有对地短路
		如果没有脉冲波形，且凸轮轴位置传感器插接器 1 号端子与 3 号端子之间有 5 V 的电压，凸轮轴位置传感器插接器与发动机电子控制单元插接器之间的线束检查都正常，则表明传感器损坏，应更换凸轮轴位置传感器。如果有脉冲波形，且发动机电子控制单元插接器 60 号端子与凸轮轴位置传感器插接器 2 号端子之间的线束电阻值小于 1 Ω，线束对地不导通，则表明发动机电子控制单元损坏
验证故障是否排除	1	连接诊断仪，打开点火开关，进入发动机电子控制系统读取并清除故障码，重新读取故障码，检查故障码是否能够清除，并且不再出现；启动车辆，若车辆能够正常启动表明故障排除，否则应重新检查
整理	1	撤去翼子板布并关闭发动机舱盖
	2	撤去三件套，整理工具并打扫现场卫生

（二）实施记录

结合实施过程，对照检查项目，填写实际的检查结果（见表 11–3、表 11–4）。

表 11–3 检测凸轮轴位置传感器的实施记录

检测项目	标准值	测量值	是否合格	处理结果
测量凸轮轴位置传感器插接器端子与发动机 ECU 插接器之间的电阻值	小于 1 Ω		是□ 否□	
测量凸轮轴位置传感器的电压	5 V		是□ 否□	

表 11-4　检测凸轮轴位置传感器波形的实施记录

检测项目	标准波形	测量波形	是否合格	处理结果
使用示波器检测凸轮轴位置传感器的波形			是 □　否 □	

五、检查

（一）自检

结合本组任务操作过程，对任务执行过程中的操作规范性进行检查，检查操作过程中是否存在以下问题，分析讨论应如何避免并总结规范的操作方法（见表 11–5）。

表 11–5　自检

检查项目	检查结果
车辆停放位置是否合适，是否将变速器换挡杆置于空挡并拉紧驻车制动器	是 □　否 □
是否使用三件套对车辆进行防护	是 □　否 □
是否注意人身安全	是 □　否 □
发动机电控系统检测项目是否有漏项	是 □　否 □
工具、配件是否归位	是 □　否 □
工作场地是否清洁，车辆是否复位	是 □　否 □

（二）互检

组与组之间相互进行操作过程及结果检查，并把检查结果填写在表 11–6 中。

表 11–6　互检

检查项目	检查结果
车辆停放位置是否合适，是否将变速器换挡杆置于空挡并拉紧驻车制动器	是 □　否 □
是否使用三件套对车辆进行防护	是 □　否 □
是否注意人身安全	是 □　否 □
发动机电控系统检测项目是否有漏项	是 □　否 □
工具、配件是否归位	是 □　否 □
工作场地是否清洁，车辆是否复位	是 □　否 □

六、课堂小结

任务十二　爆震传感器的检查

汽车发动机管理系统故障诊断与维修任务工单					
客户信息	姓名		电话		
车辆信息	车型		VIN 码		行驶里程
客户描述	车辆无法启动，不着车 □ 车辆上坡时发动机熄火 □ 车辆行驶中发动机易熄火 □ 其他：		车辆过颠簸路面时发动机熄火 □ 发动机维持在固定转速 □ 仪表盘上 EPC 故障指示灯异常点亮 □		发动机启动困难 □ 车辆加速无力 □ 仪表盘上充电指示灯点亮 □

车辆外观检查		车辆内部检查	
凹凸 □	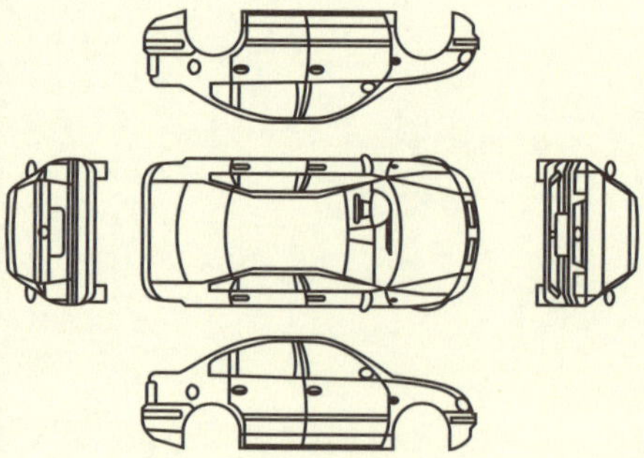	污渍 □	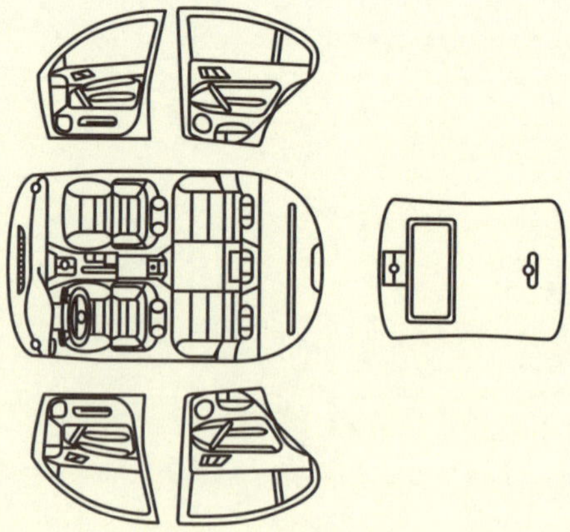
划痕 □		破损 □	
石击 □		色斑 □	
油漆 □		变形 □	
明确具体工作任务			

任务目标

- 能够规范地完成爆震传感器的故障检查
- 能够排除爆震传感器常见故障

续表

任务内容	● 爆震的定义及危害 ● 爆震传感器的功能及安装位置 ● 爆震传感器故障检查
任务重点	● 爆震传感器常见故障检查
任务难点	● 爆震传感器常见故障检查

一、知识讲解

（一）爆震的定义及危害

1. 爆震的定义

爆震是因为燃烧室内油气点火后，火焰尚未完全扩散，远程未燃的油气因为高温或高压而自燃，其火焰与点火燃烧的火焰撞击而产生极大压力，使发动机产生不正常的敲击。

2. 爆震的危害

爆震会使发动机动力下降、油耗增加、噪声加大、排放恶化，严重时还会造成火花塞、活塞等机械部件损坏。

（二）爆震传感器

1. 爆震传感器的功能

爆震传感器（见图 12-1）的敏感元件是压电陶瓷，当震动或敲缸发生时，压电陶瓷产生一个电压峰值，敲缸或震动越大，产生的峰值就越大。

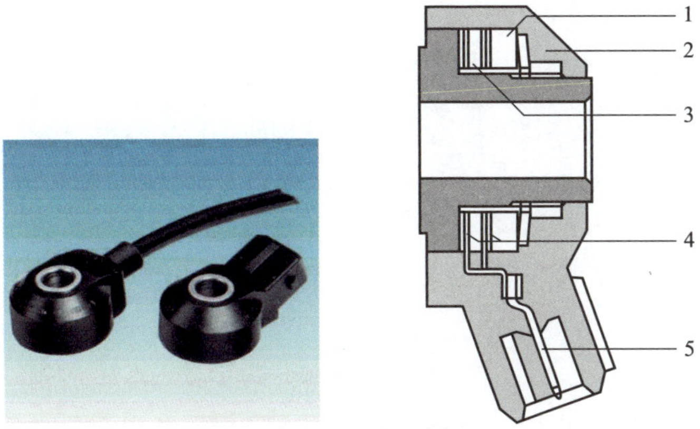

图 12-1 爆震传感器

1—震动块 2—外壳 3—压电陶瓷 4—触头 5—线束接头

2. 爆震控制

发动机电子控制单元对接收到的爆震传感器信号进行处理和比对，如果判断爆震发生，则推迟点火时刻，以阻止继续爆震，如图 12–2 所示。

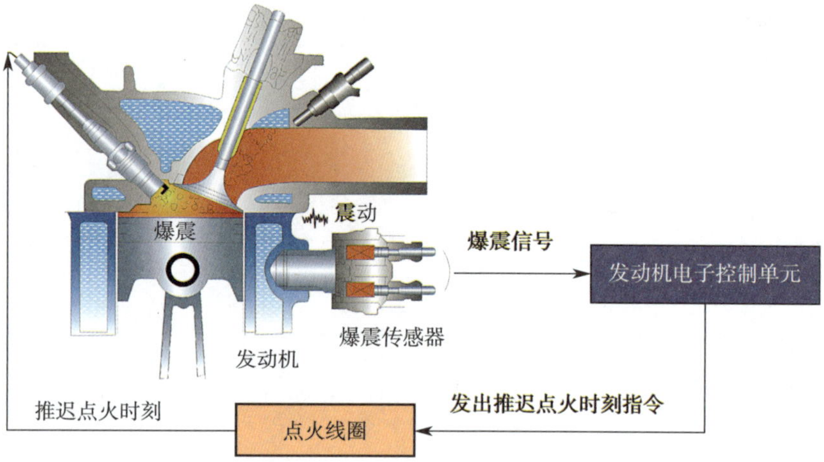

图 12–2　爆震传感器控制示意图

发动机电子控制单元接收到爆震传感器的无爆震信号，则提前点火时刻，保证发动机输出最佳功率（见图 12–3）。

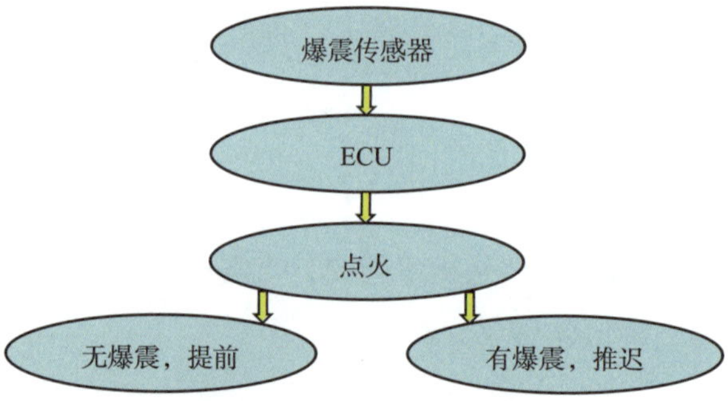

图 12–3　爆震控制原理图

采用爆震传感器的目的是在提高发动机动力性能的同时不产生爆震。

3. 爆震传感器的安装位置

爆震传感器安装在发动机缸体上，可以安装一个（气缸体中部）或者多个（对称安装）。

4. 爆震传感器的线路检查

（1）检查屏蔽线。

（2）检查各线束连接线。

（3）检测爆震传感器的工作性能，建议使用示波器测量爆震传感器的信号波形（可人为制造异常震动）。

5. 爆震传感器安装注意事项

爆震传感器必须以其金属面紧贴在气缸体上，安装时不允许使用任何类型的垫圈，拧紧力矩为 20 N · m。

二、任务准备

在下列图片中勾选出完成本任务所需的工具、设备、资料等。

		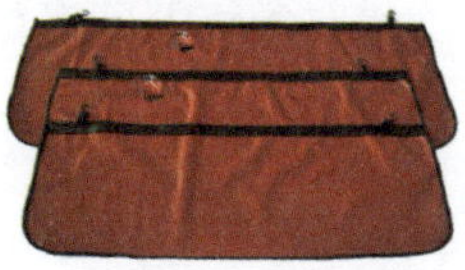	
博世 740 综合诊断仪	二极管试灯	三件套	吹尘枪
		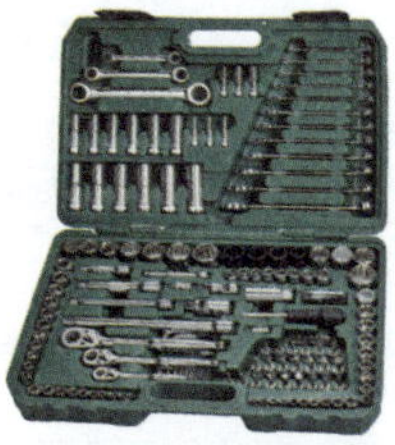	
专用诊断仪	工具车	工具套件	万用表
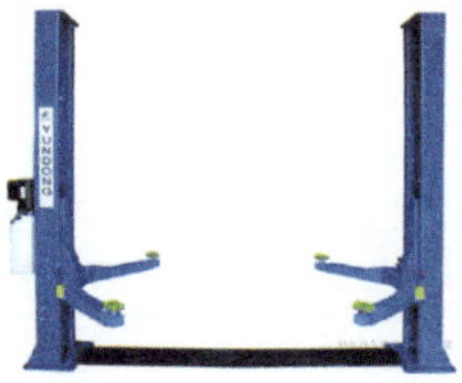			
举升机	维修手册	爆震传感器	实训车辆

三、防护措施

1. 进入车间应穿工鞋、戴工帽；工作服应整洁，无破损；操作时不可佩戴手表等金属饰品，以防划伤车辆表面。

2. 举升车辆时应严格按照举升机使用方法进行操作，并通知其他人员远离举升设备。

3. 更换油液或配件时，应处理好油液和配件的回收清理工作，以免对工作环境造成污染。

4. 拆卸供油系统零部件时应保证操作现场通风良好、无明火，且在断开供油管路时用抹布擦干燃油，现场应准备灭火器。

观察下列车间操作图片，勾选出操作正确的图片。

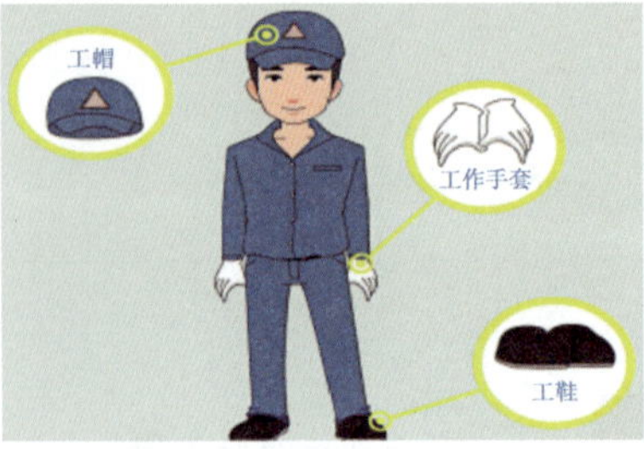		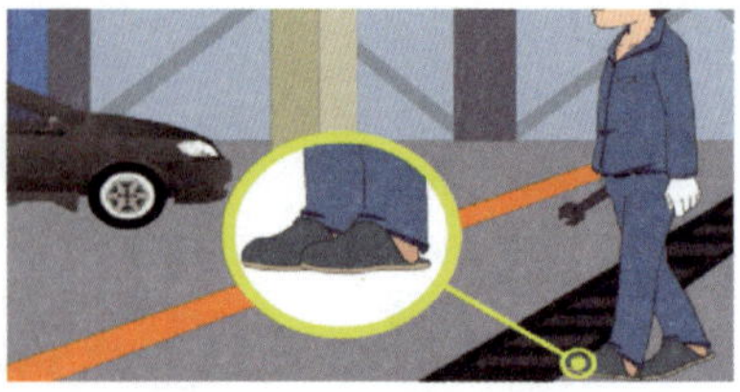

四、任务分配（见表 12-1）

表 12-1　任务分配表

职务	代码	姓名	工作内容
组长	A		监督、管理组员工作
组员	B		准备实训所需车辆及设备
	C		
	D		准备实训所需工具及资料
	E		

五、任务实施

（一）操作步骤

完成表 12–2 中工作内容对应工作步骤的排序。

表 12–2　操作步骤

项目	工作步骤	工作内容
安全防护与准备工作		铺设三件套
		打开发动机舱盖，铺设翼子板布
检查爆震传感器线路		剥开线束外部绝缘皮，找到屏蔽线
		使用万用表 200 Ω 电阻挡测量屏蔽线至搭铁之间的线束电阻，正常电阻值应为 0.1 Ω，电阻值异常则表明该线束损坏
		断开爆震传感器及 ECU 插接器，测量爆震传感器插接器 1 号端子至 ECU 插接器 T80/77 号端子之间的线束电阻，以及爆震传感器插接器 2 号端子至 ECU 插接器 T80/63 号端子之间的线束电阻，正常电阻值应为 0.1 Ω，电阻值异常则表明该线束故障
检测爆震传感器的工作性能		在线束上连接示波器，连接爆震传感器插接器
		使用示波器测量爆震传感器的信号波形
		拆卸爆震传感器
		用金属敲击爆震传感器，模拟发生爆震，并用示波器记录爆震传感器的信号波形，若无爆震信号则表明爆震传感器损坏

续表

项目	工作步骤	工作内容
整理		撤去翼子板布并关闭发动机舱盖
		撤去三件套并打扫现场卫生

（二）实施记录

结合实施过程，对照检查项目，填写实际的检查结果（见表 12–3）。

表 12–3 实施记录

检测项目	爆震传感器线路是否正常	爆震传感器波形是否正常	爆震传感器本身是否正常
爆震传感器的检查	是 □ 否 □	是 □ 否 □	是 □ 否 □

六、检查

（一）自检

结合本组任务操作过程，对任务执行过程中的操作规范性进行检查，检查操作过程中是否存在以下问题，分析讨论应如何避免并总结规范的操作方法（见表 12–4）。

表 12–4 自检

检查项目	检查结果
车辆停放位置是否合适，是否将变速器换挡杆置于空挡并拉紧驻车制动器	是 □ 否 □
是否使用三件套对车辆进行防护	是 □ 否 □
爆震传感器故障是否排除，是否正常工作	是 □ 否 □
拆卸、诊断部位是否恢复	是 □ 否 □
工具、配件是否归位	是 □ 否 □
工作场地是否清洁，车辆是否复位	是 □ 否 □

（二）互检

组与组之间相互进行任务操作过程及结果检查，并把检查结果填写在表 12–5 中。

表 12–5 互检

检查项目	检查结果
车辆停放位置是否合适，是否将变速器换挡杆置于空挡并拉紧驻车制动器	是 □ 否 □
是否使用三件套对车辆进行防护	是 □ 否 □
爆震传感器故障是否排除，是否正常工作	是 □ 否 □
拆卸、诊断部位是否恢复	是 □ 否 □
工具、配件是否归位	是 □ 否 □
工作场地是否清洁，车辆是否复位	是 □ 否 □

七、课堂小结

情境三

电控进气与冷却系统故障检修

任务十三　冷却液温度传感器的检查

汽车发动机管理系统故障诊断与维修任务工单					
客户信息	姓名		电话		
车辆信息	车型		VIN 码		行驶里程

客户描述	车辆无法启动，不着车 □　车辆过颠簸路面时发动机熄火 □　发动机启动困难 □ 车辆上坡时发动机熄火 □　发动机维持在固定转速 □　车辆加速无力 □ 车辆行驶中发动机易熄火 □　仪表盘上 EPC 故障指示灯异常点亮 □　仪表盘上充电指示灯点亮 □ 其他：

车辆外观检查		车辆内部检查	
凹凸 □ 划痕 □ 石击 □ 油漆 □	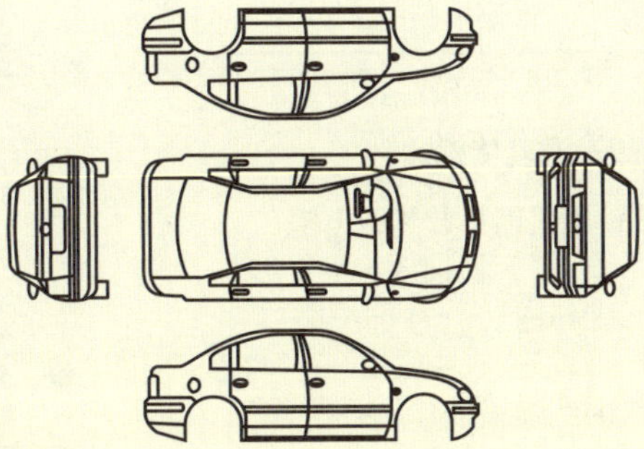	污渍 □ 破损 □ 色斑 □ 变形 □	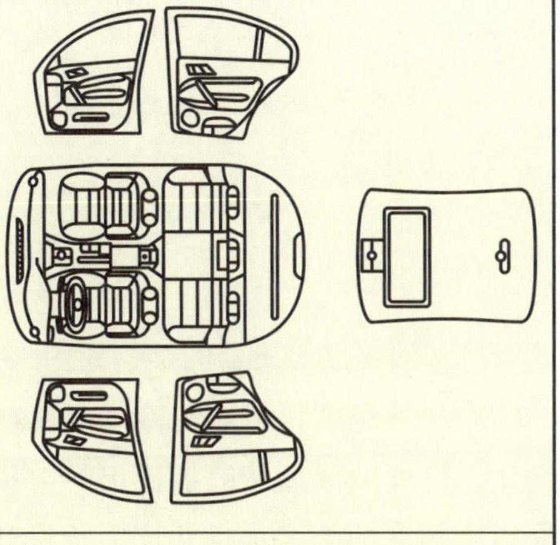

明确具体工作任务	

任务目标

- 能够独立、规范地完成发动机冷却液温度传感器的检查
- 能够对发动机冷却液温度传感器故障进行简单分析

续表

任务内容	● 发动机冷却液温度传感器的工作原理 ● 发动机冷却液温度传感器的检查方法
任务重点	● 发动机冷却液温度传感器故障检查
任务难点	● 发动机冷却液温度传感器故障分析

一、知识讲解

（一）发动机冷却液温度传感器的安装位置及工作原理

冷却液温度传感器（见图 13–1）一般安装在发动机缸体或缸盖的水套上，内部大多采用负温度系数（NTC）热敏电阻，冷却液温度越低电阻值越大，冷却液温度越高电阻值越小。

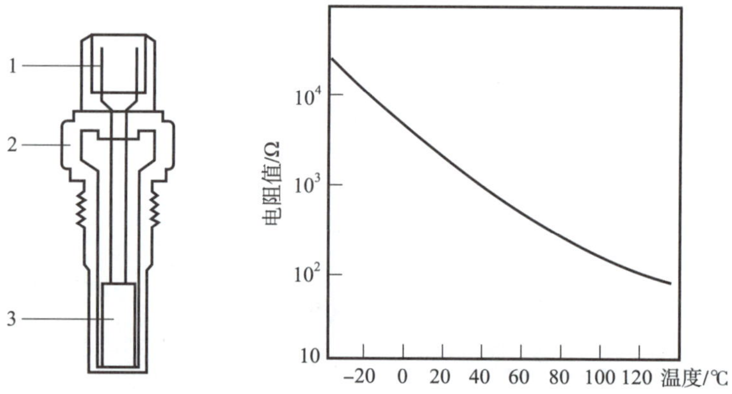

图 13–1　冷却液温度传感器

1—引线接头　2—外壳　3—负温度系数热敏电阻

冷却液温度传感器的结构如图 13–2 所示。

冷却液温度传感器与冷却液直接接触，随着冷却液温度的变化，冷却液温度传感器输出的电压随之变化，因此它能实时采集冷却液的温度信息并反馈给发动机电子控制单元，用于修正点火时刻和喷油控制。

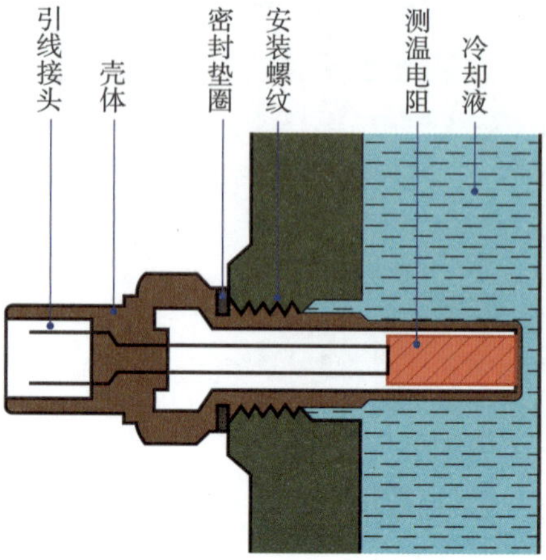

图 13–2　冷却液温度传感器的结构

（二）冷却液温度传感器对发动机电控系统的影响

1. 冷车启动

发动机冷机启动时，冷却液温度传感器感知当前温度，发送低温信号给发动机 ECU，发动机 ECU 根据信号调高启动喷油量并调整点火时刻，以便发动机顺利着车。

2. 暖机修正

发动机冷机启动后，冷却液温度较低且汽油雾化不良，此时应增大点火提前角，最直观的现象就是冷车启动后发动机怠速转速比正常时要高。在暖机过程中，随冷却液温度的升高，点火提前角修正值逐渐减小，发动机怠速逐渐减小到正常值。

修正值的变化规律及大小与发动机暖机修正的主要控制信号（如冷却液温度信号、空气流量信号、节气门位置信号等）有关。

（三）冷却液温度传感器的检测方法

1. 进行车上测量

进行车上测量时发动机必须处于冷车状态，使用诊断仪读取冷却液温度的数据流。正常情况下，发动机怠速运转过程中，温度值必须均匀增加。如果冷车状态下读取的温度值明显偏离环境温度，或发动机怠速运转过程中读取的温度值无均匀增加，则需检查冷却液温度传感器元件。

2. 进行元件测量

使用万用表电阻挡，两表笔分别接传感器 1 号端子、2 号端子，加热冷却液温度传感器，测量电阻值的变化情况。

二、任务准备

在下列图片中勾选出完成本任务所需的工具、设备、资料等。

扭力扳手	手锯	三件套	吹尘枪

专用诊断仪	工具车	工具套件	万用表

举升机	跨接线	维修手册	熔丝	实训车辆

三、防护措施

1. 进入车间应穿工鞋、戴工帽；工作服应整洁，无破损；操作时不可佩戴手表等金属饰品，以防划伤车辆表面。

2. 举升车辆时应严格按照举升机使用方法进行操作，并通知其他人员远离举升设备。

3. 更换油液或配件时，应处理好油液和配件的回收清理工作，以免对工作环境造成污染。

观察下列车间操作图片，勾选出操作正确的图片。

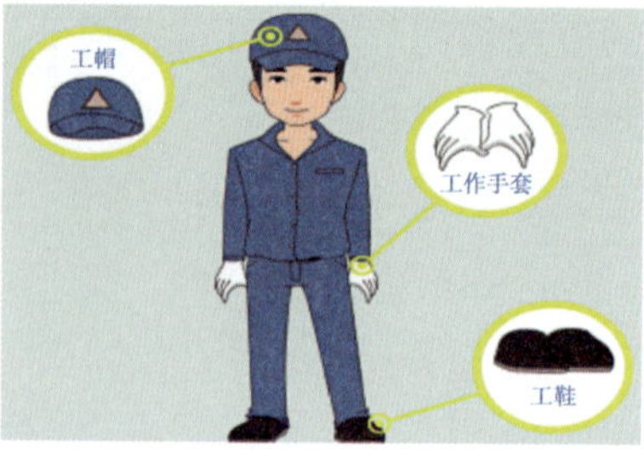		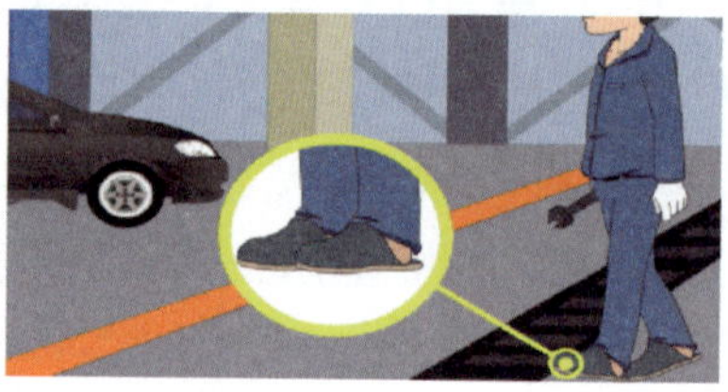

四、任务分配（见表 13-1）

表 13-1　任务分配表

职务	代码	姓名	工作内容
组长	A		监督、管理组员工作
组员	B		准备实训所需车辆及设备
	C		
	D		准备实训所需工具及资料
	E		

五、任务实施

（一）操作步骤

完成表 13-2 中工作内容对应工作步骤的排序。

表 13-2　操作步骤

项目	工作步骤	工作内容
安全防护及准备工作	1	铺设三件套
	2	打开发动机舱盖，铺设翼子板布
	3	使发动机处于冷机状态

续表

项目	工作步骤	工作内容
拆卸、测量冷却液温度传感器		慢慢打开冷却液储液壶盖，释放冷却系统内压力，压力释放后安装储液壶盖并旋紧
		使用万用表 20 kΩ 电阻挡测量 3（C）号与 4（D）号端子，环境温度低于 30 ℃，电阻值正常约为 2 kΩ（此冷却液温度传感器为发动机电子控制单元提供冷却液温度信号）
		断开冷却液温度传感器插接器，使用一字旋具撬出冷却液温度传感器固定卡子，取下冷却液温度传感器及其密封垫圈
		使用万用表 20 kΩ 电阻挡测量 1（A）号与 2（B）号端子，环境温度低于 30 ℃，电阻值正常约为 1 kΩ（此冷却液温度传感器为仪表提供冷却液温度信号）
		在车下放置铁盆，在冷却液温度传感器下方放置抹布
测量冷却液温度传感器电阻值的变化情况		用连接线连接冷却液温度传感器 1（A）号与 2（B）号端子，并将冷却液温度传感器放入容器中
		使用万用表 20 kΩ 电阻挡测量冷却液温度传感器当前电阻值，向容器内倒入冷水，观察冷却液温度传感器电阻值的变化情况
		使用万用表 20 kΩ 电阻挡测量冷却液温度传感器当前电阻值，向容器内倒入热水，观察冷却液温度传感器电阻值的变化情况
安装冷却液温度传感器		将冷却液温度传感器安装回原位置，注意将冷却液温度传感器安装到位，否则无法安装固定卡子
		检查冷却液温度传感器密封垫圈是否破损，如果损坏则应更换密封垫圈，如果正常则在密封垫圈上涂抹少量润滑脂
		检查冷却液液位，并添加冷却液至上限
		取出车下的铁盆及冷却液温度传感器下方的抹布
		插入冷却液温度传感器固定卡子，并连接插接器
冷却液温度传感器故障排除		断开蓄电池负极，并断开冷却液温度传感器插接器
		接入诊断仪，调取发动机故障码并查看测量值，数据流显示冷却液温度为 −40 ℃
		验证故障现象，发动机启动困难，启动后散热风扇长转
		使用万用表蜂鸣挡测量 3 号端子与任意搭铁点是否导通，若导通则表明该线束对地短路，若不导通则该线束正常。以上检查均无问题则表明发动机电子控制单元损坏
		拆下发动机电子控制单元并断开插接器，找到 74 号端子，使用万用表 200 Ω 电阻挡测量发动机 ECU 74 号端子与冷却液温度传感器 3 号端子之间线束的电阻值，正常应小于 1 Ω，若电阻值过大或无穷大，则表明该线束虚接或断路。使用万用表 200 Ω 电阻挡测量发动机 ECU 54 号端子与冷却液温度传感器 4 号端子之间线束的电阻值，正常应小于 1 Ω。若电阻值过大或无穷大，则表明该线束虚接或断路；若电阻值正常，则应检查线束是否存在短路故障
		使用万用表 20 kΩ 电阻挡测量冷却液温度传感器 3 号端子与 4 号端子之间的电阻，参考值在温度为 30 ℃时，电阻值应为 1.5～2.0 kΩ；在温度为 80 ℃时，电阻值应为 275～375 Ω。若电阻值超出范围，则表明冷却液温度传感器损坏，应更换冷却液温度传感器；若电阻值正常，则应检查传感器线束
		接入诊断仪并启动发动机，查看测量值，观察发动机冷却液温度变化是否恢复正常
整理	1	撤去三件套
	2	整理工具并打扫现场卫生

（二）实施记录

结合实施过程，对照检查项目，填写实际的检查结果（见表 13-3）。

表 13-3　实施记录

序号	检测项目	测试内容	故障分析	安装位置
1	冷却液温度传感器数据流			
2	冷却液温度传感器电阻值变化情况			

六、检查

（一）自检

结合本组任务操作过程，对任务执行过程中的操作规范性进行检查，检查操作过程中是否存在以下问题，分析讨论应如何避免并总结规范的操作方法（见表 13-4）。

表 13-4　自检

检查项目	检查结果
车辆停放位置是否合适，是否将变速器换挡杆置于空挡并拉紧驻车制动器	是 □　否 □
是否使用三件套对车辆进行防护	是 □　否 □
是否注意人身安全	是 □　否 □
发动机电控系统检测项目是否有漏项	是 □　否 □
工具、配件是否归位	是 □　否 □
工作场地是否清洁，车辆是否复位	是 □　否 □

（二）互检

组与组之间相互进行操作过程及结果检查，并把检查结果填写在表 13-5 中。

表 13-5　互检

检查项目	检查结果
车辆停放位置是否合适，是否将变速器换挡杆置于空挡并拉紧驻车制动器	是 □　否 □
是否使用三件套对车辆进行防护	是 □　否 □
是否注意人身安全	是 □　否 □
发动机电控系统检测项目是否有漏项	是 □　否 □
工具、配件是否归位	是 □　否 □
工作场地是否清洁，车辆是否复位	是 □　否 □

七、课堂小结

任务十四　空气流量计的检查（一）

汽车发动机管理系统故障诊断与维修任务工单——空气流量计检查					
客户信息	姓名		电话		
车辆信息	车型		VIN 码		行驶里程

客户描述			
	车辆无法启动，不着车 □	车辆过颠簸路面时发动机熄火 □	发动机启动困难 □
	车辆上坡时发动机熄火 □	发动机维持在固定转速 □	车辆加速无力 □
	车辆行驶中发动机易熄火 □	仪表盘上 EPC 故障指示灯异常点亮 □	仪表盘上充电指示灯点亮 □
	其他：		

车辆外观检查		车辆内部检查	
凹凸 □	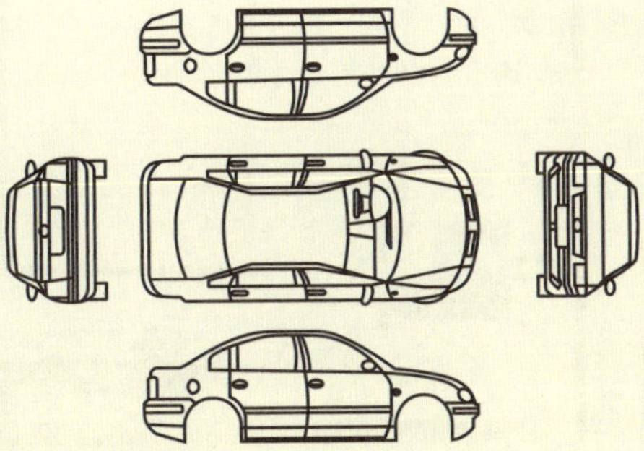	污渍 □	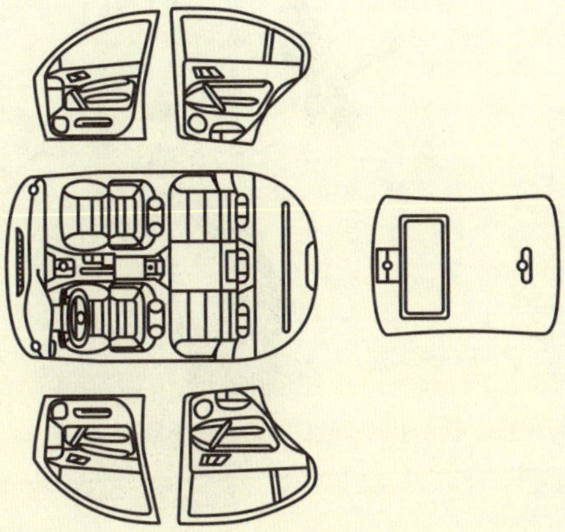
划痕 □		破损 □	
石击 □		色斑 □	
油漆 □		变形 □	

明确具体工作任务	

任务目标

- 能够独立、规范地完成发动机空气流量计的检查
- 能够对发动机空气流量计的故障进行简单分析

续表

任务内容	● 发动机空气流量计的安装位置、功能、分类以及汽油机的工作本质 ● 进气量与最佳空燃比 ● 发动机空气流量计的检测流程、线束连接及端子
任务重点	● 发动机空气流量计故障检查
任务难点	● 发动机空气流量计故障分析

一、知识讲解

（一）发动机空气流量计的安装位置、功能及分类

1. 空气流量计的安装位置与功能

空气流量计安装在进气系统中空气滤清器和电子节气门之间的进气管道上（见图 14–1），其功能是向发动机电控单元反馈进气量信号，以供发动机 ECU 确定喷油量和点火时间。若空气流量计损坏，将无法传递正确的进气量信息，发动机 ECU 无法准确控制喷油量，导致发动机出现怠速不稳、抖动、加速无力等故障。

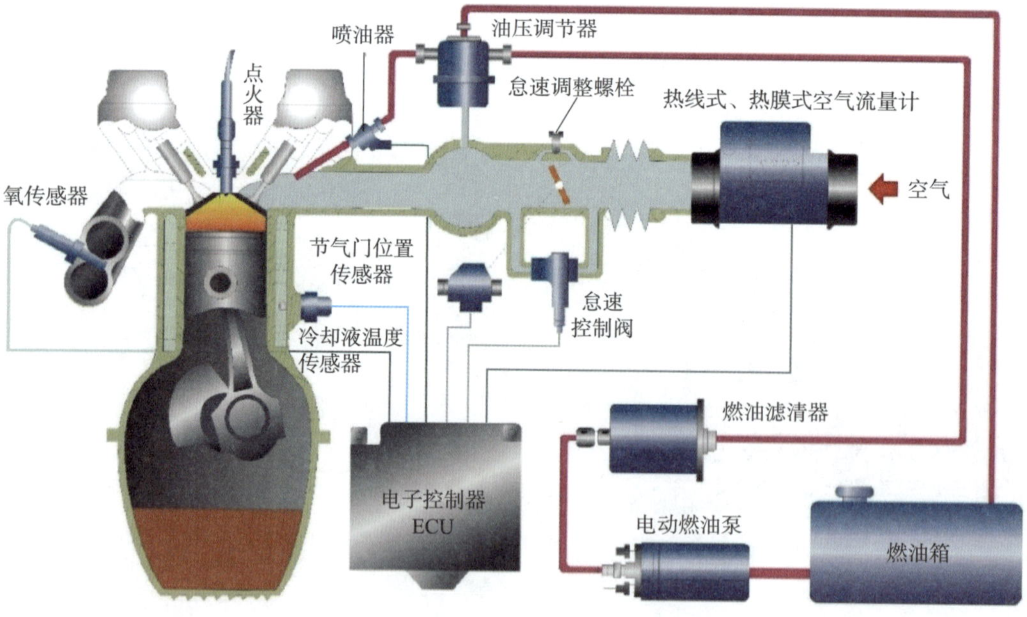

图 14–1　空气流量计的安装位置

2. 空气流量计的分类

空气流量计可分为热线式和热膜式两种，热膜式空气流量计的结构如图 14–2 所示。为了提高测量精度，在热膜电阻附近的气流上游设有温度补偿电阻。热膜电阻的目标温度为高于温度补偿电阻的一个固定值。

由于流经空气流量计的气流流速和流量不同，所以对热膜电阻的冷却作用也不同，因此保持热膜

电阻温度恒定所需的电流不同。电流增量的大小取决于发热元件的冷却程度，即取决于流过传感器的空气量。空气流量计内部将电流变化转化为电压变化，传递给发动机 ECU，发动机 ECU 再根据信号电压计算出适时的进气量（见图 14–3）。

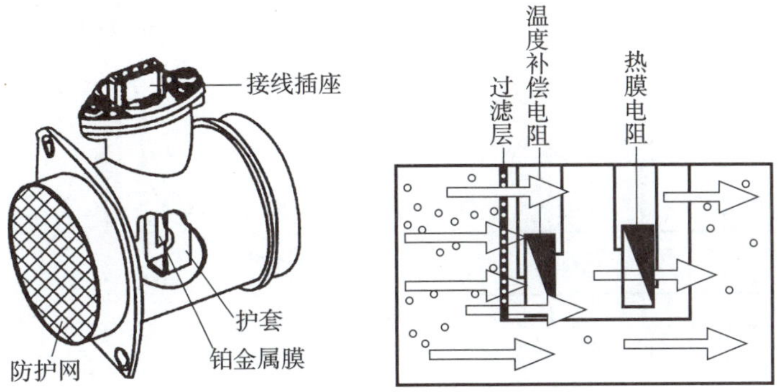

图 14–2　热膜式空气流量计

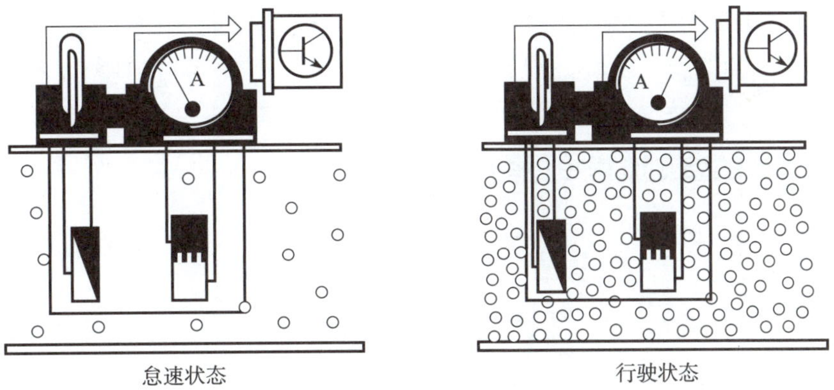

图 14–3　空气流量计的工作状态

（二）汽油机的工作本质

汽油机的工作本质就是将空气与汽油以一定比例混合形成混合气，经压缩点火后燃烧做功（见图 14–4）。

图 14–4　汽油机的工作本质

（三）进气量与最佳空燃比

可燃混合气中空气质量与燃油质量之比称为空燃比（即 A/F，其中 A：air——空气，F：fuel——燃料）。空燃比是发动机运转时的一个重要参数，它对发动机的动力性、燃油经济性及尾气排放都有很大影响（见图 14–5）。

从理论上说，每克燃料完全燃烧所需的最少空气克数称为理论空燃比。各种燃料的理论空燃比是不同的，汽油为 14.7，柴油为 14.3。

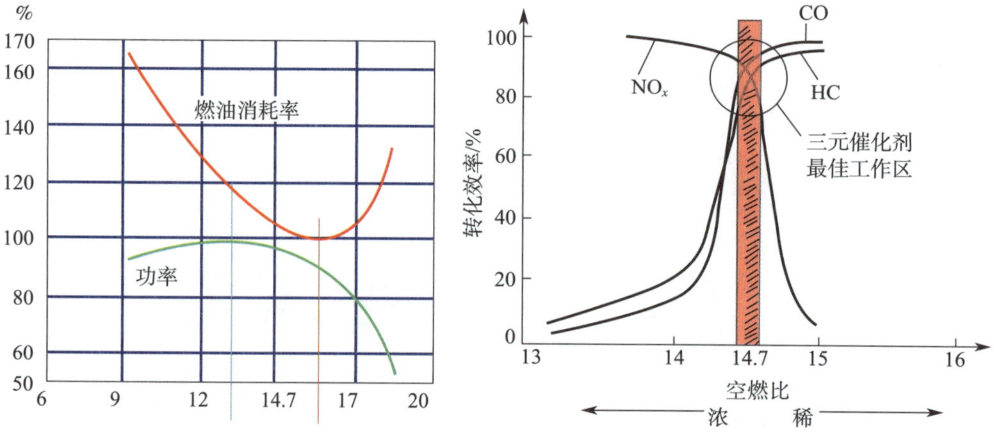

图 14-5　空燃比对燃油消耗率、功率以及尾气排放的影响

空燃比大于理论值的混合气称为稀混合气，气多油少、燃烧完全、油耗低、污染小，但功率较小。

空燃比小于理论值的混合气称为浓混合气，气少油多、功率较大，但燃烧不完全、油耗高、污染大。

（四）空气流量计的检测流程（见图 14-6）

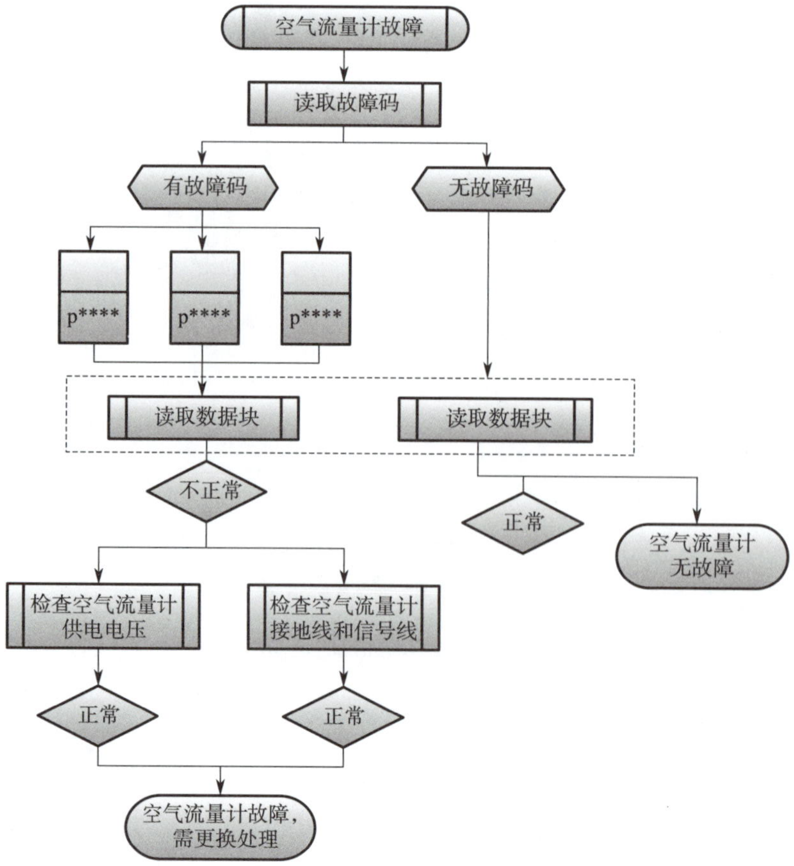

图 14-6　空气流量计的检测流程

（五）空气流量计线束连接及端子（见图 14-7）

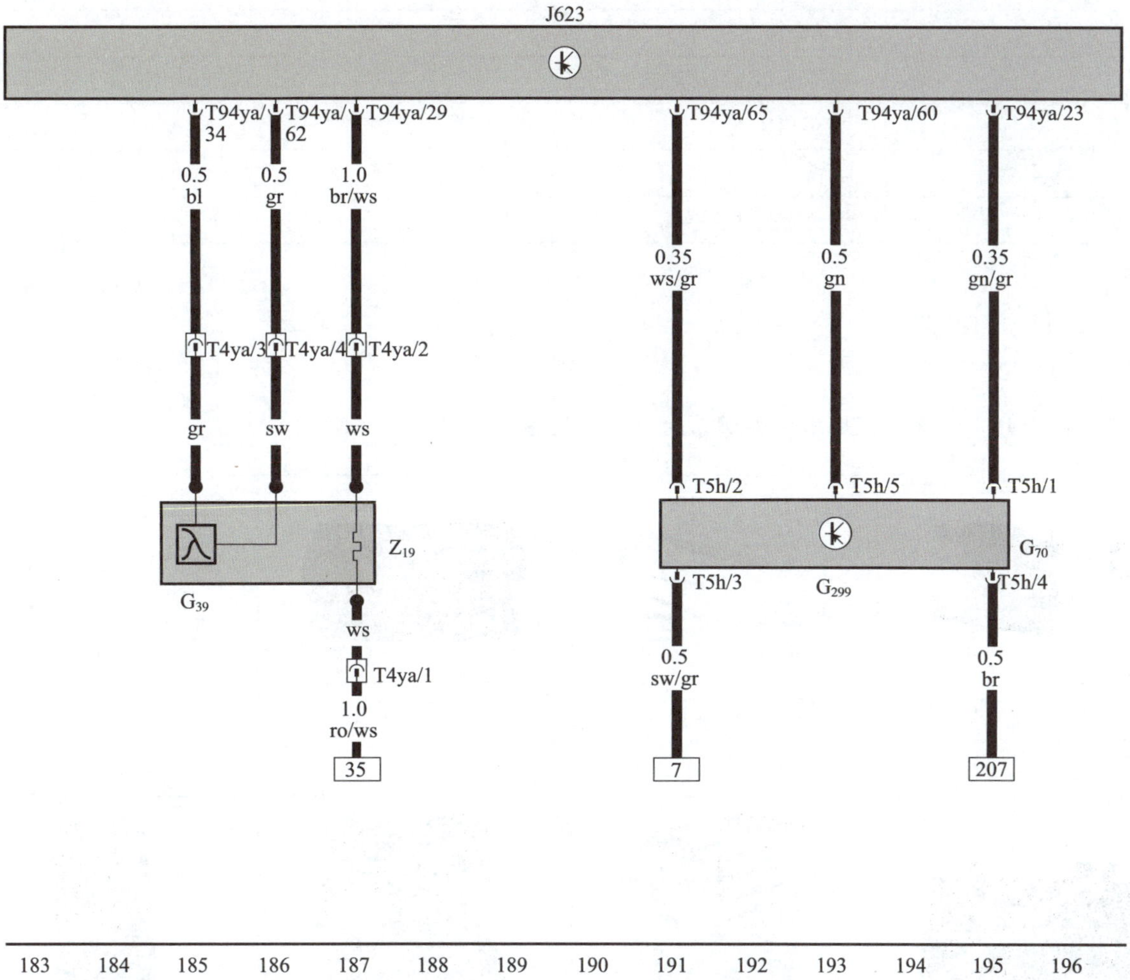

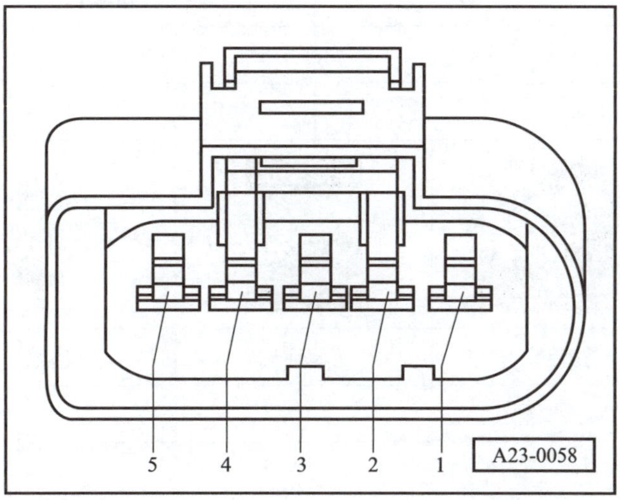

图 14-7 迈腾 1.8T 发动机空气流量计线束连接及端子

端子名称与作用见表 14-1。

表 14-1　端子名称与作用

端子号	端子名称与作用
1	5 V 电源端子
2	进气压力温度传感器信号线
3	12 V 供电端子
4	搭铁
5	空气流量计信号线

二、任务准备

在下列图片中勾选出完成本任务所需的工具、设备、资料等。

	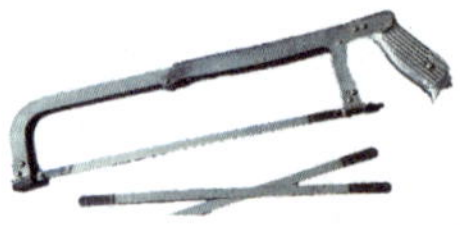		
专用诊断仪	手锯	三件套	吹尘枪
		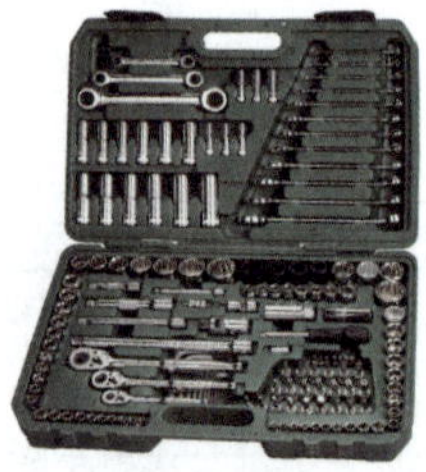	
扭力扳手	工具车	工具套件	万用表

空气滤清器	跨接线	维修手册	熔丝	实训车辆

三、防护措施

1. 进入车间应穿工鞋、戴工帽；工作服应整洁，无破损；操作时不可佩戴手表等金属饰品，以防划伤车辆表面。

2. 举升车辆时应严格按照举升机使用方法进行操作，并通知其他人员远离举升设备。
3. 更换油液或配件时，应处理好油液和配件的回收清理工作，以免对工作环境造成污染。
4. 应按照空气流量计上的箭头指示方向安装空气流量计。
5. 不允许用高压空气吹传感器部分。

观察下列车间操作图片，勾选出操作正确的图片。

		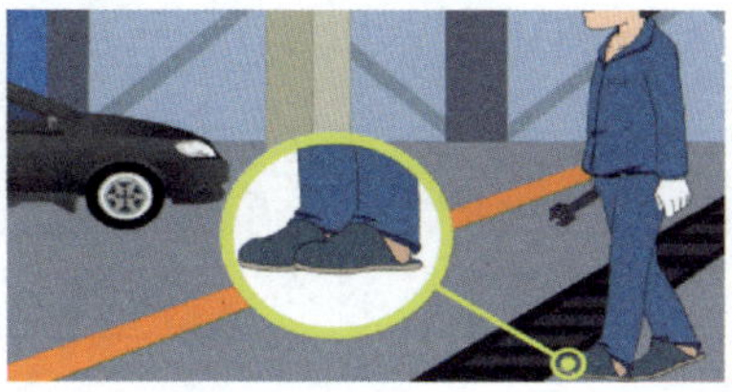

四、任务分配（见表 14-2）

表 14-2 任务分配表

职务	代码	姓名	工作内容
组长	A		监督、管理组员工作
组员	B		准备实训所需车辆及设备
	C		
	D		准备实训所需工具及资料
	E		

五、任务实施

（一）操作步骤

完成表 14-3 中工作内容对应工作步骤的排序。

表 14-3 操作步骤

工作步骤	工作内容
	当发动机运转到正常温度后熄火，并使点火开关保持打开状态，连接诊断仪，读取故障码
	铺好转向盘套、座椅套、脚垫，打开发动机舱盖，铺好翼子板布
	熄火断电后，检查空气流量计各线束
	关闭耗电设备，使发动机怠速运行，连接诊断仪，读取不同工况下空气流量计的相关数据块
	分析数据流，排除故障
	整理工具并打扫现场卫生

（二）实施记录

结合实施过程，对照检查项目，填写实际的检查结果（见表 14–4、表 14–5、表 14–6）。

表 14–4　实施记录

检测项目	与诊断仪是否连接正常	安装位置
发动机电子控制单元（ECU）	是 □　否 □	

表 14–5　检测传感器的实施记录

检测项目	数据流内容	安装位置
空气流量计（AFS）		

表 14–6　故障分析记录表

端子号	端子名称	检测结果	处理意见
1	5 V 电源端子		
2	进气压力温度传感器信号线		
3	12 V 供电端子		
4	搭铁		
5	空气流量计信号线		

六、检查

（一）自检

结合本组任务操作过程，对任务执行过程中的操作规范性进行检查，检查操作过程中是否存在以下问题，分析讨论应如何避免并总结规范的操作方法（见表 14–7）。

表 14–7　自检

检查项目	检查结果
车辆停放位置是否合适，是否将变速器换挡杆置于空挡并拉紧驻车制动器	是 □　否 □
是否使用三件套对车辆进行防护	是 □　否 □
是否注意人身安全	是 □　否 □
发动机电控系统检测项目是否有漏项	是 □　否 □
工具、配件是否归位	是 □　否 □
工作场地是否清洁，车辆是否复位	是 □　否 □

（二）互检

组与组之间相互进行操作过程及结果检查，并把检查结果填写在表 14–8 中。

表 14-8 互检

检查项目	检查结果
车辆停放位置是否合适，是否将变速器换挡杆置于空挡并拉紧驻车制动器	是 □ 否 □
是否使用三件套对车辆进行防护	是 □ 否 □
是否注意人身安全	是 □ 否 □
发动机电控系统检测项目是否有漏项	是 □ 否 □
工具、配件是否归位	是 □ 否 □
工作场地是否清洁，车辆是否复位	是 □ 否 □

七、课堂小结

____

____

____

任务十五　空气流量计的检查（二）

<table>
<tr><td colspan="6">汽车发动机管理系统故障诊断与维修任务工单——空气流量计波形检测</td></tr>
<tr><td>客户信息</td><td>姓名</td><td colspan="2"></td><td>电话</td><td></td></tr>
<tr><td rowspan="2">车辆信息</td><td colspan="2">车型</td><td colspan="2">VIN 码</td><td>行驶里程</td></tr>
<tr><td colspan="2"></td><td colspan="2"></td><td></td></tr>
<tr><td>客户描述</td><td colspan="5">车辆无法启动，不着车 □　车辆过颠簸路面时发动机熄火 □　发动机启动困难 □
车辆上坡时发动机熄火 □　发动机维持在固定转速 □　车辆加速无力 □
车辆行驶中发动机易熄火 □　仪表盘上 EPC 故障指示灯异常点亮 □　仪表盘上充电指示灯点亮 □
其他：</td></tr>
<tr><td colspan="3">车辆外观检查</td><td colspan="3">车辆内部检查</td></tr>
<tr><td>凹凸 □
划痕 □
石击 □
油漆 □</td><td colspan="2">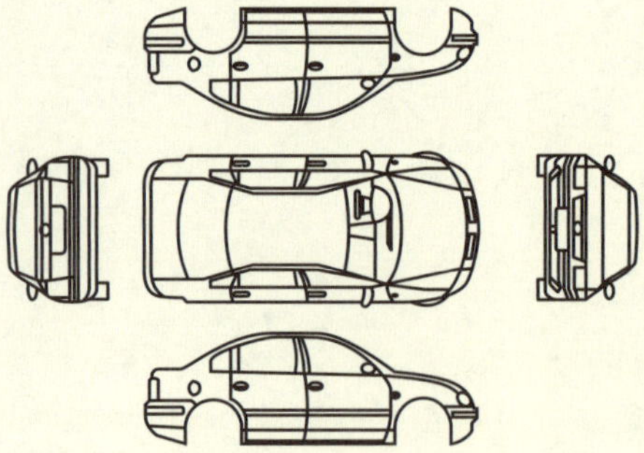</td><td>污渍 □
破损 □
色斑 □
变形 □</td><td colspan="2">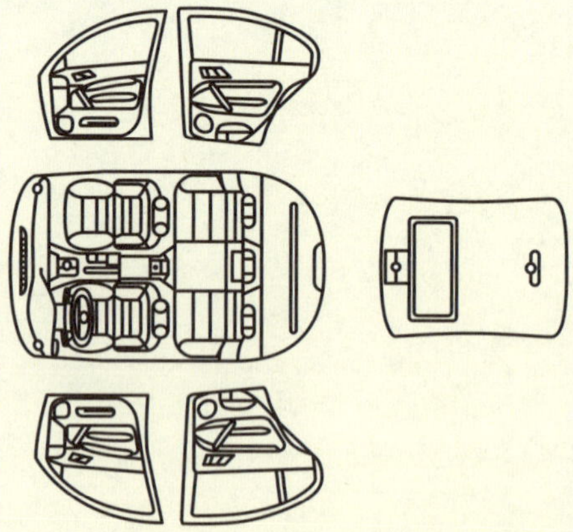</td></tr>
<tr><td>明确具体工作任务</td><td colspan="5"></td></tr>
</table>

任务目标

- 能够独立、规范地完成发动机空气流量计的检查
- 能够对发动机空气流量计的故障进行简单分析

续表

任务内容	● 发动机空气流量计的安装位置、功能、分类以及汽油机的工作本质 ● 进气量与最佳空燃比 ● 发动机空气流量计的检测流程、线束连接及端子
任务重点	● 发动机空气流量计故障检查
任务难点	● 发动机空气流量计故障分析

一、任务准备

在下列图片中勾选出完成本任务所需的工具、设备、资料等。

	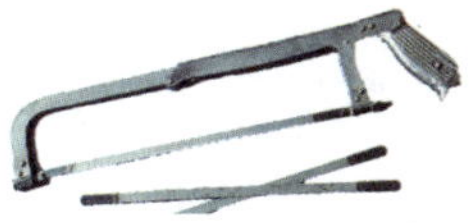		
专用诊断仪	手锯	三件套	吹尘枪

扭力扳手	工具车	工具套件	万用表

空气滤清器	跨接线	维修手册	熔丝	实训车辆

二、防护措施

1. 进入车间应穿工鞋、戴工帽；工作服应整洁，无破损；操作时不可佩戴手表等金属饰品，以防划伤车辆表面。

2. 举升车辆时应严格按照举升机使用方法进行操作，并通知其他人员远离举升设备。

3. 更换油液或配件时，应处理好油液和配件的回收清理工作，以免对工作环境造成污染。

4. 应按照空气流量计上的箭头指示方向安装空气流量计。

5. 不允许用高压空气吹传感器部分。

观察下列车间操作图片，勾选出操作正确的图片。

		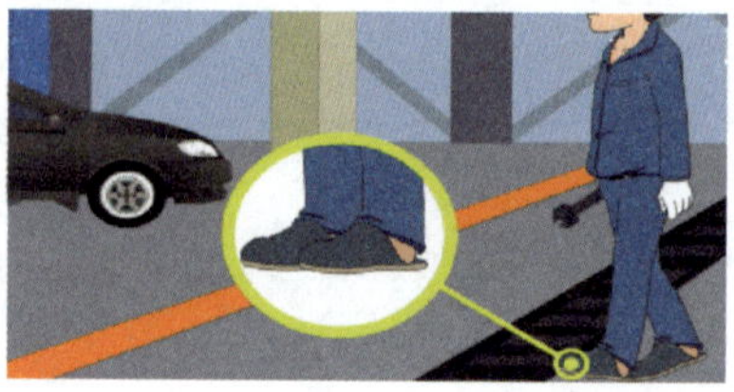

三、任务分配（见表 15-1）

表 15-1　任务分配表

职务	代码	姓名	工作内容
组长	A		监督、管理组员工作
组员	B		准备实训所需车辆及设备
	C		
	D		准备实训所需工具及资料
	E		

四、任务实施

（一）操作步骤

完成表 15-2 中工作内容对应工作步骤的排序。

表 15-2　操作步骤

工作步骤	工作内容
	当发动机运转到正常温度后熄火，并使点火开关保持打开状态，连接诊断仪，读取故障码
	铺好转向盘套、座椅套、脚垫，打开发动机舱盖，铺好翼子板布
	熄火断电后，检查空气流量计各线束
	关闭耗电设备，使发动机怠速运行，连接诊断仪，读取不同工况下空气流量计的相关数据块
	分析数据流，排除故障
	整理工具并打扫现场卫生

（二）实施记录

结合实施过程，对照检查项目，填写实际的检查结果（见表 15–3、表 15–4、表 15–5）。

表 15–3 实施记录

检测项目	与诊断仪是否连接正常	安装位置
发动机电子控制单元（ECU）	是 □ 否 □	

表 15–4 检测传感器的实施记录

检测项目	数据流内容	安装位置
空气流量计（AFS）		

表 15–5 故障分析记录表

端子号	端子名称	检测结果	处理意见
1	5 V 电源端子		
2	进气压力温度传感器信号线		
3	12 V 供电端子		
4	搭铁		
5	空气流量计信号线		

五、检查

（一）自检

结合本组任务操作过程，对任务执行过程中的操作规范性进行检查，检查操作过程中是否存在以下问题，分析讨论应如何避免并总结规范的操作方法（见表 15–6）。

表 15–6 自检

检查项目	检查结果
车辆停放位置是否合适，是否将变速器换挡杆置于空挡并拉紧驻车制动器	是 □ 否 □
是否使用三件套对车辆进行防护	是 □ 否 □
是否注意人身安全	是 □ 否 □
发动机电控系统检测项目是否有漏项	是 □ 否 □
工具、配件是否归位	是 □ 否 □
工作场地是否清洁，车辆是否复位	是 □ 否 □

（二）互检

组与组之间相互进行操作过程及结果检查，并把检查结果填写在表 15–7 中。

表 15-7　互检

检查项目	检查结果
车辆停放位置是否合适，是否将变速器换挡杆置于空挡并拉紧驻车制动器	是 □　否 □
是否使用三件套对车辆进行防护	是 □　否 □
是否注意人身安全	是 □　否 □
发动机电控系统检测项目是否有漏项	是 □　否 □
工具、配件是否归位	是 □　否 □
工作场地是否清洁，车辆是否复位	是 □　否 □

六、课堂小结

任务十六　进气压力温度传感器的检查

汽车发动机管理系统故障诊断与维修任务工单

客户信息	姓名		电话	

车辆信息	车型	VIN 码	行驶里程

客户描述

车辆无法启动，不着车 □	车辆过颠簸路面时发动机熄火 □	发动机启动困难 □
车辆上坡时发动机熄火 □	发动机维持在固定转速 □	车辆加速无力 □
车辆行驶中发动机易熄火 □	仪表盘上 EPC 故障指示灯异常点亮 □	仪表盘上充电指示灯点亮 □

其他：

车辆外观检查

凹凸 □

划痕 □

石击 □

油漆 □

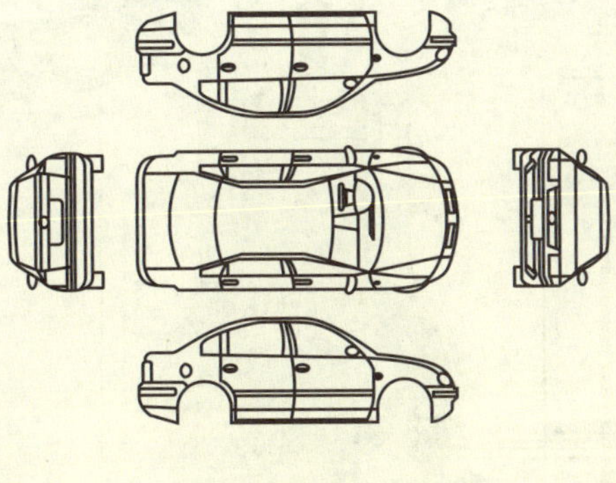

车辆内部检查

污渍 □

破损 □

色斑 □

变形 □

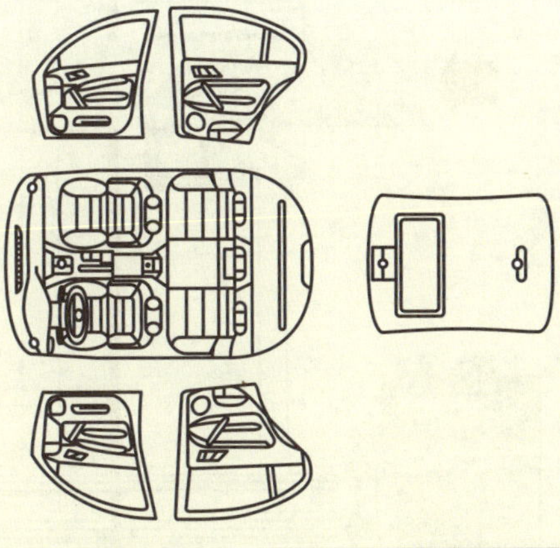

明确具体工作任务

任务目标

- 能够独立、规范地完成发动机进气压力温度传感器的检查
- 能够对发动机进气压力温度传感器的故障进行简单分析

续表

任务内容	● 发动机进气压力温度传感器的安装位置、作用及工作原理 ● 发动机进气压力温度传感器的检查方法
任务重点	● 发动机进气压力温度传感器故障检查
任务难点	● 发动机进气压力温度传感器故障分析

一、知识讲解

（一）发动机进气压力温度传感器的安装位置及作用

进气压力温度传感器安装在进气系统中电子节气门与进气道之间的进气歧管上。进气压力传感器用于检测进气歧管的压力；进气温度传感器用于检测进气歧管内的温度，如图 16–1 所示。根据检测进气量方式的不同，空气流量计分为 D 型（即压力型）和 L 型（即空气流量型）两种类型。L 型采用空气流量计直接测量吸入进气管的空气流量。D 型是利用检测进气歧管内的绝对压力来计算吸入气缸的空气量，测量方法属于间接测量，所用的传感器是进气歧管绝对压力传感器。

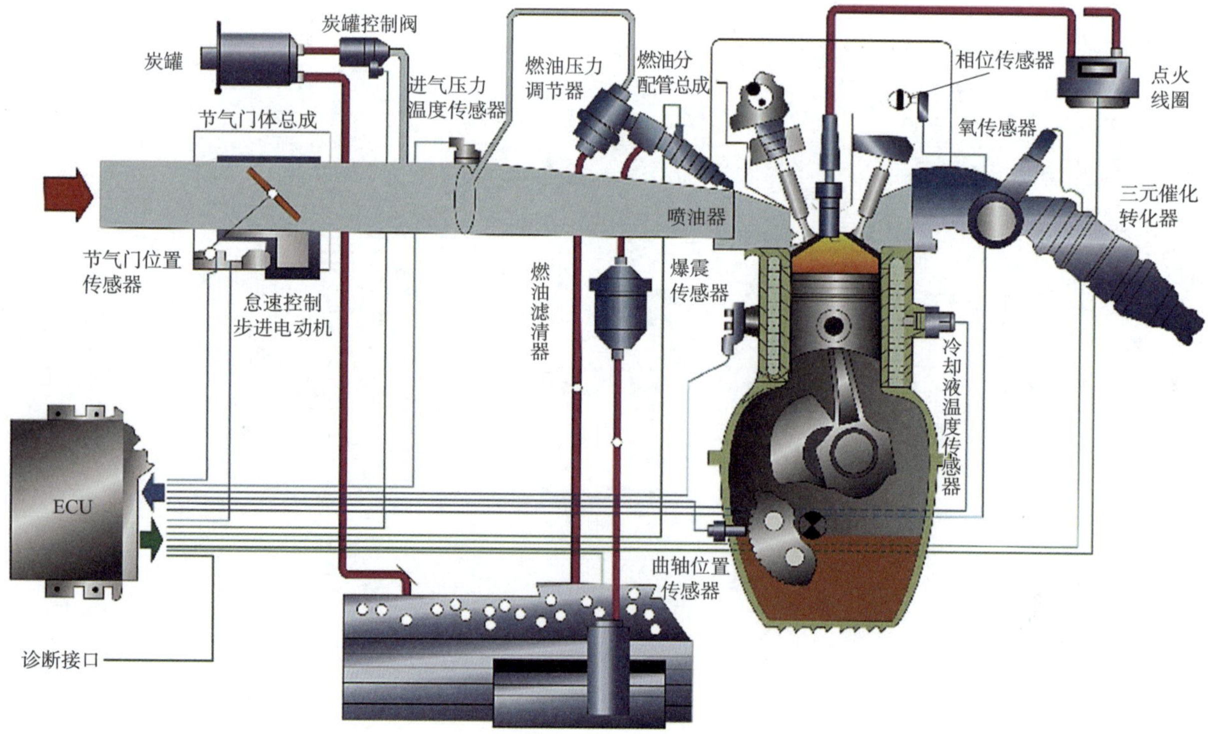

图 16–1 进气压力温度传感器的安装位置

（二）进气压力温度传感器的工作原理

进气压力温度传感器的结构如图 16–2 所示。进气歧管压力传感元件由一个厚度仅为几微米的硅芯片组成，硅芯片上有一个含压电电阻的压力膜片，硅芯片的一侧为封闭的真空室，另一侧承受着进气歧管绝对压力。进气歧管绝对压力使硅芯片连同压电电阻发生机械变形，经过硅芯片上的电路处理后，形成与压力呈线性关系的电压信号输出（见图 16–3）。测量进气压力的部分为压电型传感器，发动机电控单元提供 5 V 电压，传感器根据大气压力与进气歧管压力差反馈 0 ~ 5 V 的信号电压给发动机电控单元。

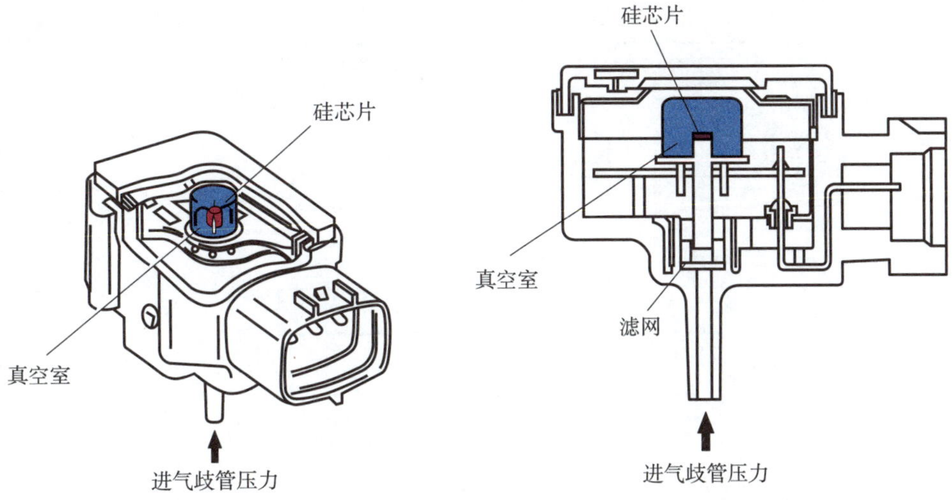

图 16–2 进气压力温度传感器的结构

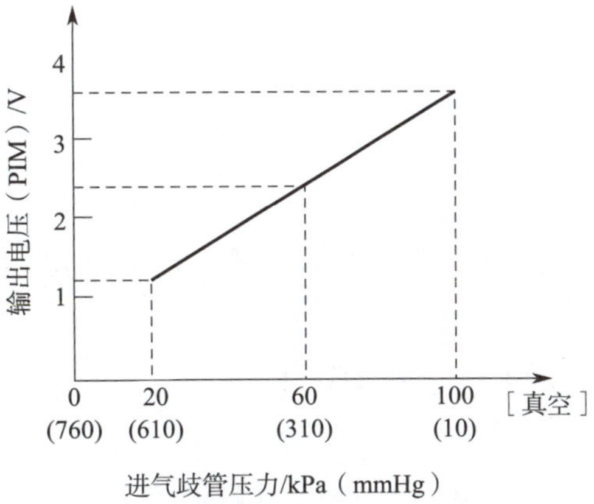

图 16–3 电压信号输出曲线图

现在大多数进气压力传感器集成一个负温度系数电阻，同时作为进气温度传感器。测量进气温度部分为 NTC 型（负温度系数）传感器，此传感器输送给发动机电控单元一个表示进气温度变化的电压。

进气压力传感器检测的是节气门后方的进气歧管的绝对压力，压力随发动机转速和负荷的大小适时变化。进气压力传感器将压力变化转换成信号电压传送至发动机 ECU，ECU 利用其输出信号结合转速信号确定进气空气密度与质量，结合发动机的负荷状态，从而确定喷油器的基本喷油量。进气温度传感器检测进气温度，提供给 ECU 作为计算空气密度的依据。若进气压力温度传感器损坏，将无法传递正确的进气量信息，发动机 ECU 将无法准确控制喷油量，进而导致发动机出现怠速不稳、抖动、加速无力等故障。

（三）进气压力温度传感器的故障诊断思路（见图 16-4）

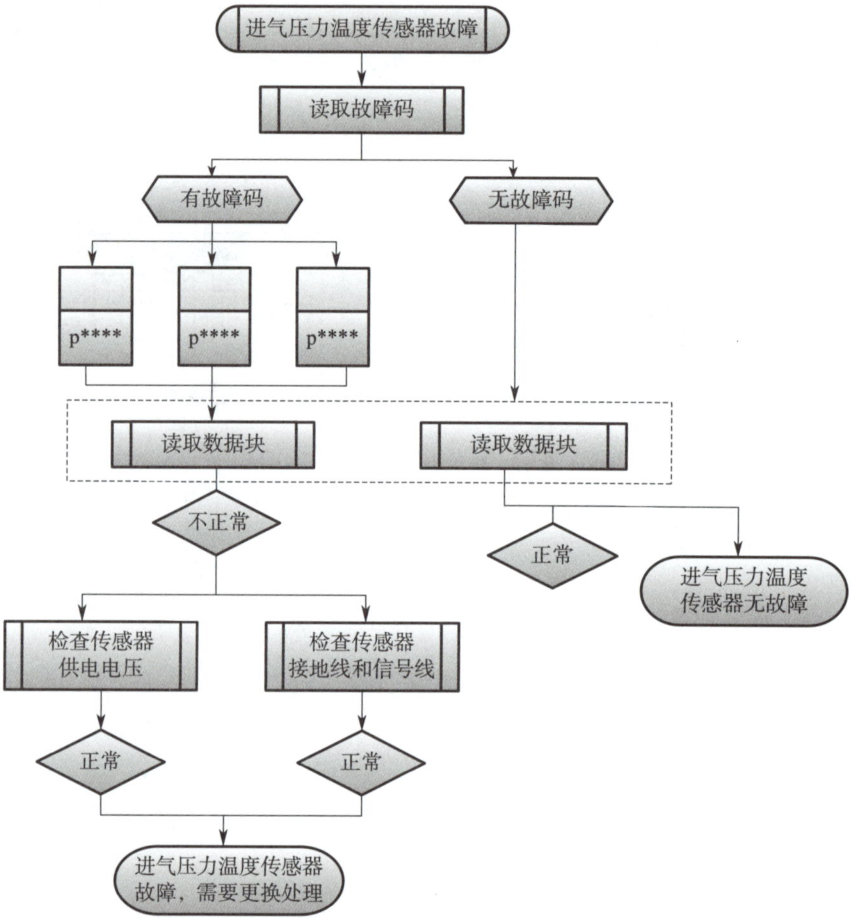

图 16-4　进气压力温度传感器的故障诊断思路

（四）连接器端子名称与作用（见表 16-1）

表 16-1　连接器端子名称与作用

端子号	端子名称与作用
1	搭铁
2	温度信号线端子
3	5 V 电源端子
4	压力信号线端子

二、任务准备

在下列图片中勾选出完成本任务所需的工具、设备、资料等。

扭力扳手	手锯	三件套	吹尘枪
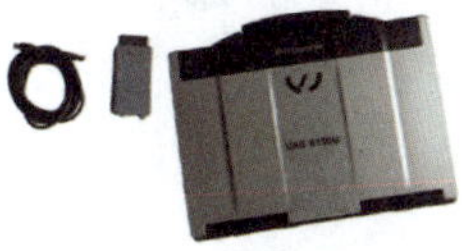			
专用诊断仪	工具车	工具套件	万用表

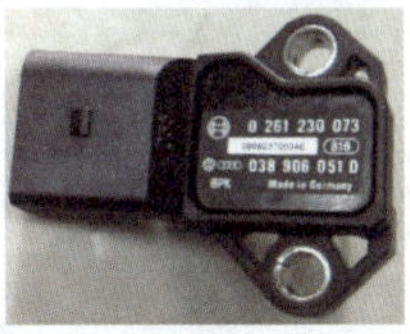				
进气压力温度传感器	跨接线	维修手册	熔丝	实训车辆

三、防护措施

1. 进入车间应穿工鞋、戴工帽；工作服应整洁，无破损；操作时不可佩戴手表等金属饰品，以防划伤车辆表面。

2. 举升车辆时应严格按照举升机使用方法进行操作，并通知其他人员远离举升设备。

3. 更换油液或配件时，应处理好油液和配件的回收清理工作，以免对工作环境造成污染。

观察下列车间操作图片，勾选出操作正确的图片。

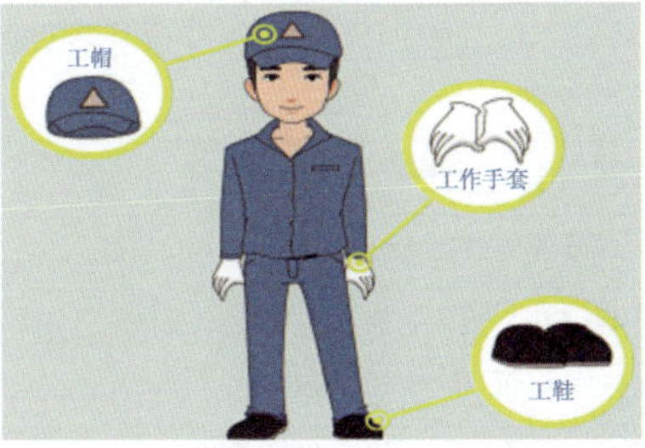		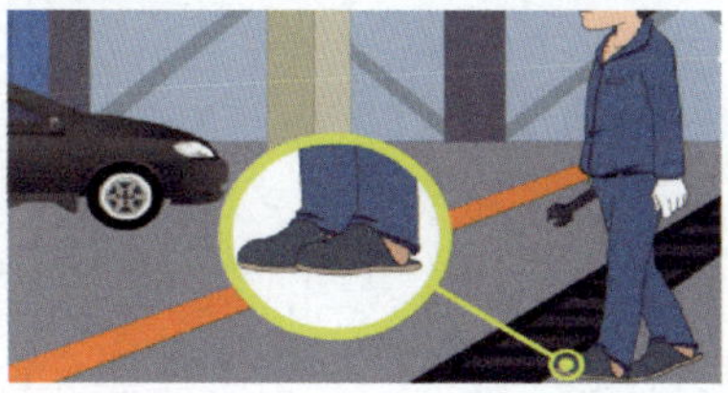

四、任务分配（见表 16-2）

表 16-2　任务分配表

职务	代码	姓名	工作内容
组长	A		监督、管理组员工作
组员	B		准备实训所需车辆及设备
	C		
	D		准备实训所需工具及资料
	E		

五、任务实施

（一）操作步骤

完成表 16-3 中工作内容对应工作步骤的排序。

表 16-3　操作步骤

项目	工作步骤	工作内容
安全防护及准备工作	1	铺设三件套
	2	打开发动机舱盖，铺设翼子板布
验证故障	1	发动机故障指示灯点亮
	2	接入诊断仪，调取故障码，查看发动机数据流（第 2 组第 4 区的进气压力数据），正常值为 33 ~ 35 kPa
诊断进气压力温度传感器		使用 10 mm 套筒拆卸蓄电池负极固定螺栓，断开蓄电池负极；拆卸左前方流水槽盖板，拆卸发动机电子控制单元并断开插接器，找到 62 号端子和 70 号端子
		拆卸发动机护罩，断开进气压力温度传感器插接器，打开点火开关，使用万用表 20 V 电压挡测量插接器 3 号端子与 4 号端子之间是否有 5 V 电压，若无 5 V 电压，则应检查线束
		使用万用表 200 Ω 电阻挡测量发动机 ECU 62 号端子与进气压力温度传感器 3 号端子之间的线束电阻，正常应小于 1 Ω；若电阻值过大或无穷大，则表明该线束存在虚接或断路现象 使用万用表 200 Ω 电阻挡测量发动机 ECU 70 号端子与进气压力温度传感器 4 号端子之间的线束电阻，正常应小于 1 Ω；若电阻值过大或无穷大，则表明该线束存在虚接或断路现象
		以上检查若无 5 V 电压且线束正常，则控制模块损坏；若插接器 3 号端子与 4 号端子之间有 5 V 电压，还应进行线束检查。若线束电阻值正常表明线束及控制单元都正常，可判断为进气压力温度传感器损坏；若线束电阻值不正常，则表明线束存在虚接故障，应检查或更换线束
		检查完毕后将进气压力温度传感器插接器和发动机电子控制单元插接器复位
		拆卸发动机电子控制单元并断开插接器，找到 56 号端子和 54 号端子
		断开进气压力温度传感器插接器，打开点火开关，使用万用表 20 V 电压挡测量插接器 1 号端子与 2 号端子之间是否有 5 V 电压，若无 5 V 电压，则应检查线束
		接入诊断仪，调取故障码，查看发动机数据流（第 4 组第 4 区），数据流显示进气温度为 -40 ℃

续表

项目	工作步骤	工作内容
诊断进气压力温度传感器		使用万用表 200 Ω 电阻挡测量发动机 ECU 56 号端子与进气压力温度传感器 2 号端子之间的线束电阻，正常应小于 1 Ω；若电阻值过大或无穷大，则表明该线束存在虚接或断路现象 使用万用表 200 Ω 电阻挡测量发动机 ECU 54 号端子与进气压力温度传感器 1 号端子之间的线束电阻，正常应小于 1 Ω；若电阻值过大或无穷大，则表明该线束存在虚接或断路现象
		以上检查若无 5 V 电压且线束正常，则控制模块损坏；若插接器 1 号端子与 2 号端子之间有 5 V 电压，还应进行线束检查。若线束电阻值正常表明线束及控制单元都正常，可判断为进气压力温度传感器损坏；若线束电阻值不正常，则表明线束存在虚接故障，应检查或更换线束
		检查完毕后将进气压力温度传感器插接器和发动机电子控制单元插接器复位，安装左前方流水槽盖板
验证故障是否排除	1	接入诊断仪，调取故障码并清除，退出发动机电子控制单元并刷新，再次查看故障码，观察故障码是否被清除
	2	启动发动机，查看进气压力温度传感器数据流（第 4 组第 4 区）是否恢复正常
整理	1	撤去翼子板布并关闭发动机舱盖
	2	撤去三件套，整理工具并打扫现场卫生

（二）实施记录

结合实施过程，对照检查项目，填写实际的检查结果（见表 16–4、表 16–5、表 16–6）。

表 16–4 实施记录

检测项目	与诊断设备是否连接正常	安装位置
发动机电子控制单元（ECU）	是 □ 否 □	

表 16–5 检测传感器的实施记录

检测项目	数据流内容	安装位置
进气压力温度传感器		

表 16–6 故障分析记录

端子号	端子名称	检测结果	处理意见
1	搭铁		
2	温度信号线端子		
3	5 V 电源端子		
4	压力信号线端子		

六、检查

（一）自检

结合本组任务操作过程，对任务执行过程中的操作规范性进行检查，检查操作过程中是否存在以下问题，分析讨论应如何避免并总结规范的操作方法（见表 16–7）。

表 16–7　自检

检查项目	检查结果
车辆停放位置是否合适，是否将变速器换挡杆置于空挡并拉紧驻车制动器	是 □　否 □
是否使用三件套对车辆进行防护	是 □　否 □
是否注意人身安全	是 □　否 □
发动机电控系统检测项目是否有漏项	是 □　否 □
工具、配件是否归位	是 □　否 □
工作场地是否清洁，车辆是否复位	是 □　否 □

（二）互检

组与组之间相互进行操作过程及结果检查，并把检查结果填写在表 16–8 中。

表 16–8　互检

检查项目	检查结果
车辆停放位置是否合适，是否将变速器换挡杆置于空挡并拉紧驻车制动器	是 □　否 □
是否使用三件套对车辆进行防护	是 □　否 □
是否注意人身安全	是 □　否 □
发动机电控系统检测项目是否有漏项	是 □　否 □
工具、配件是否归位	是 □　否 □
工作场地是否清洁，车辆是否复位	是 □　否 □

七、课堂小结

情境四

电子油门控制系统故障检修

任务十七　EPC 控制系统——加速踏板的检查（一）

汽车发动机管理系统故障诊断与维修任务工单——加速踏板位置传感器检查

客户信息	姓名		电话	
车辆信息	车型	VIN 码	行驶里程	

客户描述

- 车辆无法启动，不着车 □
- 车辆过颠簸路面时发动机熄火 □
- 发动机启动困难 □
- 车辆上坡时发动机熄火 □
- 发动机维持在固定转速 □
- 车辆加速无力 □
- 车辆行驶中发动机易熄火 □
- 仪表盘上 EPC 故障指示灯异常点亮 □
- 仪表盘上充电指示灯点亮 □

其他：

____

____

____

车辆外观检查	车辆内部检查
凹凸 □	污渍 □
划痕 □	破损 □
石击 □	色斑 □
油漆 □	变形 □

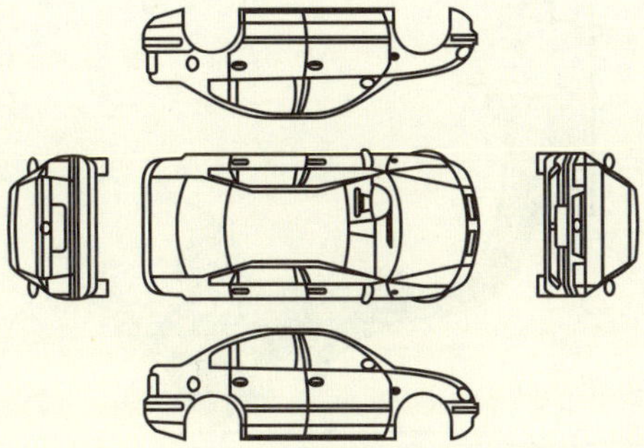

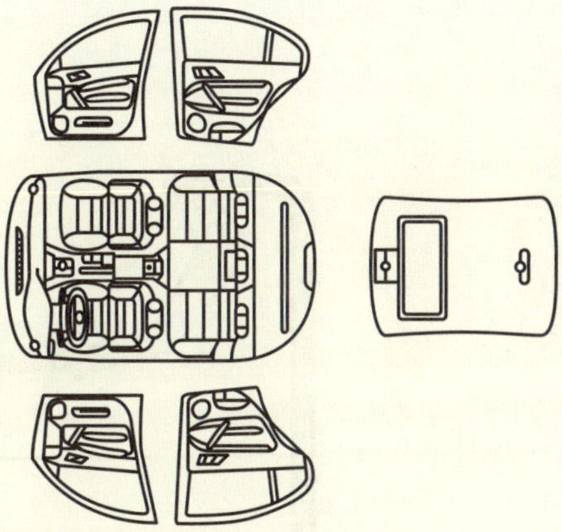

明确具体工作任务

____

____

____

任务目标

- 能够独立、规范地完成加速踏板位置传感器的检查
- 能够对加速踏板位置传感器的故障进行分析

续表

任务内容	● 加速踏板位置传感器的工作原理 ● 加速踏板位置传感器的检查方法
任务重点	● 加速踏板位置传感器故障检查
任务难点	● 加速踏板位置传感器故障分析

一、知识讲解

（一）EPC 控制系统的定义

EPC 控制系统也称电子油门控制系统（Electronic Power Control System），其由加速踏板位置传感器、电子节气门、EPC 故障指示灯、发动机电子控制单元等部件组成。

（二）电子节气门与机械式节气门的区别

图 17-1 所示为节气门工作原理示意图。

1. 去掉了油门拉线，驾驶员不再直接控制节气门的开度，“踩油门”的意图通过电子加速踏板转化为扭矩需求输入。

2. 取消了怠速执行器，通过对节气门开度的精确控制来实现怠速稳定控制。

3. 易于扩展，如巡航控制等功能可轻松实现。

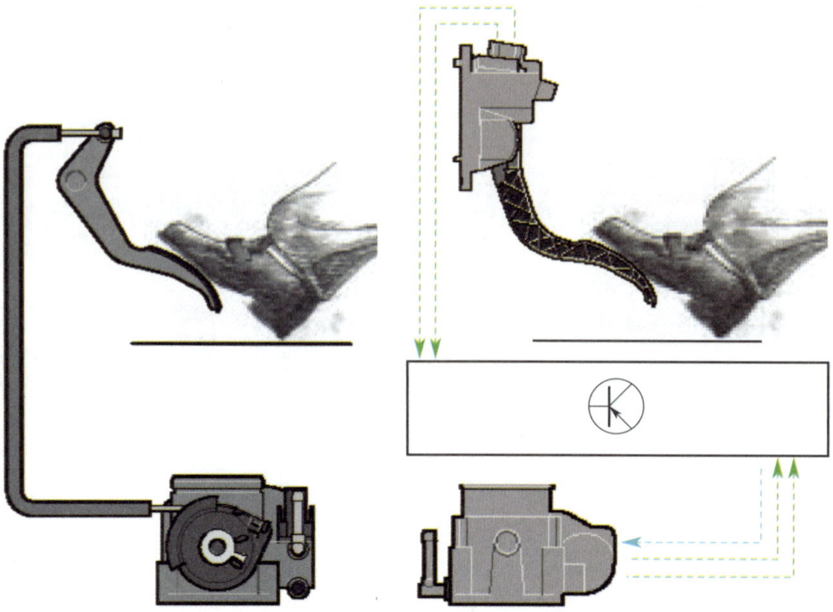

机械式节气门　　电子节气门

图 17-1　节气门工作原理示意图

（三）EPC 控制系统的工作原理

首先，加速踏板把位置信号传递给发动机 ECU，然后 ECU 综合当前发动机状态、冷却液温度等参考信息，计算出空气进气量要求，通过控制节气门电动机使节气门阀片打开合适的角度；同时控制喷油量和点火角度，使发动机得到最佳的动力性、经济性和排放性能，如图 17–2 所示。

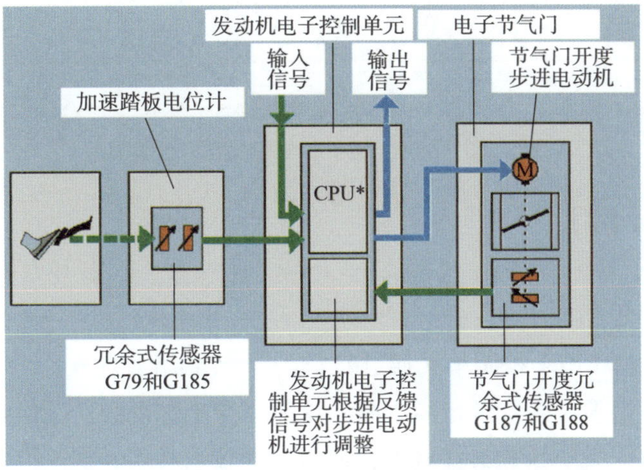

图 17–2　EPC 控制系统的工作原理简图

（四）电子加速踏板模块

电子加速踏板模块由踏板总成、两组踏板位置传感器组成。发动机电子控制单元通过传感器提供的可靠信号来控制节气门的开度，如图 17–3 所示。

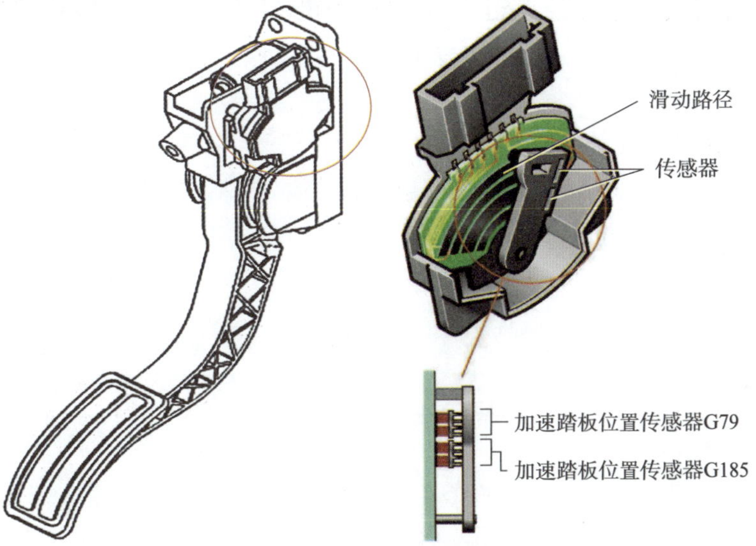

图 17–3　电子加速踏板模块的组成

加速踏板输出电压信号，两个传感器为滑动电位计形式，安装在同一个轴上，G185 上另安装有串联电阻，因此 G79 的输出信号为 G185 的 2 倍，如图 17–4 所示。

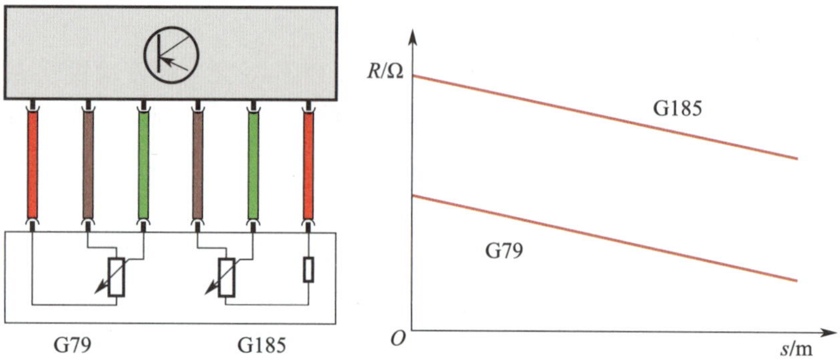

图 17-4　电子加速踏板电路连接图

（五）EPC 故障指示灯

电子油门控制系统的故障指示灯（见图 17-5）位于仪表板上，表面为黄色，上有“EPC”标志。接通点火开关，指示灯会亮 3 s。

EPC 故障指示灯由发动机电子控制单元通过 CAN 线连接到组合仪表。当系统存在故障或发动机电子控制单元无法对电子油门控制系统进行控制时，该故障指示灯被激活，EPC 控制系统进入紧急运行状态，发动机的功率、扭矩无法达到最佳状态，巡航和 ESP（车身电子稳定系统）等功能关闭，提醒驾驶员进站维修。

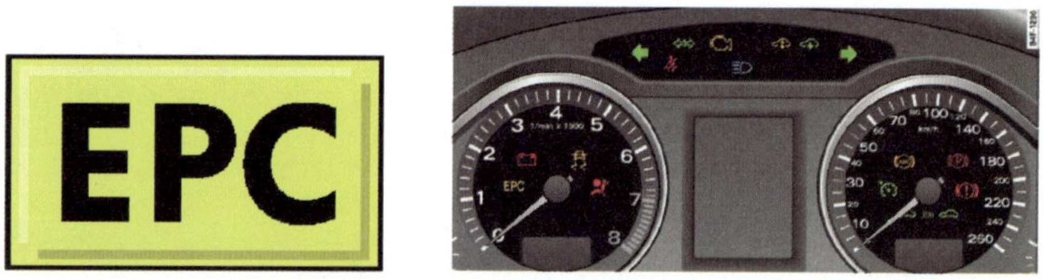

图 17-5　EPC 故障指示灯

（六）EPC 系统的特点

发动机安装了电子油门控制系统后，才能真正实现排放控制、定速巡航控制、牵引力控制、电子稳定系统、最佳扭矩控制、最佳怠速控制等控制功能，使发动机和汽车其他控制系统（自动变速器、制动系统）之间的协作更完美。

二、任务准备

在下列图片中勾选出完成本任务所需的工具、设备、资料等。

扭力扳手	手锯	三件套	吹尘枪

专用诊断仪	工具车	工具套件	万用表

加速踏板位置传感器	跨接线	维修手册	熔丝	实训车辆

三、防护措施

1. 进入车间应穿工鞋、戴工帽；工作服应整洁，无破损；操作时不可佩戴手表等金属饰品，以防划伤车辆表面。

2. 举升车辆时应严格按照举升机使用方法进行操作，并通知其他人员远离举升设备。

3. 更换油液或配件时，应处理好油液和配件的回收清理工作，以免对工作环境造成污染。

观察下列车间操作图片，勾选出操作正确的图片。

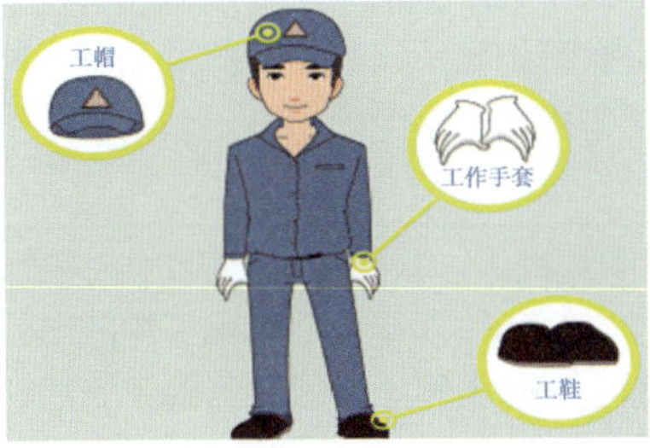	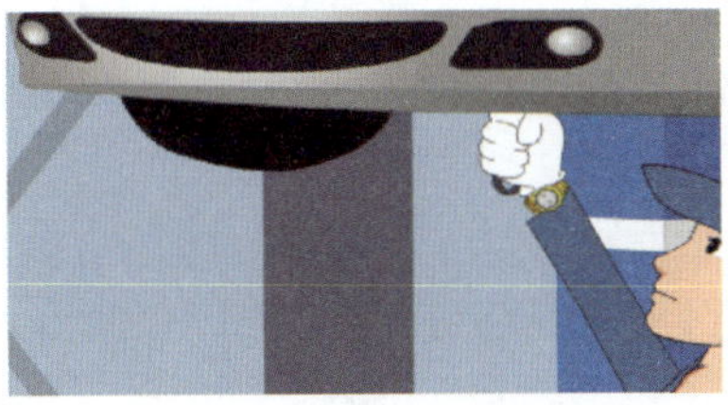	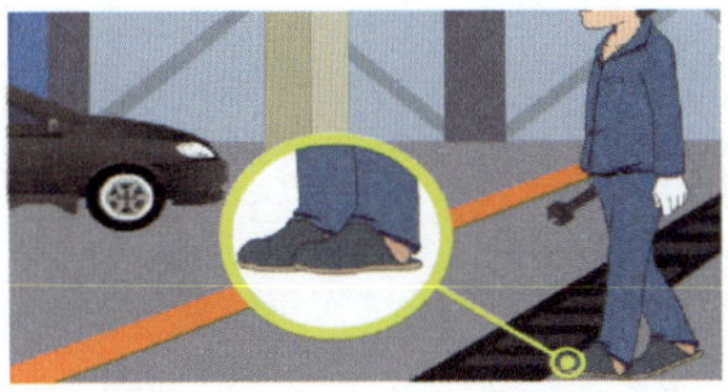

四、任务分配（见表 17-1）

表 17-1　任务分配表

职务	代码	姓名	工作内容
组长	A		监督、管理组员工作
组员	B		准备实训所需车辆及设备
	C		
	D		准备实训所需工具及资料
	E		

五、任务实施

（一）操作步骤

完成表 17–2 中工作内容对应工作步骤的排序。

表 17–2　操作步骤

项目	工作步骤	工作内容
安全防护及准备工作	1	铺设三件套
	2	打开发动机舱盖，铺设翼子板布
验证故障现象		启动发动机，EPC 故障指示灯点亮，踩下加速踏板车辆没有反应
		接入诊断仪，启动发动机，读取发动机系统故障码，并根据故障码进行分析，等待水温达到发动机正常工作温度 90 ℃时，关闭所有用电设备，读取发动机数据流（第 3 组第 3 区），正常应为 2.0% ~ 3.1%
		根据故障码和数据流判断加速踏板控制系统出现故障，需要对加速踏板控制系统进行检查
		踩下加速踏板，观察数据有无变化，如果没有变化，表明 EPC 控制系统出现故障
拆卸加速踏板	1	拆卸转向柱下护板，用 T25 扳手拆卸下护板上的 3 个螺钉，用十字旋具拆卸左下角的固定螺钉，取出下护板，这时可以看到加速踏板上的 3 个固定螺钉，用 10 mm 套筒拆卸 3 个螺母，取下加速踏板，并将加速踏板插接器取下
检查加速踏板传感器	1	使用万用表 20 kΩ 电阻挡测量 1 号端子与 5 号端子之间的电阻，正常电阻值为 1.60 ~ 1.65 kΩ；测量 5 号端子与 6 号端子之间的电阻，正常电阻值应为 1.10 ~ 1.15 kΩ；测量 1 号端子与 6 号端子之间的电阻，正常电阻值约为 2.50 kΩ；测量 2 号端子与 3 号端子之间的电阻，正常电阻值应为 1.10 ~ 1.15 kΩ；测量 3 号端子与 4 号端子之间的电阻，正常电阻值应为 1.10 ~ 1.15 kΩ，扳动加速踏板，观察电阻值变化情况；测量 2 号端子与 4 号端子之间的电阻，正常电阻值应为 1.94 kΩ，扳动加速踏板，观察电阻值变化情况。如果电阻值相差较大，则表明加速踏板传感器损坏
	2	使用 10 mm 套筒拆卸蓄电池负极固定螺栓，断开蓄电池负极。拆卸左前方流水槽盖板，拆卸发动机电子控制单元插接器，使用万用表 200 Ω 电阻挡分别测量发动机电子控制单元插接器 6 号端子与加速踏板插接器 1 号端子、发动机电子控制单元插接器 8 号端子与加速踏板插接器 2 号端子、发动机电子控制单元插接器 7 号端子与加速踏板插接器 3 号端子、发动机电子控制单元插接器 33 号端子与加速踏板插接器 4 号端子、发动机电子控制单元插接器 19 号端子与加速踏板插接器 5 号端子、发动机电子控制单元插接器 45 号端子与加速踏板插接器 6 号端子之间的电阻值，正常情况下应小于 1 Ω
排除故障		如果测得的加速踏板电阻值超出范围，则表明加速踏板损坏
		如果加速踏板电阻值正常，扳动加速踏板后电阻值有变化，并且线束测量结果都正常，表明发动机电子控制单元损坏
验证故障是否排除		将拆卸的部件装回原处
		接入诊断仪，启动发动机，踩下加速踏板，观察发动机转速有无变化；进入发动机系统，查看并清除故障码，如果故障码能够清除，并且不再出现，表明故障已排除
整理	1	撤去翼子板布并关闭发动机舱盖
	2	撤去三件套，整理工具并打扫现场卫生

（二）实施记录

结合实施过程，对照检查项目，填写实际的检查结果（见表 17-3、表 17-4）。

表 17-3 实施记录

检测项目	与诊断设备是否连接正常	安装位置
发动机电子控制单元（ECU）	是 □ 否 □	

表 17-4 检测传感器的实施记录

序号	检测项目	标准值	实测值	故障分析结果
1	加速踏板位置传感器数据流			
2	加速踏板位置传感器线束连接			

六、检查

（一）自检

结合本组任务操作过程，对任务执行过程中的操作规范性进行检查，检查操作过程中是否存在以下问题，分析讨论应如何避免并总结规范的操作方法（见表 17-5）。

表 17-5 自检

检查项目	检查结果
车辆停放位置是否合适，是否将变速器换挡杆置于空挡并拉紧驻车制动器	是 □ 否 □
是否使用三件套对车辆进行防护	是 □ 否 □
是否注意人身安全	是 □ 否 □
发动机电控系统检测项目是否有漏项	是 □ 否 □
工具、配件是否归位	是 □ 否 □
工作场地是否清洁，车辆是否复位	是 □ 否 □

（二）互检

组与组之间相互进行操作过程及结果检查，并把检查结果填写在表 17-6 中。

表 17-6 互检

检查项目	检查结果
车辆停放位置是否合适，是否将变速器换挡杆置于空挡并拉紧驻车制动器	是 □ 否 □
是否使用三件套对车辆进行防护	是 □ 否 □
是否注意人身安全	是 □ 否 □
发动机电控系统检测项目是否有漏项	是 □ 否 □
工具、配件是否归位	是 □ 否 □
工作场地是否清洁，车辆是否复位	是 □ 否 □

七、课堂小结

任务十八　EPC 控制系统——加速踏板的检查（二）

汽车发动机管理系统故障诊断与维修任务工单——发动机电子控制单元及线路检查			
客户信息	姓名		电话
车辆信息	车型	VIN 码	行驶里程
客户描述	车辆无法启动，不着车 □ 车辆上坡时发动机熄火 □ 车辆行驶中发动机易熄火 □	车辆过颠簸路面时发动机熄火 □ 发动机维持在固定转速 □ 仪表盘上 EPC 故障指示灯异常点亮 □	发动机启动困难 □ 车辆加速无力 □ 仪表盘上充电指示灯点亮 □
	其他：		

车辆外观检查		车辆内部检查	
凹凸 □ 划痕 □ 石击 □ 油漆 □	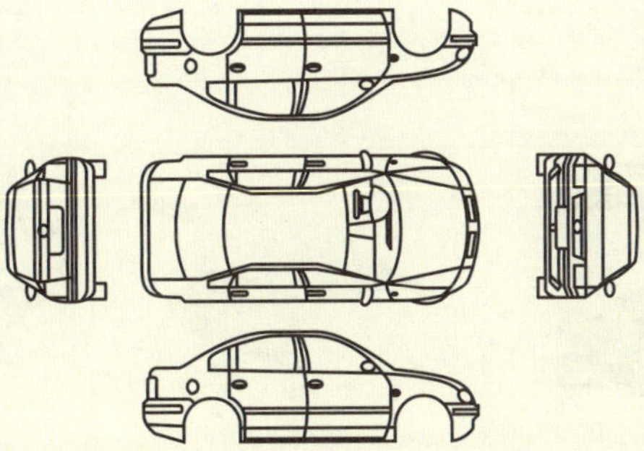	污渍 □ 破损 □ 色斑 □ 变形 □	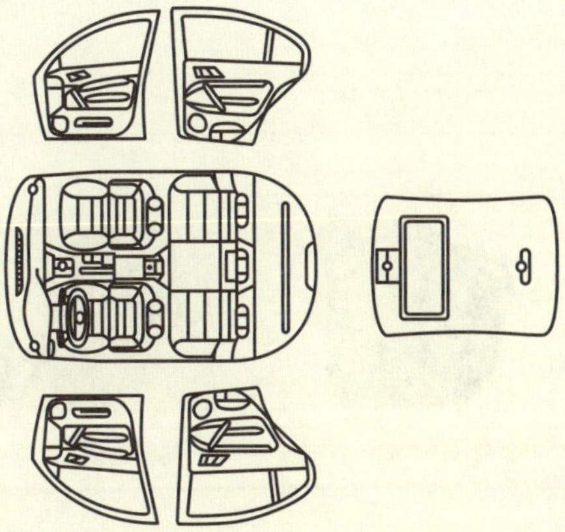

明确具体工作任务	

任务目标

- 能够独立、规范地完成加速踏板位置传感器的检查
- 能够对加速踏板位置传感器的故障进行分析

续表

任务内容	● 加速踏板位置传感器的工作原理 ● 加速踏板位置传感器的检查方法
任务重点	● 加速踏板位置传感器故障检查
任务难点	● 加速踏板位置传感器故障分析

一、任务准备

在下列图片中勾选出完成本任务所需的工具、设备、资料等。

扭力扳手	手锯	三件套	吹尘枪

专用诊断仪	工具车	工具套件	万用表

加速踏板位置传感器	跨接线	维修手册	熔丝	实训车辆

二、防护措施

1. 进入车间应穿工鞋、戴工帽；工作服应整洁，无破损；操作时不可佩戴手表等金属饰品，以防划伤车辆表面。

2. 举升车辆时应严格按照举升机使用方法进行操作，并通知其他人员远离举升设备。

3. 更换油液或配件时，应处理好油液和配件的回收清理工作，以免对工作环境造成污染。

观察下列车间操作图片，勾选出操作正确的图片。

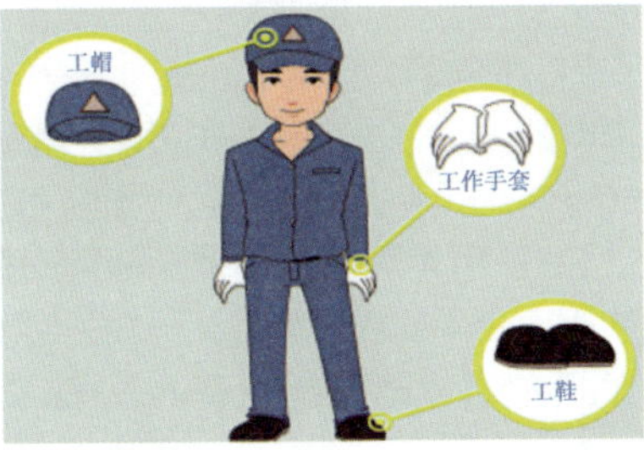		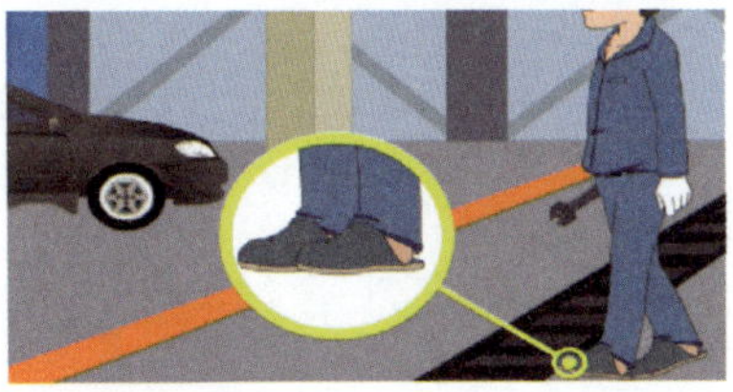

三、任务分配（见表 18-1）

表 18-1　任务分配表

职务	代码	姓名	工作内容
组长	A		监督、管理组员工作
组员	B		准备实训所需车辆及设备
	C		
	D		准备实训所需工具及资料
	E		

四、任务实施

（一）操作步骤

完成表 18-2 中工作内容对应工作步骤的排序。

表 18-2　操作步骤

项目	工作步骤	工作内容
安全防护及准备工作	1	铺设三件套
	2	打开发动机舱盖，铺设翼子板布
验证故障现象		启动发动机，EPC 故障指示灯点亮，踩下加速踏板车辆没有反应
		接入诊断仪，启动发动机，读取发动机系统故障码，并根据故障码进行分析，等待水温达到发动机正常工作温度 90 ℃时，关闭所有用电设备，读取发动机数据流（第 3 组第 3 区），正常应为 2.0%～3.1%
		踩下加速踏板，观察数据有无变化，如果没有变化，表明 EPC 控制系统出现故障
		根据故障码和数据流判断加速踏板控制系统出现故障，需要对加速踏板控制系统进行检查
拆卸加速踏板	1	拆卸转向柱下护板，用 T25 扳手拆卸下护板上的 3 个螺钉，用十字旋具拆卸左下角的固定螺钉，取出下护板，这时可以看到加速踏板上的 3 个固定螺栓，用 10 mm 套筒拆卸 3 个螺母，取下加速踏板，并将加速踏板插接器取下

续表

项目	工作步骤	工作内容
检查加速踏板传感器		使用万用表 20 kΩ 电阻挡测量 1 号端子与 5 号端子之间的电阻，正常电阻值为 1.60～1.65 kΩ；测量 5 号端子与 6 号端子之间的电阻，正常电阻值应为 1.10～1.15 kΩ；测量 1 号端子与 6 号端子之间的电阻，正常电阻值约为 2.50 kΩ；测量 2 号端子与 3 号端子之间的电阻，正常电阻值应为 1.10～1.15 kΩ；测量 3 号端子与 4 号端子之间的电阻，正常电阻值应为 1.10～1.15 kΩ，扳动加速踏板，观察电阻值变化情况；测量 2 号端子与 4 号端子之间的电阻，正常电阻值应为 1.94 kΩ，扳动加速踏板，观察电阻值变化情况。如果电阻值相差较大，则表明加速踏板传感器损坏
		使用 10 mm 套筒拆卸蓄电池负极固定螺栓，断开蓄电池负极。拆卸左前方流水槽盖板，拆卸发动机电子控制单元插接器，使用万用表 200 Ω 电阻挡分别测量发动机电子控制单元插接器 6 号端子与加速踏板插接器 1 号端子、发动机电子控制单元插接器 8 号端子与加速踏板插接器 2 号端子、发动机电子控制单元插接器 7 号端子与加速踏板插接器 3 号端子、发动机电子控制单元插接器 33 号端子与加速踏板插接器 4 号端子、发动机电子控制单元插接器 19 号端子与加速踏板插接器 5 号端子、发动机电子控制单元插接器 45 号端子与加速踏板插接器 6 号端子之间的电阻值，正常情况下应小于 1 Ω
排除故障	1	如果测得的加速踏板电阻值超出范围，则表明加速踏板损坏
	2	如果加速踏板电阻值正常，扳动加速踏板后电阻值有变化，并且线束测量结果都正常，表明发动机电子控制单元损坏
验证故障是否排除		将拆卸的部件装回原处
		接入诊断仪，启动发动机，踩下加速踏板，观察发动机转速有无变化；进入发动机系统，查看并清除故障码，如果故障码能够清除，并且不再出现，表明故障已排除
整理	1	撤去翼子板布并关闭发动机舱盖
	2	撤去三件套，整理工具并打扫现场卫生

（二）实施记录

结合实施过程，对照检查项目，填写实际的检查结果（见表 18–3、表 18–4）。

表 18–3　实施记录

检测项目	与诊断设备是否连接正常	安装位置
发动机电子控制单元（ECU）	是 □　否 □	

表 18–4　检测传感器的实施记录

序号	检测项目	标准值	实测值	故障分析结果
1	加速踏板位置传感器数据流			
2	加速踏板位置传感器线束连接			

五、检查

（一）自检

结合本组任务操作过程，对任务执行过程中的操作规范性进行检查，检查操作过程中是否存在以下问题，分析讨论应如何避免并总结规范的操作方法（见表 18–5）。

表 18–5 自检

检查项目	检查结果
车辆停放位置是否合适，是否将变速器换挡杆置于空挡并拉紧驻车制动器	是 □ 否 □
是否使用三件套对车辆进行防护	是 □ 否 □
是否注意人身安全	是 □ 否 □
发动机电控系统检测项目是否有漏项	是 □ 否 □
工具、配件是否归位	是 □ 否 □
工作场地是否清洁，车辆是否复位	是 □ 否 □

（二）互检

组与组之间相互进行操作过程及结果检查，并将检查结果填写在表 18–6 中。

表 18–6 互检

检查项目	检查结果
车辆停放位置是否合适，是否将变速器换挡杆置于空挡并拉紧驻车制动器	是 □ 否 □
是否使用三件套对车辆进行防护	是 □ 否 □
是否注意人身安全	是 □ 否 □
发动机电控系统检测项目是否有漏项	是 □ 否 □
工具、配件是否归位	是 □ 否 □
工作场地是否清洁，车辆是否复位	是 □ 否 □

六、课堂小结

____

____

____

任务十九　EPC 控制系统——电子节气门的检查（一）

汽车发动机管理系统故障诊断与维修任务工单——电子节气门及线束检查				
客户信息	姓名		电话	
车辆信息	车型	VIN 码	行驶里程	
客户描述	车辆无法启动，不着车 □　车辆过颠簸路面时发动机熄火 □　发动机启动困难 □ 车辆上坡时发动机熄火 □　发动机维持在固定转速 □　车辆加速无力 □ 车辆行驶中发动机易熄火 □　仪表盘上 EPC 故障指示灯异常点亮 □　仪表盘上充电指示灯点亮 □ 其他：			

车辆外观检查		车辆内部检查	
凹凸 □	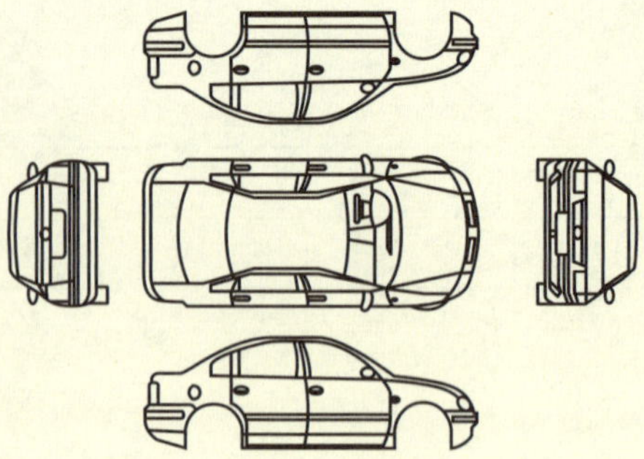	污渍 □	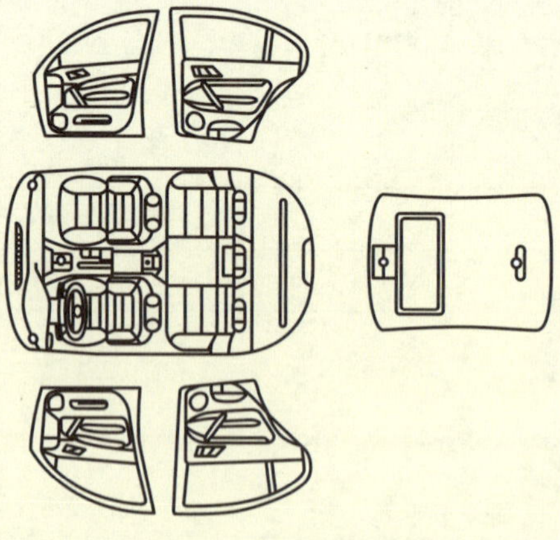
划痕 □		破损 □	
石击 □		色斑 □	
油漆 □		变形 □	

明确具体工作任务	

任务目标

- 能够独立、规范地完成电子节气门的检查
- 能够对电子节气门的故障进行分析

续表

任务内容	● 电子节气门的工作原理 ● 电子节气门的检查方法 ● 电子节气门的清洗方法
任务重点	● 电子节气门故障检查
任务难点	● 电子节气门故障分析

一、知识讲解

（一）发动机电子节气门的位置和组成

电子节气门安装于空气滤清器后端、进气歧管的前端（见图 19–1）。

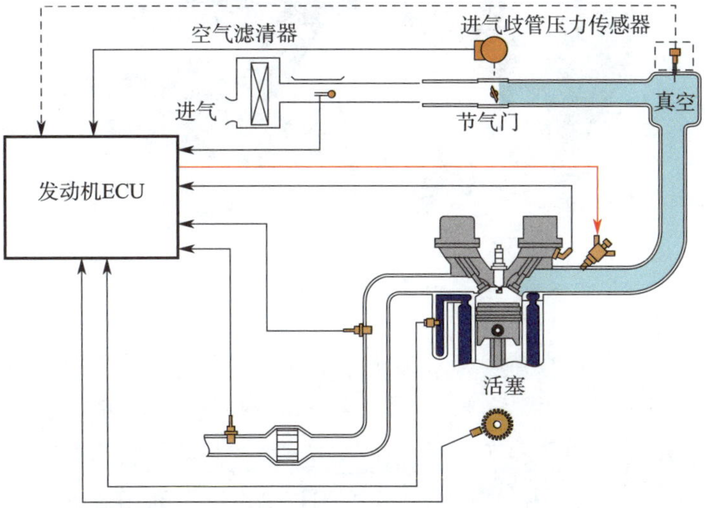

图 19–1 电子节气门的安装位置

电子节气门包括节气门体、节气门阀片、节气门位置传感器、节气门电动机驱动装置等（见图 19–2、图 19–3）。

（二）电子节气门位置传感器的工作原理

发动机 ECU 通过控制流向节气门步进电动机的电流大小与方向，使电动机转动或保持固定位置，电动机通过减速齿轮打开或关闭节气门阀片。

节气门阀片打开的角度控制进气管的截面积，从而控制发动机进气量。

跟随传动机构一起旋转的节气门位置传感器负责提供位置反馈，测量节气门开度的位置并反馈给发动机电子控制单元（ECU），以反映发动机的运行负载状态（高低），进而调整燃油供给量（见图 19–4）。

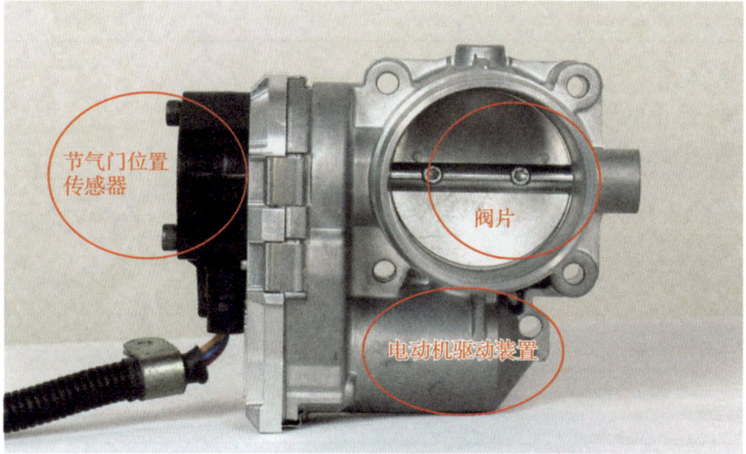

图 19-2　电子节气门的结构

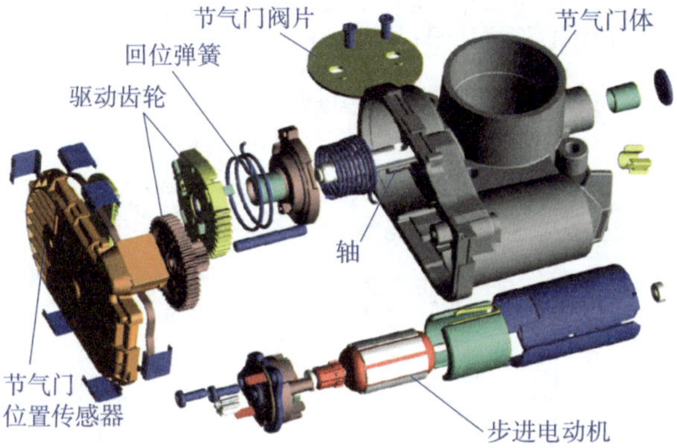

图 19-3　电子节气门的组成

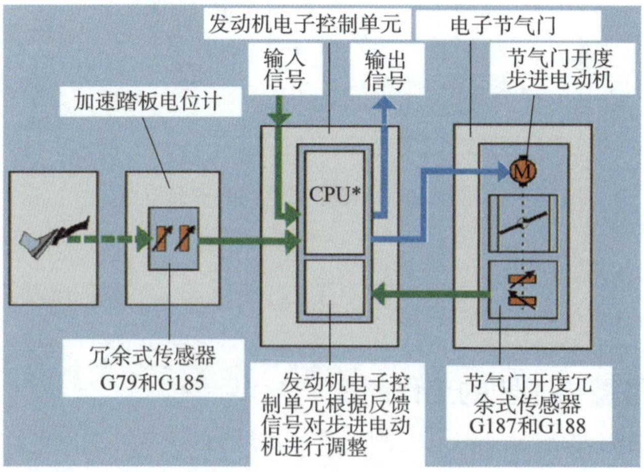

图 19-4　电子节气门位置传感器的工作原理

根据工作原理不同，电子节气门位置传感器分为电阻式和霍尔式两种。

电子节气门位置传感器的结构如图 19-5 所示。节气门罩壳内 2 个传感器 G187 和 G188 用来反馈节气门的位置信号，从而判断对 G186 的控制是否正确。

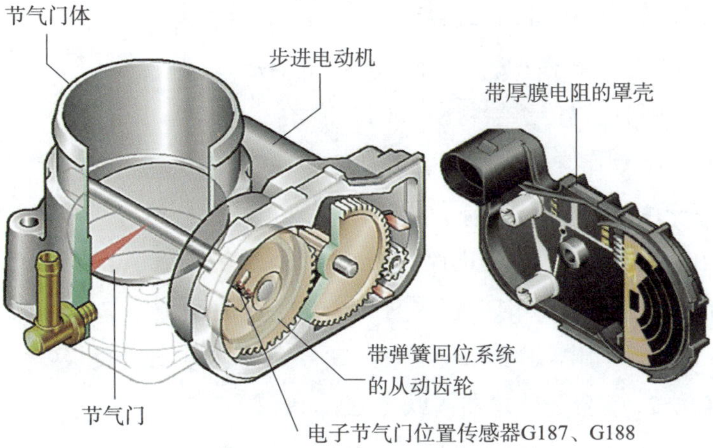

图 19-5　电子节气门位置传感器的结构

如图 19-6 所示，电子节气门位置传感器中的两个滑动电位计使用共同的电源线和接地线（和加速踏板传感器不同），其输出电压信号互为反向，便于自检故障。清洗或更换节气门后，必须重新进行基本设定。

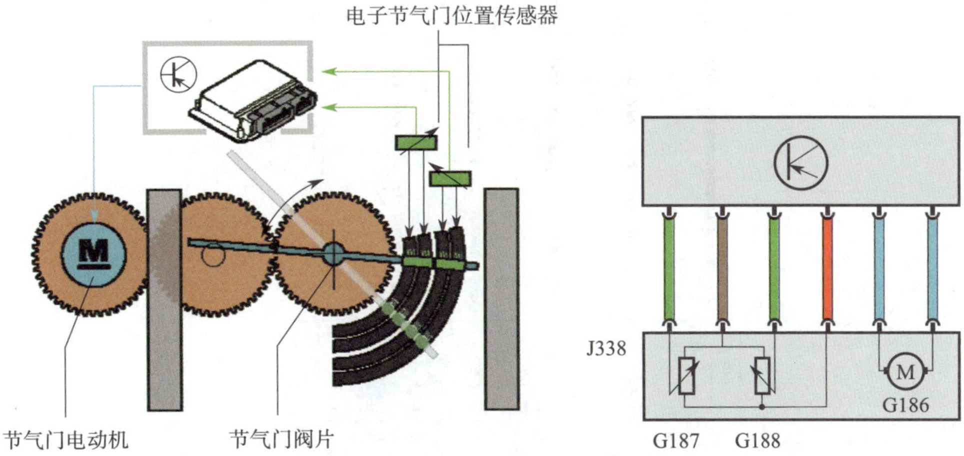

图 19-6　电子节气门位置传感器的工作原理

采用霍尔式节气门位置传感器（见图 19-7）的节气门在阀片轴上或减速齿轮上安装有永磁铁，在节气门罩壳内部安装有霍尔集成电路。

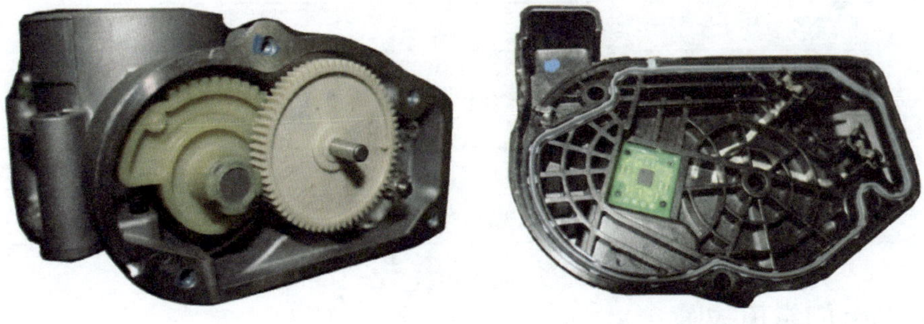

图 19-7　霍尔式节气门位置传感器

当节气门阀片被节气门电动机带动开启后，在轴上的永磁铁与霍尔集成电路的位置发生相对移动，从而产生霍尔电压，如图 19–8 所示。霍尔式节气门位置传感器将节气门开度角（α）转换成电压，并送至发动机 ECU 作为节气门开度信号。

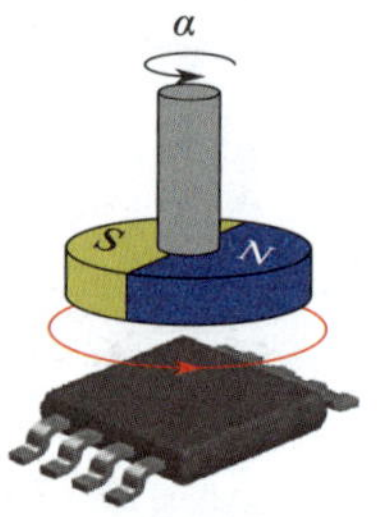

图 19–8　永磁铁与霍尔集成电路

（三）电阻式电子节气门连接器端子

大众汽车上采用的电阻式电子节气门电路如图 19–9 所示。电子节气门连接器上共有 6 个端子，其中传感器有 4 个端子、驱动电动机有 2 个端子：3 号为驱动电动机 12 V 正极，5 号为驱动电动机负极搭铁，2 号为传感器供电，1 号为信号 1，4 号为信号 2，6 号为传感器搭铁（见表 19–1）。

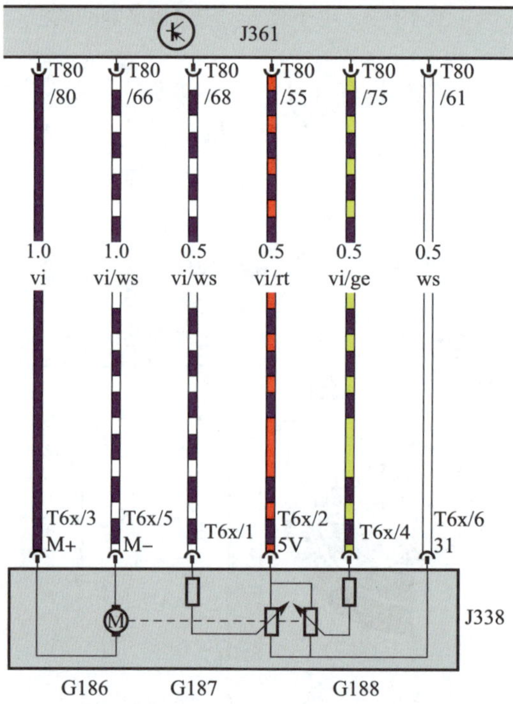

图 19–9　电阻式电子节气门电路

表 19–1　端子名称及作用

端子号	端子名称及作用
1	信号 1
2	5 V 参考电压
3	电动机正极
4	信号 2
5	电动机负极
6	传感器搭铁

（四）电子节气门常见故障

电子节气门的常见问题是节气门积炭，会造成节气门的开度产生误差，导致发动机出现怠速不稳、动力下降，甚至会造成启动困难和增加油耗等故障现象。

（五）电子节气门的清洗方法

1. 准备好积炭清洗剂或化油器清洗剂，拆掉从空气滤清器到节气门的进气管路（见图 19–10），保证节气门清洁、无异物（防止其掉入发动机内部）。

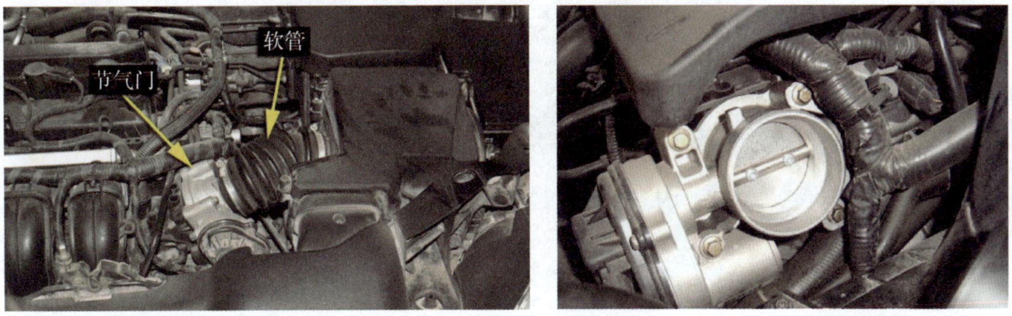

图 19–10　电子节气门的拆卸

2. 拆下节气门总成，用清洗剂喷洗节气门阀片，如图 19–11 所示。

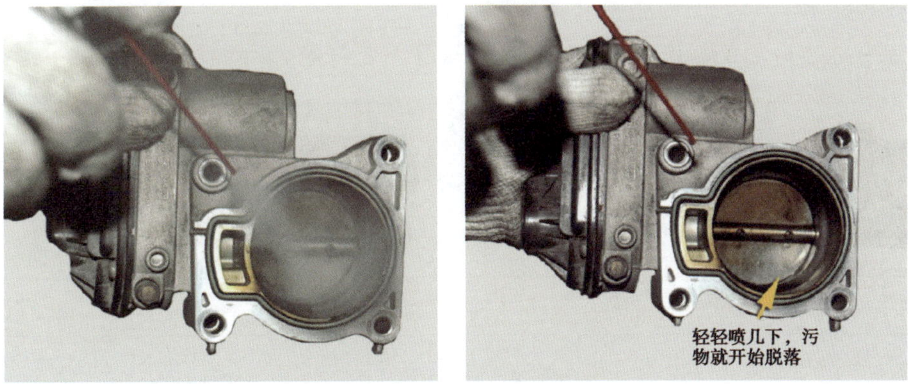

图 19–11　清洗电子节气门

3. 为了清洁更彻底，喷完清洗剂后用干净的棉布反复擦拭，特别是一些死角，如图 19–12 所示。

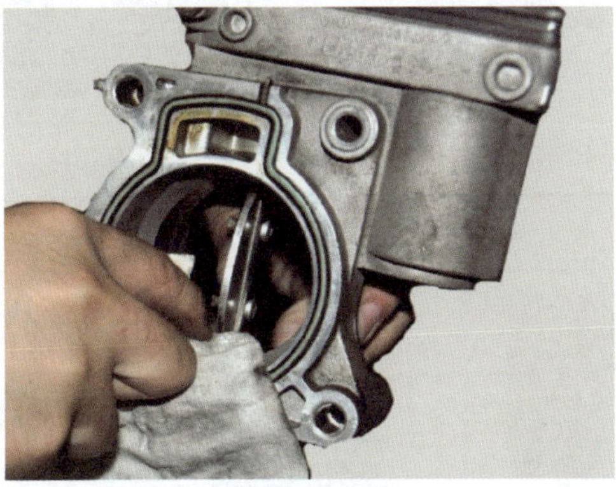

图 19–12　擦拭电子节气门

4. 将清洁干净的节气门（见图 19–13）安装到原位。

图 19-13　将电子节气门安装到原位

5. 确保电子节气门匹配。更换发动机电子控制单元、节气门控制单元或发动机后，必须执行基础参数设定，将节气门的各个不同的位置储存到发动机电子控制单元中。

二、任务准备

在下列图片中勾选出完成本任务所需的工具、设备、资料等。

扭力扳手	手锯	三件套	吹尘枪
		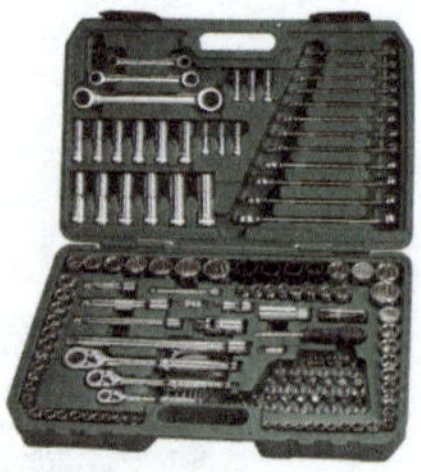	
专用诊断仪	工具车	工具套件	万用表

电子节气门	跨接线	维修手册	熔丝	实训车辆

三、防护措施

1. 进入车间应穿工鞋、戴工帽；工作服应整洁，无破损；操作时不可佩戴手表等金属饰品，以防划伤车辆表面。

2. 举升车辆时应严格按照举升机使用方法进行操作，并通知其他人员远离举升设备。

3. 更换油液或配件时，应处理好油液和配件的回收清理工作，以免对工作环境造成污染。

观察下列车间操作图片，勾选出操作正确的图片。

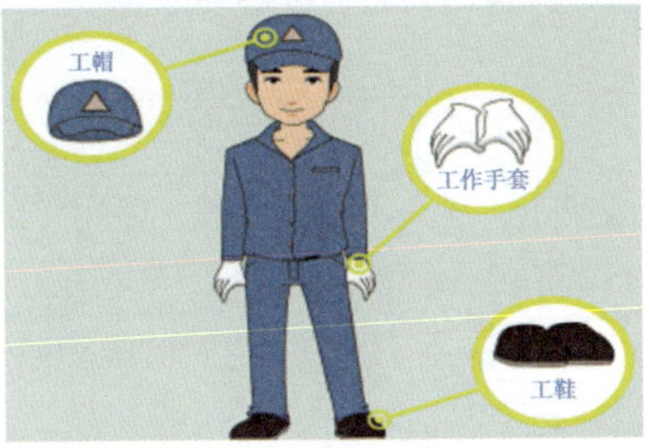	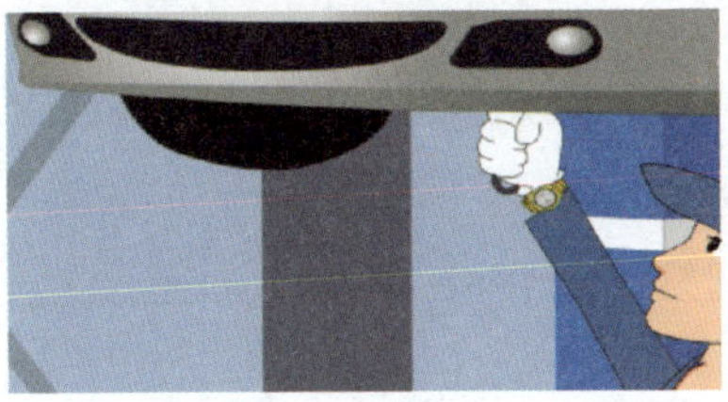	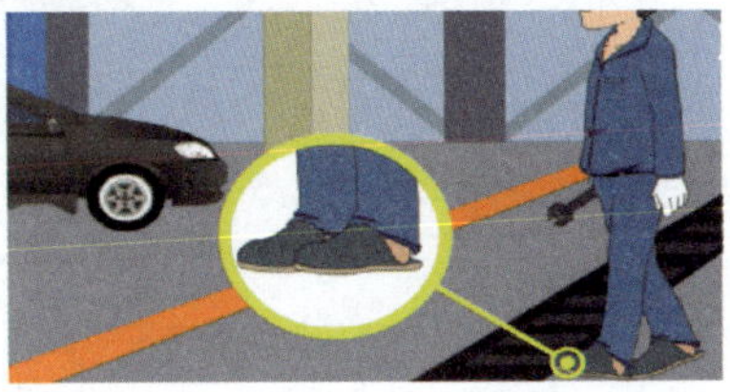

四、任务分配（见表 19-2）

表 19-2 任务分配表

职务	代码	姓名	工作内容
组长	A		监督、管理组员工作
组员	B		准备实训所需车辆及设备
	C		
	D		准备实训所需工具及资料
	E		

五、任务实施

（一）操作步骤

完成下列表格中工作内容对应工作步骤的排序（见表 19-3、表 19-4、表 19-5、表 19-6、表 19-7）。

表 19-3 读取故障码数据流的操作步骤

工作步骤	工作内容
1	铺好转向盘套、座椅套、脚垫，打开发动机舱盖，铺好翼子板布
	关闭点火开关
	连接汽车诊断设备，将诊断接头插到车辆诊断接口上
	打开点火开关，执行读取故障码信息的操作

续表

工作步骤	工作内容
	匀速踩下加速踏板，加速踏板位置传感器信号随之匀速变化，节气门位置信号也随之匀速变化。仔细观察有没有出现信号停顿、信号跳跃、信号数值异常等情况
	分析数据流，排除故障
7	整理工具并打扫现场卫生

表 19-4　拆检电子节气门的操作步骤

工作步骤	工作内容
1	接入诊断仪，启动发动机，读取发动机电控系统故障码，并根据故障码进行分析，读取发动机数据流（第 3 组第 3 区节气门开度数值），正常应为 2.0% ~ 3.1%
	关闭点火开关，拆卸空气滤清器和进气管，拆下节气门插接器
	拧下冷却液储液壶盖，释放冷却系统内的压力，在节气门下方放置抹布，在车下放置铁盆，使用 T30 套头扳手拆卸节气门的 4 个固定螺栓，拆卸与节气门连接的水管卡子和水管并做好防护，取下节气门
	检查节气门电动机电阻值，使用万用表 200 Ω 电阻挡测量节气门 3 号端子与 5 号端子之间的电阻值，正常情况下，电阻值应为 1 ~ 100 Ω，若电阻值超出范围，应更换节气门
	使用万用表 2 kΩ 电阻挡测量节气门 2 号端子与 6 号端子之间的电阻值，正常情况下电阻值应为 900 Ω ~ 1 kΩ；使用万用表 2 kΩ 电阻挡测量 1 号端子与 2 号端子之间的电阻值，正常应为 1.2 ~ 1.3 kΩ，用手扳动节气门，观察电阻值变化情况；使用万用表 2 kΩ 电阻挡测量 4 号端子与 2 号端子之间的电阻值，正常应为 500 ~ 600 Ω，用手扳动节气门，观察电阻值变化情况，如果这三个电阻值有一个超出范围则应更换节气门

表 19-5　检测电子节气门线束的操作步骤

工作步骤	工作内容
	打开点火开关，使用万用表 20 V 电压挡测量节气门插接器 2 号端子与 6 号端子之间的电压，正常电压值为 5 V；如果有 5 V 的电压，拆卸发动机电子控制单元，拔下发动机电子控制单元插接器。使用万用表 200 Ω 电阻挡测量发动机电子控制单元插接器 55 号端子与节气门插接器 2 号端子之间的电阻值，用相同方法测量发动机电子控制单元插接器 61 号端子与节气门插接器 6 号端子之间的电阻值，电阻值应小于 1 Ω
	如果没有 5 V 的电压，则使用万用表 200 Ω 电阻挡测量发动机电子控制单元插接器 55 号端子与节气门插接器 2 号端子之间的电阻值；检查发动机电子控制单元插接器 61 号端子与节气门插接器 6 号端子之间的电阻值，如果电阻值小于 1 Ω，还应使用万用表蜂鸣挡测量以上两根线束有无对地短路，如果电阻值大于或等于 1 Ω，则表明发动机电子控制单元损坏，如果检查不正常，则应检查或更换线束
3	其他线束检查方法与上述线束检查方法相同，如果线束和节气门检查都正常，则表明发动机电子控制单元损坏，应更换发动机电子控制单元

表 19-6　清洗、安装电子节气门的操作步骤

工作步骤	工作内容
	使用化油器清洗剂清洗节气门，清洗时将节气门电动机朝上，避免化油器清洗剂进入电动机和线路板，用抹布擦去节气门内部积炭，使用吹尘枪将节气门内部化油器清洗剂吹干净
2	安装节气门上的冷却水管和水管卡子，使用 T30 套头扳手安装 4 个节气门固定螺栓，检查冷却液液位，并将冷却液添加到储液壶上限

续表

工作步骤	工作内容
	安装空气滤清器壳和进气管
	启动发动机，观察发动机工作是否平稳，使用诊断仪读取发动机电控系统测量值（第 3 组第 3 区）是否在正常范围内，以及发动机电控系统内的故障码是否可以清除，若能清除，则排除故障；若不能清除，则继续查找下一个故障点

表 19-7　匹配电子节气门的操作步骤

工作步骤	工作内容
	接入诊断仪，启动车辆，使发动机工作温度达到正常工作温度 90 ℃；关闭所有用电器件，关闭发动机，打开点火开关，进入发动机电控系统，进入“08 匹配”，输入“0”，单击下一步，退出匹配，进入“04 基本设置”，输入“60”，单击下一步，激活节气门基本设置
2	节气门基本设置完成后，再次读取节气门开度数值，观察数值是否在正常范围内
	在对节气门进行清洗等工作后都应对节气门进行匹配
	撤去翼子板布并关闭发动机舱盖
	撤去三件套，整理工具并打扫现场卫生

（二）实施记录

结合实施过程，对照检查项目，填写实际的检查内容、检查结果并排序（见表 19-8、表 19-9、表 19-10、表 19-11）。

表 19-8　拆检电子节气门的检查结果

实施步骤	检查内容	检查结果
1	读取发动机电控系统故障码	
	读取发动机数据流（第 3 组第 3 区节气门开度数值），正常应为 2.0%～3.1%	
	拆卸节气门	
	检查节气门电动机电阻值，使用万用表 200 Ω 电阻挡测量节气门 3 号端子与 5 号端子之间的电阻值，正常情况下，电阻值应为 1～100 Ω	
4	使用万用表 2 kΩ 电阻挡测量节气门 2 号端子与 6 号端子之间的电阻值，正常情况下电阻值应为 900 Ω～1 kΩ；使用万用表 2 kΩ 电阻挡测量 1 号端子与 2 号端子之间的电阻值，正常应为 1.2～1.3 kΩ，用手扳动节气门，观察电阻值变化情况；使用万用表 2 kΩ 电阻挡测量 4 号端子与 2 号端子之间的电阻值，正常应为 500～600 Ω，用手扳动节气门，观察电阻值变化情况，如果这三个电阻值有一个超出范围则应更换节气门	

表 19-9　检测电子节气门线束的检查结果

实施步骤	检查内容	检查结果
1		
2		

表 19-10　清洗、安装电子节气门的检查结果

实施步骤	检查内容	检查结果
1		
2		
3		
4		

表 19-11　匹配电子节气门的检查结果

实施步骤	检查内容	检查结果
	接入诊断仪，启动车辆，使发动机工作温度达到正常工作温度 90 ℃；关闭所有用电器件，关闭发动机，打开点火开关，进入发动机电控系统，进入“08 匹配”，输入“0”，单击下一步，退出匹配，进入“04 基本设置”，输入“60”，单击下一步，激活节气门基本设置	
	节气门基本设置完成后，再次读取节气门开度数值，观察数值是否在正常范围内	

六、检查

（一）自检

结合本组任务操作过程，对任务执行过程中的操作规范性进行检查，检查操作过程中是否存在以下问题，分析讨论应如何避免并总结规范的操作方法（见表 19-12）。

表 19-12　自检

检查项目	检查结果
车辆停放位置是否合适，是否将变速器换挡杆置于空挡并拉紧驻车制动器	是 □　否 □
是否使用三件套对车辆进行防护	是 □　否 □
是否注意人身安全	是 □　否 □
发动机电控系统检测项目是否有漏项	是 □　否 □
工具、配件是否归位	是 □　否 □
工作场地是否清洁，车辆是否复位	是 □　否 □

（二）互检

组与组之间相互进行操作过程及结果检查，并把检查结果填写在表 19-13 中。

表 19-13　互检

检查项目	检查结果
车辆停放位置是否合适，是否将变速器换挡杆置于空挡并拉紧驻车制动器	是☐　否☐
是否使用三件套对车辆进行防护	是☐　否☐
是否注意人身安全	是☐　否☐
发动机电控系统检测项目是否有漏项	是☐　否☐
工具、配件是否归位	是☐　否☐
工作场地是否清洁，车辆是否复位	是☐　否☐

七、课堂小结

任务二十　EPC 控制系统——电子节气门的检查（二）

汽车发动机管理系统故障诊断与维修任务工单——电子节气门清洗与匹配				
客户信息	姓名		电话	
车辆信息	车型	VIN 码	行驶里程	

客户描述			
	车辆无法启动，不着车 □	车辆过颠簸路面时发动机熄火 □	发动机启动困难 □
	车辆上坡时发动机熄火 □	发动机维持在固定转速 □	车辆加速无力 □
	车辆行驶中发动机易熄火 □	仪表盘上 EPC 故障指示灯异常点亮 □	仪表盘上充电指示灯点亮 □
	其他：		

车辆外观检查		车辆内部检查	
凹凸 □	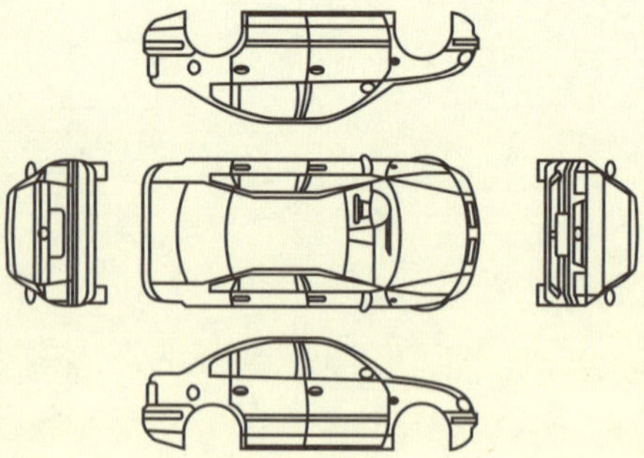	污渍 □	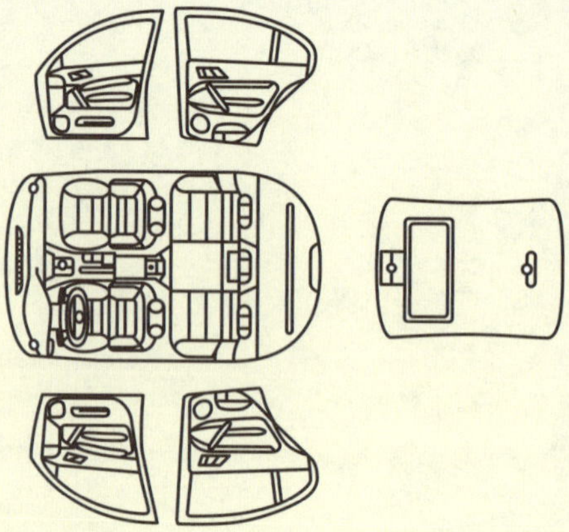
划痕 □		破损 □	
石击 □		色斑 □	
油漆 □		变形 □	

明确具体工作任务	

任务目标

- 能够独立、规范地完成电子节气门的检查
- 能够对电子节气门的故障进行分析

续表

任务内容	● 电子节气门的工作原理 ● 电子节气门的检查方法 ● 电子节气门的清洗方法
任务重点	● 电子节气门故障检查
任务难点	● 电子节气门故障分析

一、任务准备

在下列图片中勾选出完成本任务所需的工具、设备、资料等。

扭力扳手	手锯	三件套	吹尘枪
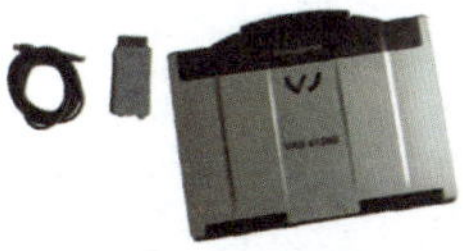		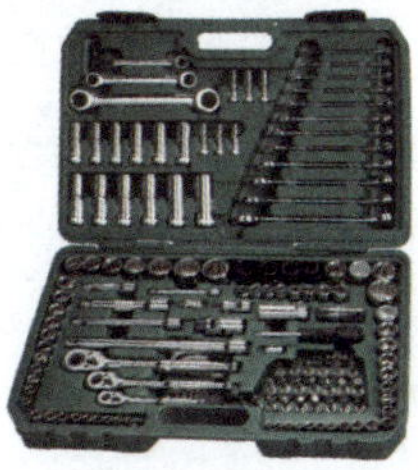	
专用诊断仪	工具车	工具套件	万用表

			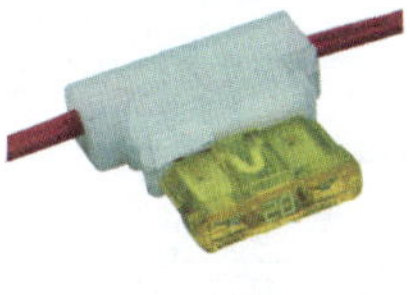	
电子节气门	跨接线	维修手册	熔丝	实训车辆

二、防护措施

1. 进入车间应穿工鞋、戴工帽；工作服应整洁，无破损；操作时不可佩戴手表等金属饰品，以防划伤车辆表面。

2. 举升车辆时应严格按照举升机使用方法进行操作，并通知其他人员远离举升设备。

3. 更换油液或配件时，应处理好油液和配件的回收清理工作，以免对工作环境造成污染。

观察下列车间操作图片，勾选出操作正确的图片。

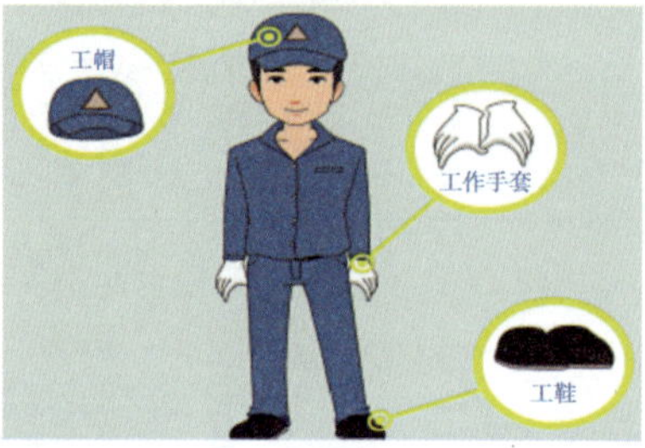		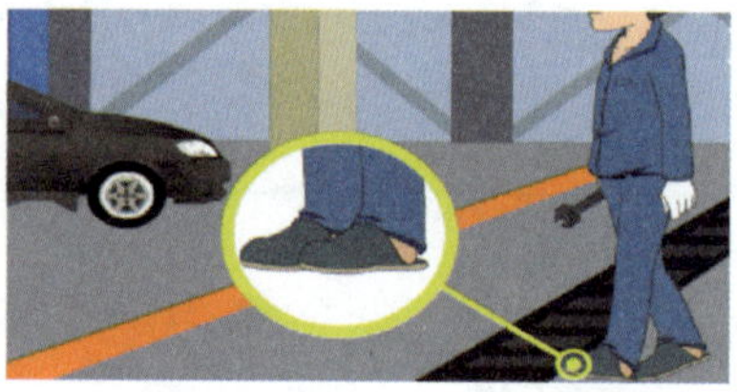

三、任务分配（见表 20-1）

表 20-1　任务分配表

职务	代码	姓名	工作内容
组长	A		监督、管理组员工作
组员	B		准备实训所需车辆及设备
	C		
	D		准备实训所需工具及资料
	E		

四、任务实施

（一）操作步骤

完成下列表格中工作内容对应工作步骤的排序（见表 20-2、表 20-3、表 20-4、表 20-5、表 20-6）。

表 20-2　读取故障码数据流的操作步骤

工作步骤	工作内容
	铺好转向盘套、座椅套、脚垫，打开发动机舱盖，铺好翼子板布
	关闭点火开关
	匀速踩下加速踏板，加速踏板位置传感器信号随之匀速变化，节气门位置信号也随之匀速变化。仔细观察有没有出现信号停顿、信号跳跃、信号数值异常等情况
	打开点火开关，执行读取故障码信息的操作
	连接汽车诊断设备，将诊断接头插到车辆诊断接口上
	分析数据流，排除故障
	整理工具并打扫现场卫生

表 20-3 拆检电子节气门的操作步骤

工作步骤	工作内容
	接入诊断仪，启动发动机，读取发动机电控系统故障码，并根据故障码进行分析，读取发动机数据流（第 3 组第 3 区节气门开度数值），正常应为 2.0% ~ 3.1%
	检查节气门电动机电阻值，使用万用表 200 Ω 电阻挡测量节气门 3 号端子与 5 号端子之间的电阻值，正常情况下，电阻值应为 1 ~ 100 Ω，若电阻值超出范围，应更换节气门
	拧下冷却液储液壶盖，释放冷却系统内的压力，在节气门下方放置抹布，在车下放置铁盆，使用 T30 套头扳手拆卸节气门的 4 个固定螺栓，拆卸与节气门连接的水管卡子和水管并做好防护，取下节气门
	关闭点火开关，拆卸空气滤清器和进气管，拆下节气门插接器
	使用万用表 2 kΩ 电阻挡测量节气门 2 号端子与 6 号端子之间的电阻值，正常情况下电阻值应为 900 Ω ~ 1 kΩ；使用万用表 2 kΩ 电阻挡测量 1 号端子与 2 号端子之间的电阻值，正常应为 1.2 ~ 1.3 kΩ，用手扳动节气门，观察电阻值变化情况；使用万用表 2 kΩ 电阻挡测量 4 号端子与 2 号端子之间的电阻值，正常应为 500 ~ 600 Ω，用手扳动节气门，观察电阻值变化情况，如果这三个电阻值有一个超出范围则应更换节气门

表 20-4 检测电子节气门线束的操作步骤

工作步骤	工作内容
	打开点火开关，使用万用表 20 V 电压挡测量节气门插接器 2 号端子与 6 号端子之间的电压，正常电压值为 5 V；如果有 5 V 的电压，拆卸发动机电子控制单元，拔下发动机电子控制单元插接器。使用万用表 200 Ω 电阻挡测量发动机电子控制单元插接器 55 号端子与节气门插接器 2 号端子之间的电阻值，用相同方法测量发动机电子控制单元插接器 61 号端子与节气门插接器 6 号端子之间的电阻值，电阻值应小于 1 Ω
	如果没有 5 V 的电压，则使用万用表 200 Ω 电阻挡测量发动机电子控制单元插接器 55 号端子与节气门插接器 2 号端子之间的电阻值；检查发动机电子控制单元插接器 61 号端子与节气门插接器 6 号端子之间的电阻值，如果电阻值小于 1 Ω，还应使用万用表蜂鸣挡测量以上两根线束有无对地短路，如果电阻值大于或等于 1 Ω，则表明发动机电子控制单元损坏，如果检查不正常，则应检查或更换线束
	其他线束检查方法与上述线束检查方法相同，如果线束和节气门检查都正常，则表明发动机电子控制单元损坏，应更换发动机电子控制单元

表 20-5 清洗、安装电子节气门的操作步骤

工作步骤	工作内容
	使用化油器清洗剂清洗节气门，清洗时将节气门电动机朝上，避免化油器清洗剂进入电动机和线路板，用抹布擦去节气门内部积炭，使用吹尘枪将节气门内部化油器清洗剂吹干净
	安装空气滤清器壳和进气管
	安装节气门上的冷却水管和水管卡子，使用 T30 套头扳手安装 4 个节气门固定螺栓，检查冷却液液位，并将冷却液添加到储液壶上限
	启动发动机，观察发动机工作是否平稳，使用诊断仪读取发动机电控系统测量值（第 3 组第 3 区）是否在正常范围内，以及发动机电控系统内的故障码是否可以清除，若能清除，则排除故障；若不能清除，则继续查找下一个故障点

表 20-6　匹配电子节气门的操作步骤

工作步骤	工作内容
	接入诊断仪，启动车辆，使发动机工作温度达到正常工作温度 90 ℃；关闭所有用电器件，关闭发动机，打开点火开关，进入发动机电控系统，进入“08 匹配”，输入“0”，单击下一步，退出匹配，进入“04 基本设置”，输入“60”，单击下一步，激活节气门基本设置
	撤去翼子板布并关闭发动机舱盖
	在对节气门进行清洗等工作后都应对节气门进行匹配
	节气门基本设置完成后，再次读取节气门开度数值，观察数值是否在正常范围内
	撤去三件套，整理工具并打扫现场卫生

（二）实施记录

结合实施过程，对照检查项目，填写实际的检查内容、检查结果（见表 20-7、表 20-8、表 20-9、表 20-10）。

表 20-7　拆检电子节气门的检查结果

实施步骤	检查内容	检查结果
1		
2		
3		
4		
5		

表 20-8　检测电子节气门线束的检查结果

实施步骤	检查内容	检查结果
1		
2		

表 20-9　清洗、安装电子节气门的检查结果

实施步骤	检查内容	检查结果
1		
2		
3		

续表

实施步骤	检查内容	检查结果
4		

表 20-10 匹配电子节气门的检查结果

实施步骤	检查内容	检查结果
1		
2		

五、检查

（一）自检

结合本组任务操作过程，对任务执行过程中的操作规范性进行检查，检查操作过程中是否存在以下问题，分析讨论应如何避免并总结规范的操作方法（见表 20-11）。

表 20-11 自检

检查项目	检查结果
车辆停放位置是否合适，是否将变速器换挡杆置于空挡并拉紧驻车制动器	是 □ 否 □
是否使用三件套对车辆进行防护	是 □ 否 □
是否注意人身安全	是 □ 否 □
发动机电控系统检测项目是否有漏项	是 □ 否 □
工具、配件是否归位	是 □ 否 □
工作场地是否清洁，车辆是否复位	是 □ 否 □

（二）互检

组与组之间相互进行操作过程及结果检查，并将检查结果填写在表 20-12 中。

表 20-12 互检

检查项目	检查结果
车辆停放位置是否合适，是否将变速器换挡杆置于空挡并拉紧驻车制动器	是 □ 否 □
是否使用三件套对车辆进行防护	是 □ 否 □
是否注意人身安全	是 □ 否 □
发动机电控系统检测项目是否有漏项	是 □ 否 □
工具、配件是否归位	是 □ 否 □
工作场地是否清洁，车辆是否复位	是 □ 否 □

六、课堂小结

情境五

排放控制系统故障检修

任务二十一　氧传感器的检查（一）

汽车发动机管理系统故障诊断与维修任务工单——氧传感器检查					
客户信息	姓名		电话		
车辆信息	车型		VIN 码		行驶里程
客户描述	车辆无法启动，不着车 □ 车辆上坡时发动机熄火 □ 车辆行驶中发动机易熄火 □ 其他：	车辆过颠簸路面时发动机熄火 □ 发动机维持在固定转速 □ 仪表盘上 EPC 故障指示灯异常点亮 □	发动机启动困难 □ 车辆加速无力 □ 仪表盘上充电指示灯点亮 □		

车辆外观检查		车辆内部检查	
凹凸 □	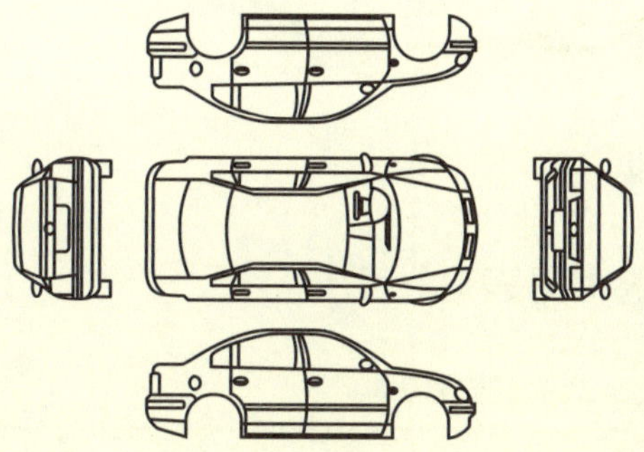	污渍 □	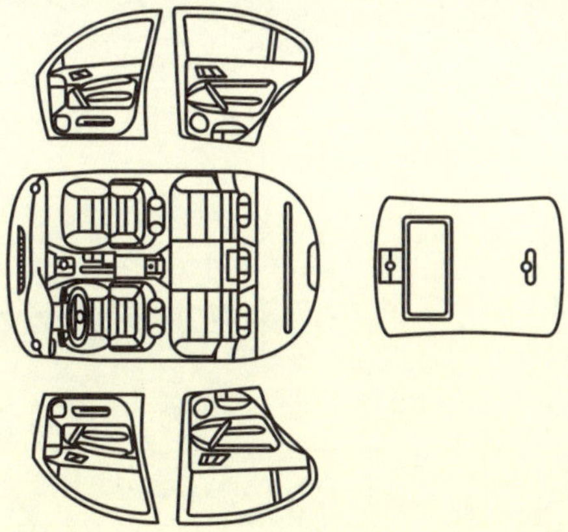
划痕 □		破损 □	
石击 □		色斑 □	
油漆 □		变形 □	

明确具体工作任务	

任务目标

- 能够独立、规范地完成氧传感器的检查
- 能够对氧传感器的故障进行分析

续表

任务内容	● 氧传感器的工作原理 ● 氧传感器的检查方法
任务重点	● 氧传感器故障检查
任务难点	● 氧传感器故障分析

一、知识讲解

（一）汽车污染物的排放途径

汽车污染物排放途径主要包括汽车尾气、曲轴箱窜气和燃油蒸发，如图 21–1 所示。

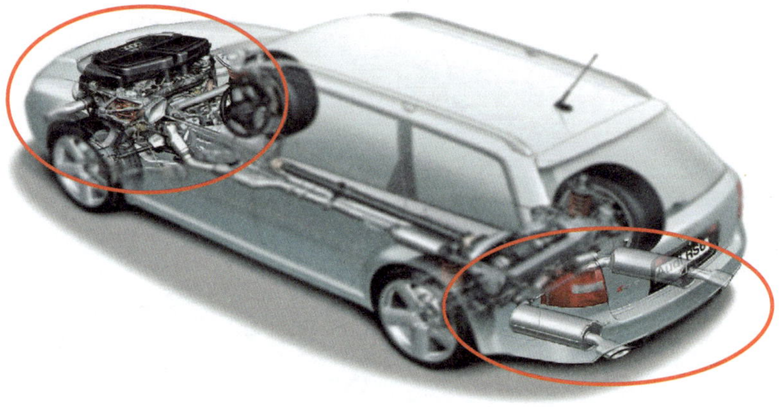

图 21–1　汽车污染物的排放途径

（二）汽车污染物主要成分及排放控制系统（见表 21–1）

表 21–1　汽车污染物主要成分及排放控制系统

污染物来源	主要成分	排放控制系统
排气管	燃烧废气，主要成分是 CO、HC 和 NO_x，还有 SO_2、炭烟等	1. 电控点火和燃油喷射系统 2. 排气催化转化系统 3. 废气再循环系统（EGR） 4. 二次空气燃烧系统（AIR）
曲轴箱	从活塞与气缸之间的间隙漏出，再由曲轴箱经排气管排出燃烧气体，其主要成分是 HC	曲轴箱强制通风系统（PCV）
燃油箱及燃油管路	燃油蒸发	燃油蒸发控制系统（EVAP）

（三）排气催化转化系统的组成

排气催化转化系统主要由三元催化转化器和氧传感器等组成，如图 21-2 所示。

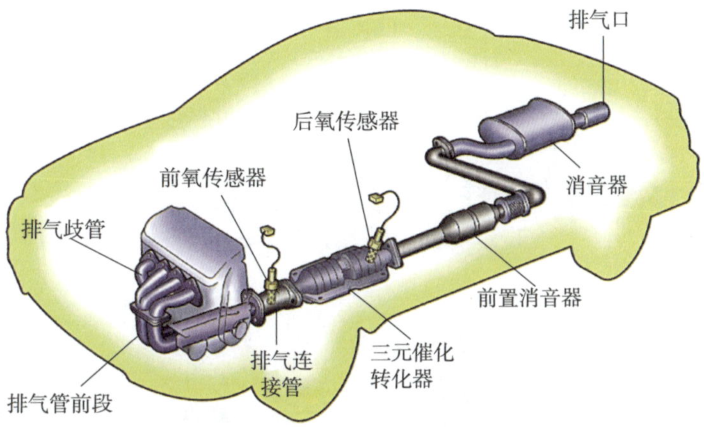

图 21-2 排气催化转化系统的组成

氧传感器分为前氧传感器和后氧传感器，分别安装在三元催化转化器的前后。三元催化转化器（见图 21-3）是安装在汽车排气系统中最重要的机外净化装置。三元催化转化器的转换芯以蜂窝状陶瓷作为承载催化剂的载体（少数采用金属载体），在陶瓷载体上浸涂铂（或钯）和铑的混合物作为催化剂，催化剂可将汽车尾气中的 CO、HC 和 NO_x 等有害气体通过氧化和还原作用转变为无害的二氧化碳、水和氮气（见表 21-2）。

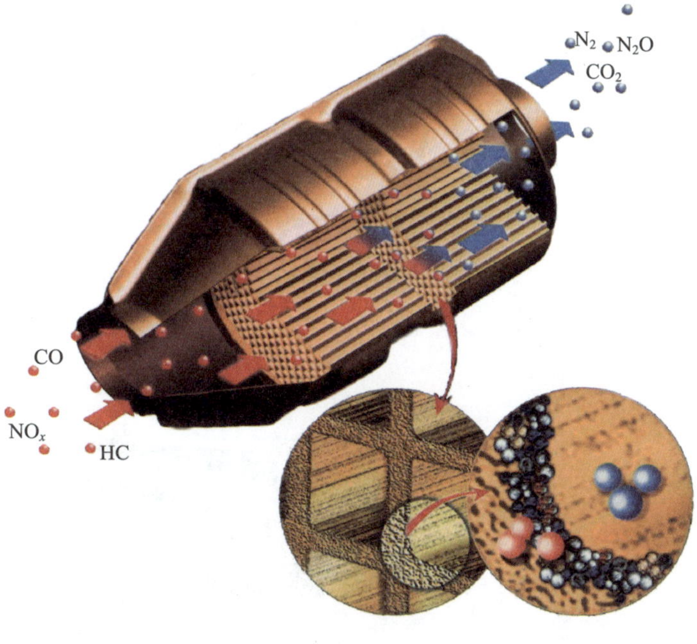

图 21-3 三元催化转化器的工作原理

表 21-2　三元催化转化器的催化转化作用

尾气中的有害物质		最终排出物
CO	经三元催化转化器催化转化	二氧化碳
HC 化合物		水（H_2O）和二氧化碳
NO_x 化合物		氮气和氧气

（四）三元催化转化器的工作条件

燃油要求：燃油中的硫、磷、铅等元素会损坏三元催化转化器（见图 21-4）的转换效率。

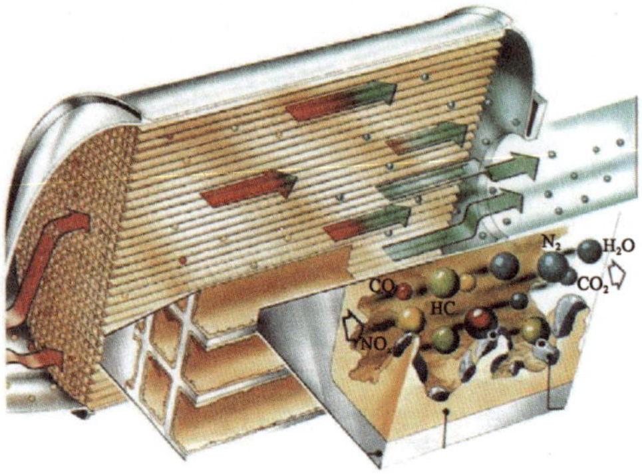

图 21-4　三元催化转化器

使用要求：与发动机电喷闭环控制同时使用。

温度要求：350 ~ 850 ℃，低于或高于正常工作温度会降低三元催化转化器的转换效率和使用寿命。

常见损坏模式：载体发生高温烧结，主要原因是燃油使用不当。

机械损伤：外力冲击容易导致三元催化转化器机械损伤。

（五）氧传感器的分类

按检测范围分类：窄频跳跃式氧传感器、宽频型氧传感器。

按材料和结构分类：氧化锆式氧传感器、氧化钛式氧传感器。

按传感器是否有加热装置分类：加热型氧传感器、非加热型氧传感器。

氧传感器的外形如图 21-5 所示。

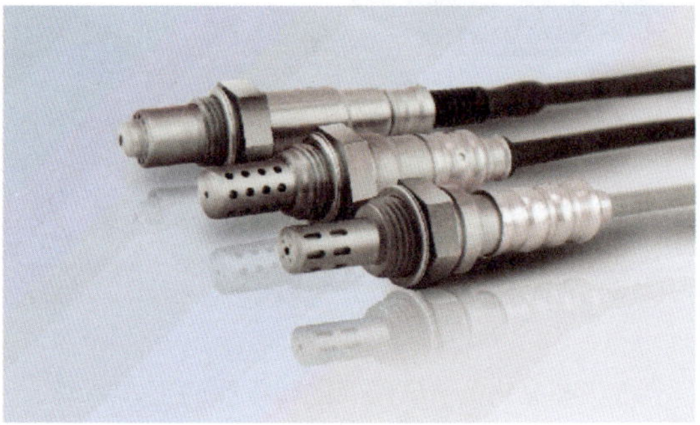

图 21-5　氧传感器的外形

（六）氧化锆式氧传感器的结构和工作原理

氧传感器的电极外部处于排气气流中，内部与周围空气相通。

氧传感器的内核是二氧化锆陶瓷体，内核表面是一层很薄、可透气的铂。在铂层的外面是非常坚硬的多孔陶瓷层，该陶瓷层既可以透气又可以保护铂层免受排气气流的破坏。

氧传感器利用陶瓷体的多孔特性吸收空气中的氧并将其电解，氧传感器内、外氧含量不同可以产生电势差，通过测量这个电势差就可以得到当前排气中残余的氧含量（见图 21-6）。

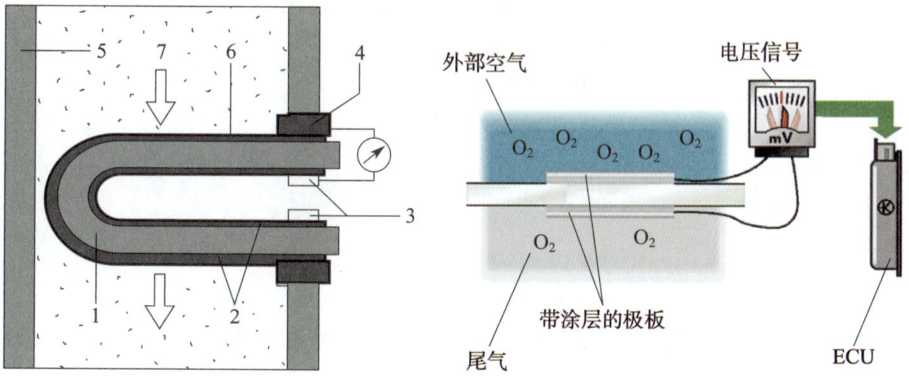

图 21-6 氧化锆式氧传感器的工作原理

1—二氧化锆陶瓷体 2—铂层 3—内连接头 4—外连接头 5—排气管 6—多孔陶瓷 7—排气

氧传感器将测得的排气中的残余氧含量信息传递给发动机 ECU，用于调整空燃比。

空燃比是发动机运转时的一个重要参数，它对尾气排放、发动机的动力性和经济性都有很大的影响（见图 21-7）。

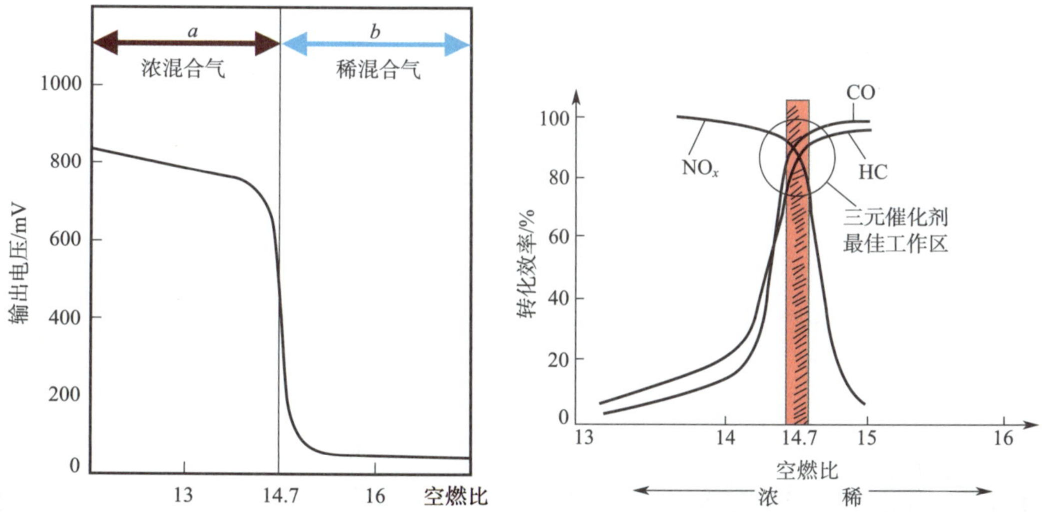

图 21-7 空燃比对氧传感器和排放的影响

当发动机在理论空燃比 14.7 左右运转时，排气中残余的氧含量将有非常明显的变化，三元催化转化器的转化效率也处于最佳状态。

（七）空燃比闭环控制

发动机电控系统中普遍采用由氧传感器组成的空燃比反馈控制方式，即闭环控制方式（见图 21-8）。

在三元催化转化器前面的排气歧管或排气管内装有前氧传感器，ECU 根据氧传感器反馈的空燃比信号控制喷油量的增加或减少。

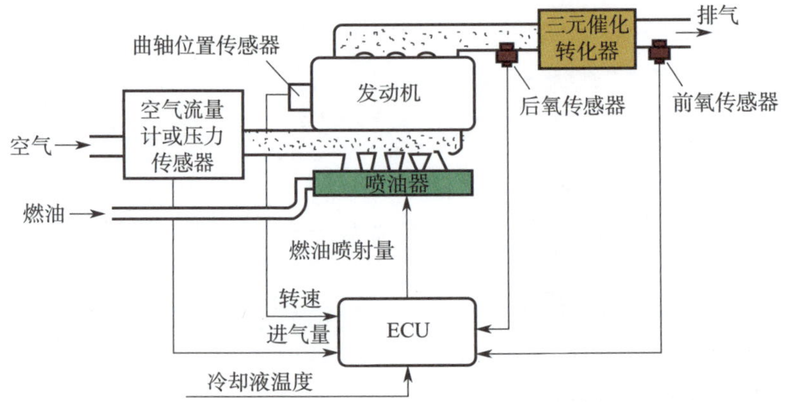

图 21-8　空燃比闭环控制示意图

后氧传感器的作用：检测三元催化转化器的转化效率，确保排气满足排放法规的要求（见图 21-9）。

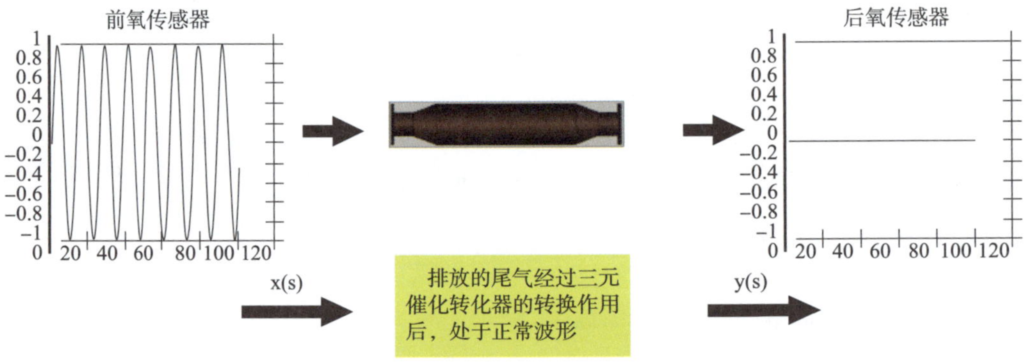

图 21-9　后氧传感器的作用

二、任务准备

在下列图片中勾选出完成本任务所需的工具、设备、资料等。

	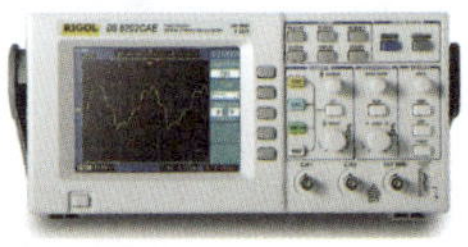		
扭力扳手	示波器	尾气分析仪	吹尘枪

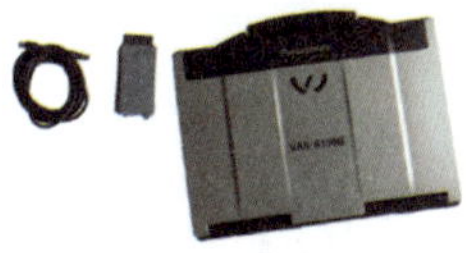			
专用诊断仪	工具车	工具套件	万用表

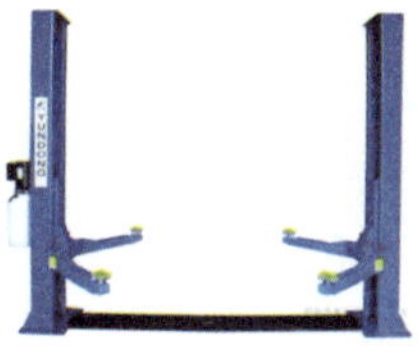				
举升机	跨接线	维修手册	熔丝	实训车辆

三、防护措施

1. 进入车间应穿工鞋、戴工帽；工作服应整洁，无破损；操作时不可佩戴手表等金属饰品，以防划伤车辆表面。

2. 举升车辆时应严格按照举升机使用方法进行操作，并通知其他人员远离举升设备。

3. 更换油液或配件时，应处理好油液和配件的回收清理工作，以免对工作环境造成污染。

观察下列车间操作图片，勾选出操作正确的图片。

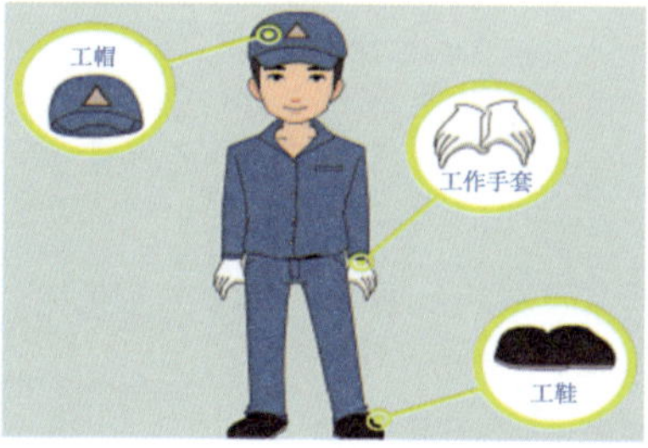		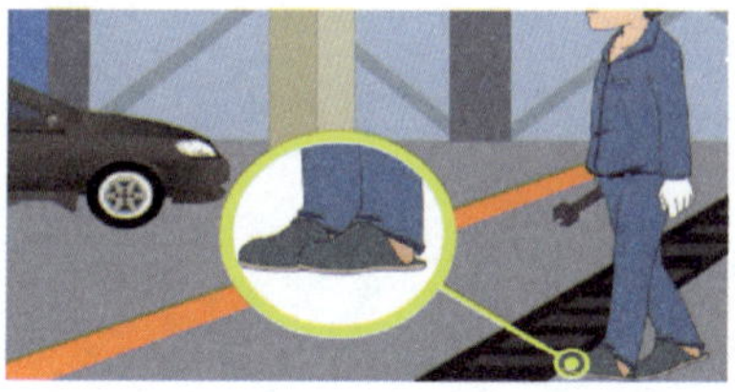

四、任务分配（见表 21-3）

表 21-3　任务分配表

职务	代码	姓名	工作内容
组长	A		监督、管理组员工作

续表

职务	代码	姓名	工作内容
组员	B		准备实训所需车辆及设备
	C		
	D		准备实训所需工具及资料
	E		

五、任务实施

（一）操作步骤

完成表 21-4 中工作内容对应工作步骤的排序。

表 21-4　操作步骤

项目	工作步骤	工作内容
安全防护及准备工作		铺设三件套
		打开发动机舱盖，铺设翼子板布
验证故障现象		发动机排放故障指示灯点亮
		接入诊断仪，打开点火开关，读取发动机电控系统故障码，故障码为氧传感器控制系统故障
		读取发动机数据流（第 1 组第 3 区氧传感器测量值），数值一直保持不变
检测氧传感器加热电阻		启动发动机，使用万用表 20 V 电压挡测量氧传感器插接器 1 号端子与 2 号端子之间的电压，正常应有 7 V 左右的电压；如果有 7 V 左右的电压，则使用万用表 200 Ω 电阻挡测量 1 号端子与 S5 熔丝之间的电阻值，再测量 2 号端子到发动机电子控制单元插接器 1 号端子之间的电阻值，正常情况下电阻值应小于 1 Ω；如果电阻值过大，则表明线束有虚接的地方，应检查或更换线束
		若故障码涉及加热元件，等氧传感器头部完全冷却后，使用万用表 200 Ω 电阻挡测量氧传感器加热线圈 1 号端子与 2 号端子之间的电阻值，正常电阻值为 4～40 Ω；如果电阻值超出范围，则表明氧传感器损坏，应更换氧传感器；如果电阻值正常，应检查 1 号端子与 2 号端子之间的供电电压
		如果氧传感器 1 号端子与 2 号端子之间没有 7 V 左右的电压，则应检查 S5 熔丝是否熔断，若熔断，则更换氧传感器；未熔断，则应检查 S5 熔丝处有无 12 V 的电压，如果没有 12 V 的电压，则表明燃油泵继电器到 S5 熔丝之间的线束存在断路情况
		如果氧传感器 1 号端子与 2 号端子之间没有 7 V 左右的电压，启动车辆，使用万用表 20 V 电压挡测量 1 号端子与任意搭铁点之间是否有 12 V 的电压，如果有 12 V 的电压，拔下发动机电子控制单元插接器。使用万用表蜂鸣挡测量 2 号端子到发动机电子控制单元 1 号端子之间线束对地搭铁是否正常，如果正常，则表明发动机电子控制单元损坏；如果不正常，则应检查或更换线束
检测氧传感器		将示波器推到工作位置，连接电源，打开显示器，从氧传感器插接器的 3 号针脚引出一根线，将氧传感器插接器复位，将示波器的正极线与 3 号针脚相连，将负极线与搭铁点相连，启动车辆，观察示波器上氧传感器的波形。测量完毕后，将车辆熄火，收回示波器线束，将示波器推回至指定位置。检查完毕后将车辆复位

续表

项目	工作步骤	工作内容
检测氧传感器		若信号电压一直不变，则使用万用表 200 Ω 电阻挡测量氧传感器 3 号端子到发动机电子控制单元 20 号端子之间的电阻值，氧传感器 4 号端子到发动机 46 号端子之间的电阻值，正常电阻值应小于 1 Ω，电阻值正常时还应检查这两根线束有没有对地短路，用万用表蜂鸣挡一边连接导线，一边连接任意搭铁点，观察万用表是否导通，正常应不导通，如导通则应检查或更换线束
		若故障码涉及信号元件，接入诊断仪，启动车辆约 10 min 后，用诊断仪读取氧传感器信号电压（第 3 组第 2 区）是否在 0.1～0.9 V 跳变，若跳变则表明供给发动机的是稀混合气；电压为 0.7～0.9 V 时，表明供给发动机的是浓混合气。接通点火开关时，电压应为 0.45～0.55 V，若信号电压不在此范围，则应更换氧传感器
		将后氧传感器装到前氧传感器处，其检测方法同前氧传感器的检测方法一样
验证故障是否排除	1	启动发动机，读取氧传感器的测量值，观察测量值是否正常，以及发动机系统内的故障码是否可以清除，若能清除，则故障排除；若不能清除，则继续查找下一个故障点
整理		撤去翼子板布并关闭发动机舱盖
		撤去三件套，整理工具并打扫现场卫生

（二）实施记录

结合实施过程，对照检查项目，填写实际的检查内容及检查结果（见表 21-5、表 21-6、表 21-7）。

表 21-5　实施记录

检测项目	与诊断设备是否连接正常	安装位置
发动机电子控制单元（ECU）	是 □　否 □	

表 21-6　检测氧传感器的实施记录

项目	工作步骤	检查内容	检查结果
验证故障现象	1	接入诊断仪，打开点火开关，读取发动机电控系统故障码	
	2	读取发动机数据流（第 1 组第 3 区氧传感器测量值）	
检测氧传感器加热电阻	1		
	2		
	3		
	4		
检测氧传感器	1		
	2		
	3		
	4		
验证故障是否排除	1	启动发动机，读取氧传感器的测量值，观察测量值是否正常，以及发动机电控系统内的故障码是否可以清除，若能清除，则故障排除；若不能清除，则继续查找下一个故障点	
整理	1	撤去翼子板布并关闭发动机舱盖	
	2	撤去三件套，整理工具并打扫现场卫生	

表 21-7　检测实施记录

检测项目	故障码、数据流内容	故障分析结果	处理结果
氧传感器			

六、检查

(一) 自检

结合本组任务操作过程，对任务执行过程中的操作规范性进行检查，检查操作过程中是否存在以下问题，分析讨论应如何避免并总结规范的操作方法（见表 21-8）。

表 21-8　自检

检查项目	检查结果
车辆停放位置是否合适，是否将变速器换挡杆置于空挡并拉紧驻车制动器	是 □　否 □
是否使用三件套对车辆进行防护	是 □　否 □
是否注意人身安全	是 □　否 □
发动机电控系统检测项目是否有漏项	是 □　否 □
工具、配件是否归位	是 □　否 □
工作场地是否清洁，车辆是否复位	是 □　否 □

(二) 互检

组与组之间相互进行操作过程及结果检查，并把检查结果填写在表 21-9 中。

表 21-9　互检

检查项目	检查结果
车辆停放位置是否合适，是否将变速器换挡杆置于空挡并拉紧驻车制动器	是 □　否 □
是否使用三件套对车辆进行防护	是 □　否 □
是否注意人身安全	是 □　否 □
发动机电控系统检测项目是否有漏项	是 □　否 □
工具、配件是否归位	是 □　否 □
工作场地是否清洁，车辆是否复位	是 □　否 □

七、课堂小结

任务二十二　氧传感器的检查（二）

汽车发动机管理系统故障诊断与维修任务工单——发动机电子控制单元及线路检查				
客户信息	姓名		电话	
车辆信息	车型	VIN 码	行驶里程	

客户描述			
	车辆无法启动，不着车 □	车辆过颠簸路面时发动机熄火 □	发动机启动困难 □
	车辆上坡时发动机熄火 □	发动机维持在固定转速 □	车辆加速无力 □
	车辆行驶中发动机易熄火 □	仪表盘上 EPC 故障指示灯异常点亮 □	仪表盘上充电指示灯点亮 □
	其他：		

车辆外观检查		车辆内部检查	
凹凸 □	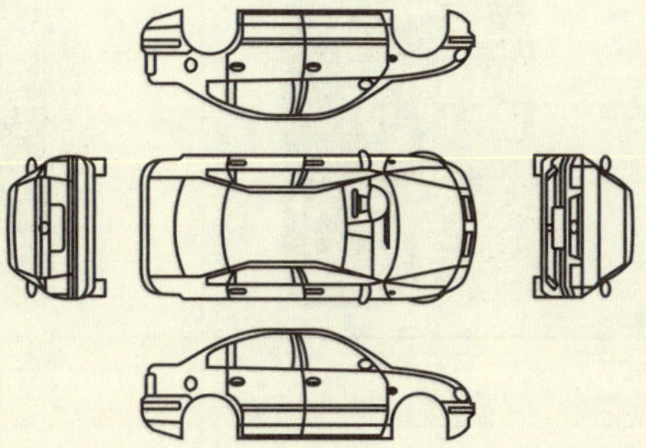	污渍 □	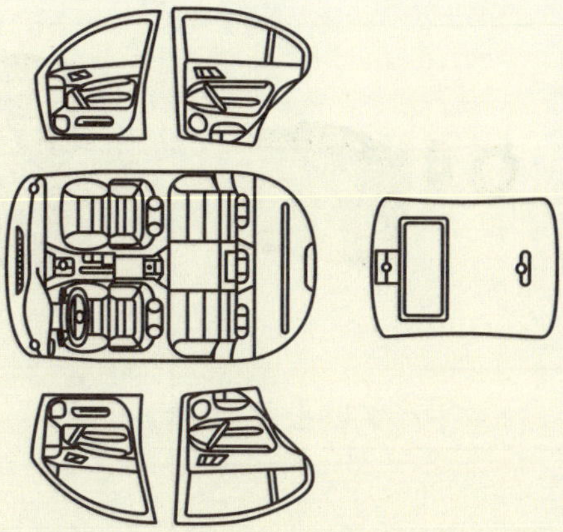
划痕 □		破损 □	
石击 □		色斑 □	
油漆 □		变形 □	

明确具体工作任务	

任务目标

- 能够独立、规范地完成氧传感器的检查
- 能够对氧传感器的故障进行分析

续表

任务内容	● 氧传感器的工作原理 ● 氧传感器的检查方法
任务重点	● 氧传感器故障检查
任务难点	● 氧传感器故障分析

一、任务准备

在下列图片中勾选出完成本任务所需的工具、设备、资料等。

	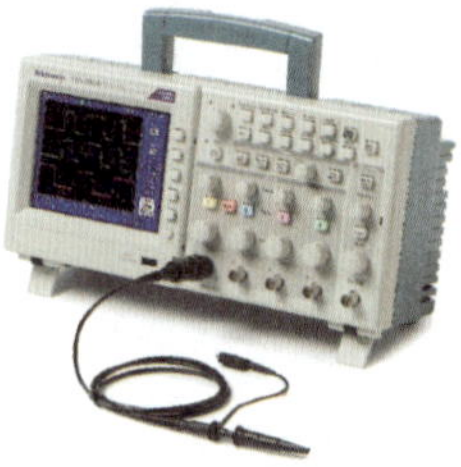		
扭力扳手	示波器	尾气分析仪	吹尘枪
		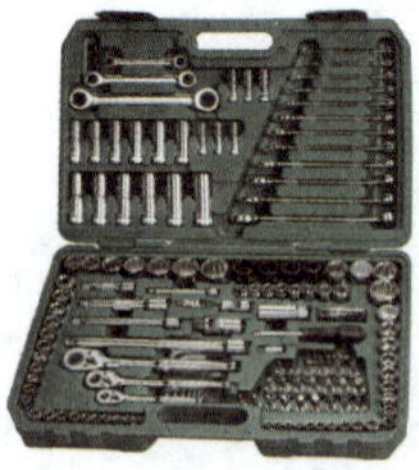	
专用诊断仪	工具车	工具套件	万用表

			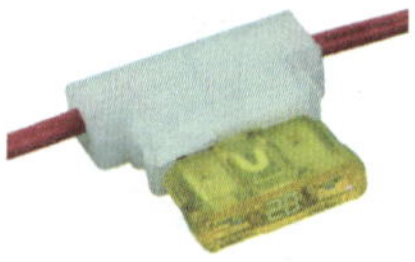	
举升机	跨接线	维修手册	熔丝	实训车辆

二、防护措施

1. 进入车间应穿工鞋、戴工帽；工作服应整洁，无破损；操作时不可佩戴手表等金属饰品，以防划伤车辆表面。

2. 举升车辆时应严格按照举升机使用方法进行操作，并通知其他人员远离举升设备。

3. 更换油液或配件时，应处理好油液和配件的回收清理工作，以免对工作环境造成污染。

观察下列车间操作图片，勾选出操作正确的图片。

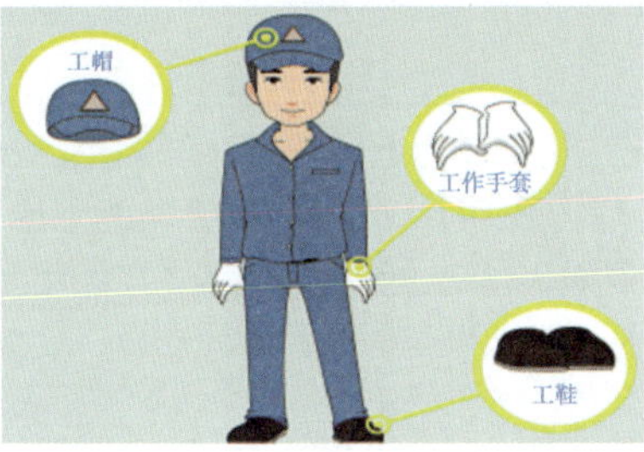	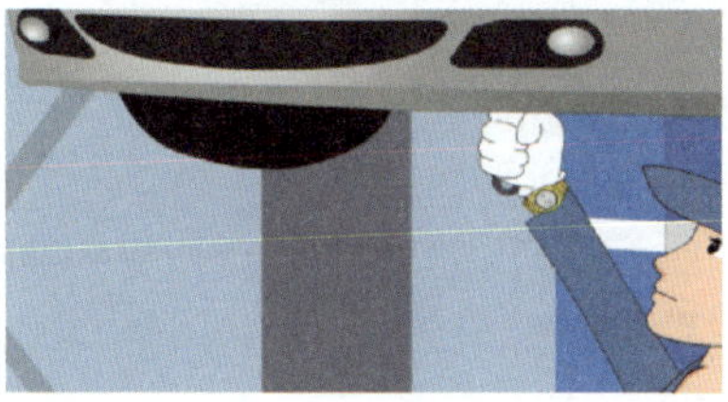	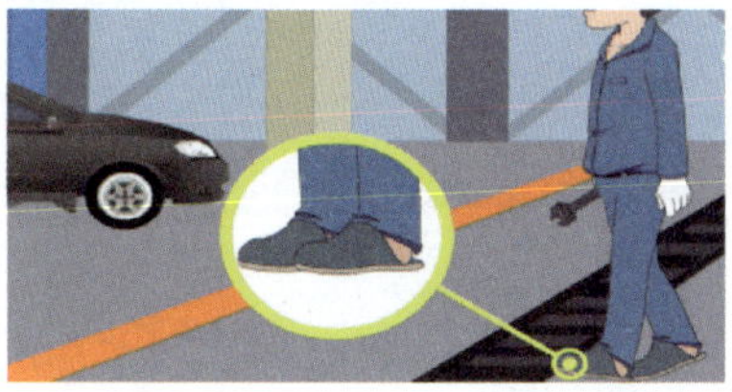

三、任务分配（见表 22-1）

表 22-1 任务分配表

职务	代码	姓名	工作内容
组长	A		监督、管理组员工作
组员	B		准备实训所需车辆及设备
	C		
	D		准备实训所需工具及资料
	E		

四、任务实施

（一）操作步骤

完成表 22-2 中工作内容对应工作步骤的排序。

表 22-2 操作步骤

项目	工作步骤	工作内容
安全防护及准备工作		铺设三件套
		打开发动机舱盖，铺设翼子板布

续表

项目	工作步骤	工作内容
验证故障现象		发动机排放故障指示灯点亮
		接入诊断仪，打开点火开关，读取发动机电控系统故障码，故障码为氧传感器控制系统故障
		读取发动机数据流（第 1 组第 3 区氧传感器测量值），数值一直保持不变
检测氧传感器加热电阻		启动发动机，使用万用表 20 V 电压挡测量氧传感器插接器 1 号端子与 2 号端子之间的电压，正常应有 7 V 左右的电压；如果有 7 V 左右的电压，则使用万用表 200 Ω 电阻挡测量 1 号端子与 S5 熔丝之间的电阻值，再测量 2 号端子到发动机电子控制单元插接器 1 号端子之间的电阻值，正常情况下电阻值应小于 1 Ω；如果电阻值过大，则表明线束有虚接的地方，应检查或更换线束
		如果氧传感器 1 号端子与 2 号端子之间没有 7 V 左右的电压，启动车辆，使用万用表 20 V 电压挡测量 1 号端子与任意搭铁点之间是否有 12 V 的电压，如果有 12 V 的电压，拔下发动机电子控制单元插接器。使用万用表蜂鸣挡测量 2 号端子到发动机电子控制单元 1 号端子之间线束对地搭铁是否正常，如果正常，则表明发动机电子控制单元损坏；如果不正常，则应检查或更换线束
		如果氧传感器 1 号端子与 2 号端子之间没有 7 V 左右的电压，则应检查 S5 熔丝是否熔断，若熔断，则更换氧传感器；未熔断，则应检查 S5 熔丝处有无 12 V 的电压，如果没有 12 V 的电压，则表明燃油泵继电器到 S5 熔丝之间的线束存在断路情况
		若故障码涉及加热元件，等氧传感器头部完全冷却后，使用万用表 200 Ω 电阻挡测量氧传感器加热线圈 1 号端子与 2 号端子之间的电阻值，正常电阻值为 4～40 Ω；如果电阻值超出范围，则表明氧传感器损坏，应更换氧传感器；如果电阻值正常，应检查 1 号端子与 2 号端子之间的供电电压
检测氧传感器		将示波器推到工作位置，连接电源，打开显示器，从氧传感器插接器的 3 号针脚引出一根线，将氧传感器插接器复位，将示波器的正极线与 3 号针脚相连，将负极线与搭铁点相连，启动车辆，观察示波器上氧传感器的波形。测量完毕后，将车辆熄火，收回示波器线束，将示波器推回至指定位置。检查完毕后将车辆复位
		若故障码涉及信号元件，接入诊断仪，启动车辆约 10 min 后，用诊断仪读取氧传感器信号电压（第 3 组第 2 区）是否在 0.1～0.9 V 跳变，若跳变则表明供给发动机的是稀混合气；电压为 0.7～0.9 V 时，表明供给发动机的是浓混合气。接通点火开关时，电压应为 0.45～0.55 V，若信号电压不在此范围，则应更换氧传感器
		若信号电压一直不变，则使用万用表 200 Ω 电阻挡测量氧传感器 3 号端子到发动机电子控制单元 20 号端子之间的电阻值，氧传感器 4 号端子到发动机 46 号端子之间的电阻值，正常电阻值应小于 1 Ω，电阻值正常时还应检查这两根线束有没有对地短路，用万用表蜂鸣挡一边连接导线，一边连接任意搭铁点，观察万用表是否导通，正常应不导通，如导通则应检查或更换线束
		将后氧传感器装到前氧传感器处，其检测方法同前氧传感器的检测方法一样
验证故障是否排除	1	启动发动机，读取氧传感器的测量值，观察测量值是否正常，以及发动机系统内的故障码是否可以清除，若能清除，则故障排除；若不能清除，则继续查找下一个故障点
整理		撤去翼子板布并关闭发动机舱盖
		撤去三件套，整理工具并打扫现场卫生

（二）实施记录

结合实施过程，对照检查项目，填写实际的检查内容及检查结果（见表 22-3、表 22-4、表 22-5）。

表 22-3 实施记录

检测项目	与诊断设备是否连接正常	安装位置
发动机电子控制单元（ECU）	是 □ 否 □	

表 22-4 检测氧传感器的实施记录

项目	工作步骤	检查内容	检查结果
验证故障现象	1	接入诊断仪，打开点火开关，读取发动机电控系统故障码	
	2	读取发动机数据流（第 1 组第 3 区氧传感器测量值）	
检测氧传感器加热电阻	1		
	2		
	3		
	4		
检测氧传感器	1		
	2		
	3		
	4		
验证故障是否排除	1	启动发动机，读取氧传感器的测量值，观察测量值是否正常，以及发动机电控系统内的故障码是否可以清除，若能清除，则故障排除；若不能清除，则继续查找下一个故障点	
整理	1	撤去翼子板布并关闭发动机舱盖	
	2	撤去三件套，整理工具并打扫现场卫生	

表 22-5 检测实施记录

检测项目	故障码、数据流内容	故障分析结果	处理结果
氧传感器			

五、检查

（一）自检

结合本组任务操作过程，对任务执行过程中的操作规范性进行检查，检查操作过程中是否存在以下问题，分析讨论应如何避免并总结规范的操作方法（见表 22-6）。

表 22-6　自检

检查项目	检查结果
车辆停放位置是否合适，是否将变速器换挡杆置于空挡并拉紧驻车制动器	是 □　否 □
是否使用三件套对车辆进行防护	是 □　否 □
是否注意人身安全	是 □　否 □
发动机电控系统检测项目是否有漏项	是 □　否 □
工具、配件是否归位	是 □　否 □
工作场地是否清洁，车辆是否复位	是 □　否 □

（二）互检

组与组之间相互进行操作过程及结果检查，并把检查结果填写在表 22-7 中。

表 22-7　互检

检查项目	检查结果
车辆停放位置是否合适，是否将变速器换挡杆置于空挡并拉紧驻车制动器	是 □　否 □
是否使用三件套对车辆进行防护	是 □　否 □
是否注意人身安全	是 □　否 □
发动机电控系统检测项目是否有漏项	是 □　否 □
工具、配件是否归位	是 □　否 □
工作场地是否清洁，车辆是否复位	是 □　否 □

六、课堂小结

任务二十三　宽频型氧传感器的检查

汽车发动机管理系统故障诊断与维修任务工单					
客户信息	姓名		电话		
车辆信息	车型		VIN 码		行驶里程

客户描述			
	车辆动力差、油耗高 □	车辆加速无力、发动机抖动 □	排气冒黑烟 □
	急加速动力差、油耗增加 □	发动机维持在固定转速 □	车辆加速无力 □
	车辆行驶中发动机易熄火 □	仪表盘上 EPC 故障指示灯异常点亮 □	仪表盘上充电指示灯点亮 □
	其他：		

车辆外观检查		车辆内部检查	
凹凸 □	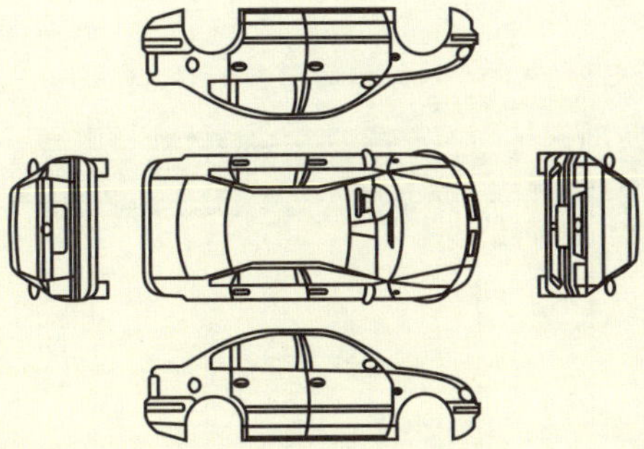	污渍 □	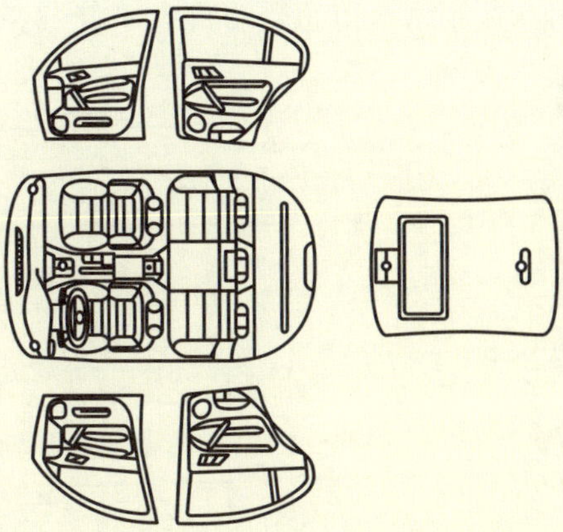
划痕 □		破损 □	
石击 □		色斑 □	
油漆 □		变形 □	

明确具体工作任务	

任务目标

- 能够独立、规范地完成宽频型氧传感器的检查
- 能够对宽频型氧传感器的故障进行简单分析

续表

任务内容	● 宽频型氧传感器的优点及工作原理 ● 宽频型氧传感器的故障诊断思路
任务重点	● 宽频型氧传感器的故障诊断思路
任务难点	● 宽频型氧传感器的故障诊断思路

一、知识讲解

（一）宽频型氧传感器的优点及工作原理

1. 宽频型氧传感器的优点

为了满足电控系统更低的燃油需求和更高的燃烧效率，宽频型氧传感器在汽车上的应用越来越广泛。与普通氧化锆式传感器相比，宽频型氧传感器具有测量精度高、测量空燃比范围宽等优势。

2. 宽频型氧传感器的工作原理

宽频型氧传感器的电压产生原理和跳跃式氧传感器一样，但是宽频型氧传感器的电压值控制在 450 mV 左右。宽频型氧传感器通过泵氧元将尾气吸入测量室，泵氧元工作所用电流即为传递给控制单元的电信号。

宽频型氧传感器的组成如图 23-1 所示。

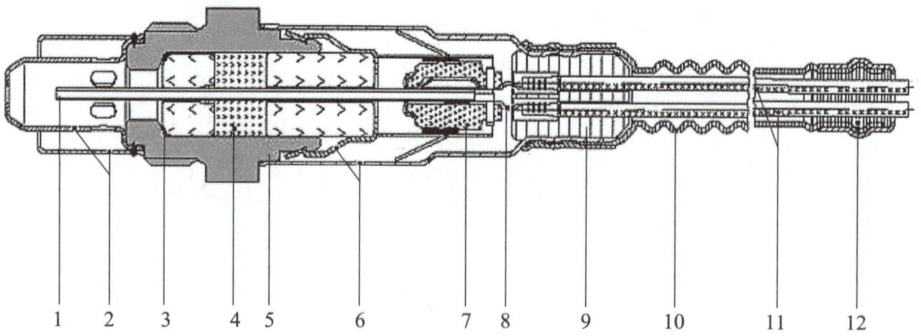

图 23-1　宽频型氧传感器的组成

1—传感器单元（集成了 Nernst 浓缩元和泵氧元）　2—双层保护套管　3—密封圈　4—密封衬垫　5—传感器壳体　6—保护套管　7—触点支架　8—触点夹　9—聚四氟乙烯套管　10—聚四氟乙烯定型套管　11—5 根连接导线　12—密封件

宽频型氧传感器增加了一个电化学元——泵氧元。在泵氧元上开有一条狭缝，排气从狭缝进入测量室，如图 23-2 所示。

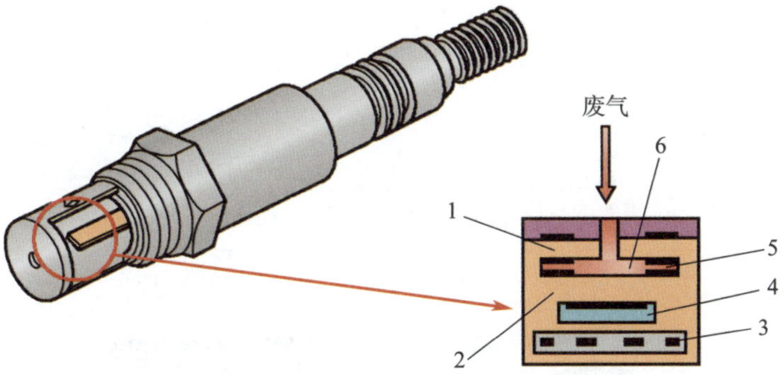

图 23-2 宽频型氧传感器泵氧元

1—泵氧元 2—Nernst 单元 3—λ 传感器加热器 4—外界空气通道 5—测量室 6—放氧通道

加在泵氧元（即单元泵）上的电压可以保证当测量室内的氧过多时排除其内部的氧，而当测量室内缺少供氧时，从而使提供给泵氧元的电流能反映排气中的过量空气系数，如图 23–3 所示。

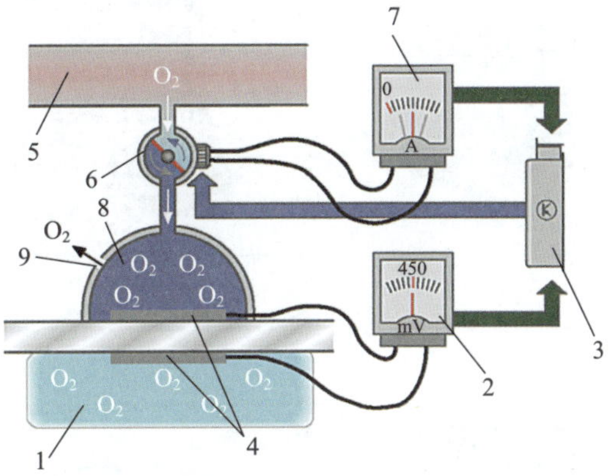

图 23-3 宽频型氧传感器的工作原理

1—空气 2—传感器电压 3—控制单元 4—测量片 5—汽车尾气 6—泵氧元 7—泵氧元电流 8—测量室 9—扩散通道

宽频型氧传感器和氧化锆式氧传感器的区别在于：

氧化锆式氧传感器直接利用电压信号作为测量值，而宽频型氧传感器将经过特殊处理和控制的泵氧元供给电流作为测量过量空气系数的参数，这样传感器产生的就不是阶跃函数性质的响应，而是连续递增的信号。

（二）宽频型氧传感器的故障诊断思路

宽频型氧传感器的故障诊断方法和普通氧化锆式氧传感器基本相同。

宽频型氧传感器的电流信号只能由 ECU 转化为电压值显示出来，且只能通过读取数据块 033 组检测其信号电压。宽频型氧传感器的电压规定值为 1.0 ~ 2.0 V，电压值大于 1.5 V 时说明混合气过稀，电压值小于 1.5 V 时说明混合气过浓，电压值为 0 V、1.5 V 或 4.9 V 的恒定值时说明氧传感器线路存在故障。

二、任务准备

在下列图片中勾选出完成本任务所需的工具、设备、资料等。

		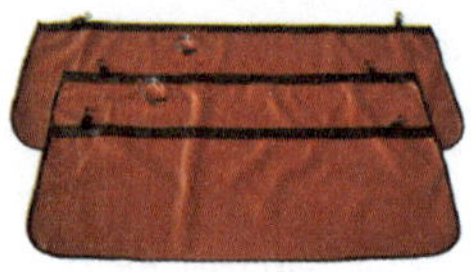	
博世 740 综合诊断仪	二极管试灯	三件套	吹尘枪

专用诊断仪	工具车	工具套件	万用表
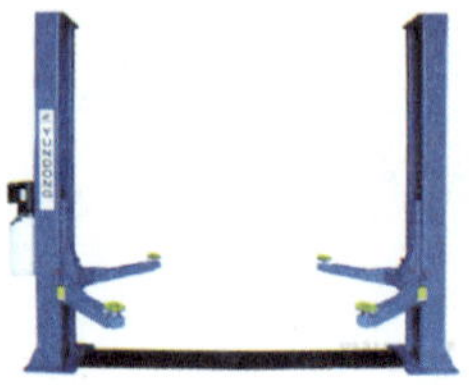			
举升机	维修手册	氧传感器	实训车辆

三、防护措施

1. 进入车间应穿工鞋、戴工帽；工作服应整洁，无破损；操作时不可佩戴手表等金属饰品，以防划伤车辆表面。

2. 举升车辆时应严格按照举升机使用方法进行操作，并通知其他人员远离举升设备。

3. 更换油液或配件时，应处理好油液和配件的回收清理工作，以免对工作环境造成污染。

4. 拆卸供油系统零部件时应保证操作现场通风良好、无明火，且在断开供油管路时要用抹布擦干燃油，现场应准备灭火器。

观察下列车间操作图片，勾选出操作正确的图片。

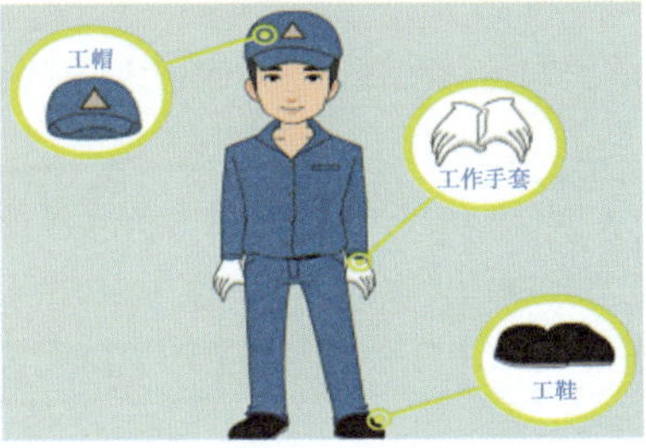		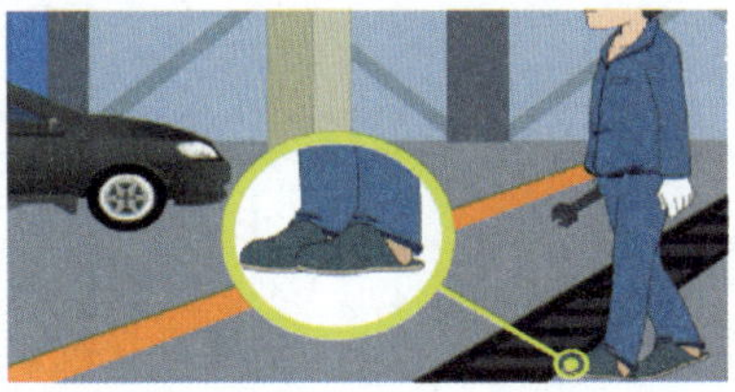

四、任务分配（见表 23-1）

表 23-1 任务分配表

职务	代码	姓名	工作内容
组长	A		监督、管理组员工作
组员	B		准备实训所需车辆及设备
	C		
	D		准备实训所需工具及资料
	E		

五、任务实施

（一）操作步骤

完成表 23-2 中工作内容对应工作步骤的排序。

表 23-2 操作步骤

项目	工作步骤	工作内容
安全防护与准备工作		铺设三件套
		打开发动机舱盖，铺设翼子板布
检查宽频型氧传感器加热器故障		连接诊断仪，调取发动机故障码，若氧传感器故障码为加热器故障，则对加热器线路进行诊断
		使用万用表 200 Ω 电阻挡测量氧传感器插接器 T6w/4 号与 T6w/3 号端子两端的电阻值，正常约为 0.1 Ω。若电阻值过大或无穷大，则表明加热器损坏；若电阻值正常，则进行下一步检查
		断开发动机电子控制单元 J623 的插接器，使用万用表 200 Ω 电阻挡测量发动机 ECU T94/73 号端子与氧传感器插接器 T6w/3 号端子之间的线束电阻值，正常约为 0.1 Ω；若电阻值过大或无穷大，则表明该线束损坏。若以上检查均正常，则表明发动机电子控制单元 J623 损坏
		断开氧传感器插接器，使用万用表 20 V 电压挡或试灯测量 T6w/4 号端子是否有 12 V 电压。若无 12 V 电压，则表明该线束故障；若有 12 V 电压，则进行下一步检查
		检查 SB24 号熔丝是否正常，若正常则进行下一步检查

续表

<table>
<tr><th>项目</th><th>工作步骤</th><th>工作内容</th></tr>
<tr><td rowspan="4">检查宽频型氧传感器信号故障</td><td></td><td>连接诊断仪，调取发动机故障码，若氧传感器故障码为信号故障，则对信号线路进行诊断</td></tr>
<tr><td></td><td>断开氧传感器插接器及发动机电子控制单元 J623 的插接器，使用万用表 200 Ω 电阻挡分别测量 T6w/6 号与 T94/57 号、T6w/5 号与 T94/56 号、T6w/1 号与 T94/78 号、T6w/2 号与 T94/79 号端子之间的线束电阻值，正常约为 0.1 Ω。若电阻值过大或无穷大，则表明该线束损坏；若电阻值正常，则进行下一步检查</td></tr>
<tr><td></td><td>连接氧传感器插接器及发动机电子控制单元 J623 的插接器，连接诊断仪，选取引导性诊断，选取“读取发动机测量值”→“氧传感器控制值”→“气缸列 1 传感器 1 实际过量空气系数值”→“气缸列 1，氧传感器电压传感器 1”→“氧传感器电压传感器 2”，启动发动机，读取数据流</td></tr>
<tr><td></td><td>“氧传感器控制值”正常情况下的变化介于 ±14% 之间，若数值无变化，表明氧传感器 1 发生故障。“气缸列 1 传感器 1 实际过量空气系数值”正常情况下的变化介于 0.8 ~ 1.2，若数值无变化（一直处于 1 状态），表明氧传感器电压传感器 1 发生故障。“气缸列 1，氧传感器电压传感器 1”正常情况下的变化介于 1 ~ 1.5 V，每分钟至少有 20 次电压波动，若数值无变化，表明氧传感器 1 发生故障。“氧传感器电压传感器 2”正常情况下的变化介于 0.39 ~ 0.5 V，若数值无变化，表明氧传感器 2 发生故障</td></tr>
<tr><td rowspan="2">整理</td><td></td><td>撤去翼子板布并关闭发动机舱盖</td></tr>
<tr><td></td><td>撤去三件套并打扫现场卫生</td></tr>
</table>

（二）实施记录

结合实施过程，对照检查项目，填写实际的检查结果（见表 23-3）。

表 23-3　实施记录

<table>
<tr><td rowspan="6">检查宽频型氧传感器故障</td><td colspan="2">有无故障码</td><td colspan="3">故障码内容</td></tr>
<tr><td colspan="2">有 □　无 □</td><td colspan="3"></td></tr>
<tr><td>加热器是否正常</td><td>发动机电子控制单元 J623 是否正常</td><td>加热器线路是否正常</td><td>宽频型氧传感器是否正常</td><td>其他故障</td></tr>
<tr><td>是 □　否 □</td><td>是 □　否 □</td><td>是 □　否 □</td><td rowspan="3">是 □　否 □</td><td rowspan="3"></td></tr>
<tr><td>信号是否正常</td><td>信号线路是否正常</td><td>数据流</td></tr>
<tr><td>是 □　否 □</td><td>是 □　否 □</td><td></td></tr>
</table>

六、检查

（一）自检

结合本组任务操作过程，对任务执行过程中的操作规范性进行检查，检查操作过程中是否存在以下问题，分析讨论应如何避免并总结规范的操作方法（见表 23-4）。

表 23-4 自检

检查项目	检查结果
车辆停放位置是否合适，是否将变速器换挡杆置于空挡并拉紧驻车制动器	是 □ 否 □
是否使用三件套对车辆进行防护	是 □ 否 □
氧传感器故障是否排除	是 □ 否 □
发动机电控系统检测项目是否有漏项	是 □ 否 □
拆卸、诊断部位是否恢复	是 □ 否 □
工具、配件是否归位	是 □ 否 □
工作场地是否清洁，车辆是否复位	是 □ 否 □

（二）互检

组与组之间相互进行操作过程及结果检查，并把检查结果填写在表 23-5 中。

表 23-5 互检

检查项目	检查结果
车辆停放位置是否合适，是否将变速器换挡杆置于空挡并拉紧驻车制动器	是 □ 否 □
是否使用三件套对车辆进行防护	是 □ 否 □
氧传感器故障是否排除	是 □ 否 □
发动机电控系统检测项目是否有漏项	是 □ 否 □
拆卸、诊断部位是否恢复	是 □ 否 □
工具、配件是否归位	是 □ 否 □
工作场地是否清洁，车辆是否复位	是 □ 否 □

七、课堂小结

任务二十四　涡轮增压系统的检查

汽车发动机管理系统故障诊断与维修任务工单				
客户信息	姓名		电话	
车辆信息	车型	VIN 码	行驶里程	
客户描述	车辆动力差、油耗高 □ 急加速动力差、油耗增加 □ 车辆行驶中发动机易熄火 □	车辆加速无力、发动机抖动 □ 发动机维持在固定转速 □ 仪表盘上 EPC 故障指示灯异常点亮 □	排气冒黑烟 □ 车辆加速无力 □ 仪表盘上充电指示灯点亮 □	
	其他：			

车辆外观检查		车辆内部检查	
凹凸 □	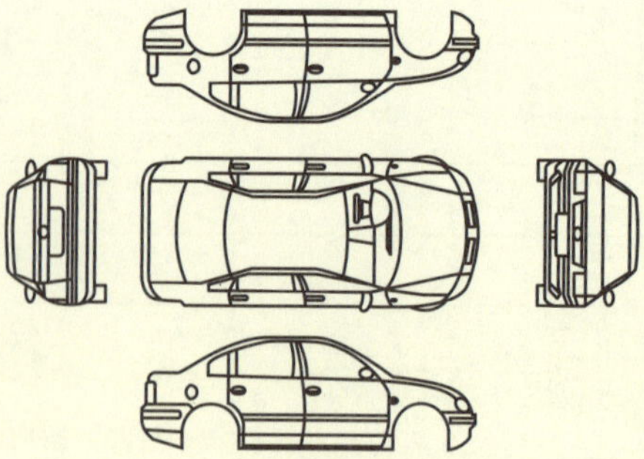	污渍 □	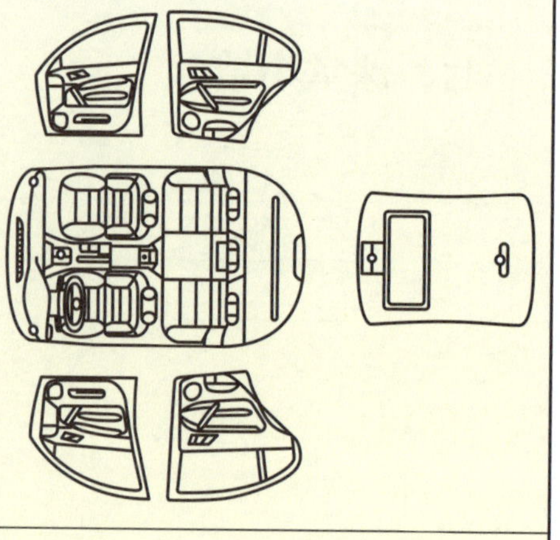
划痕 □		破损 □	
石击 □		色斑 □	
油漆 □		变形 □	

明确具体工作任务	

任务目标

- 能够独立、规范地完成涡轮增压系统的检查

续表

任务内容	● 涡轮增压系统的作用 ● 涡轮增压器的组成及工作原理 ● 涡轮增压系统故障检查与分析
任务重点	● 涡轮增压系统的检查
任务难点	● 涡轮增压系统故障检查与分析

一、知识讲解

（一）涡轮增压系统的作用及各组成部件

1. 涡轮增压系统的作用

涡轮增压系统能提高发动机充气效率，是提高发动机动力性能和降低氮氧化物排放的重要技术手段。

2. 涡轮增压器

（1）涡轮增压器的组成与工作原理

涡轮增压器由涡轮室和增压器组成，涡轮室进气口与排气歧管相连，增压器进气口与空气滤清器管道相连。涡轮和叶轮分别装在涡轮室和增压器内，两者同轴、刚性连接。

涡轮增压系统的工作原理如图 24–1 所示。

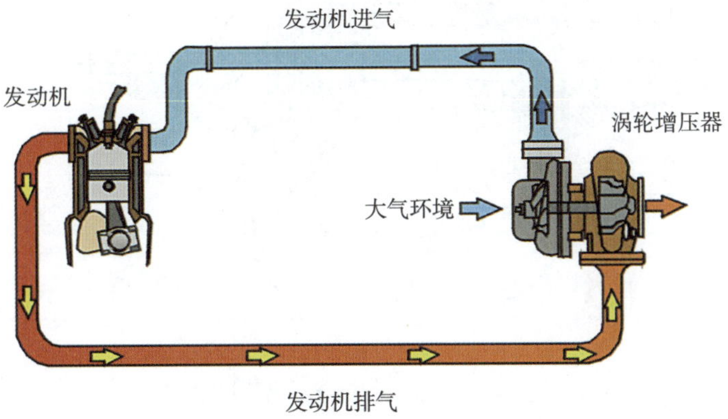

图 24–1 涡轮增压系统的工作原理

涡轮增压器的结构如图 24–2 所示，由发动机燃烧室排出的高温、高速气体进入增压器的涡轮，推动涡轮旋转，与涡轮同轴的压气机叶轮随之旋转，由于离心力的作用，新鲜空气被压气机叶轮压缩后进入发动机气缸。

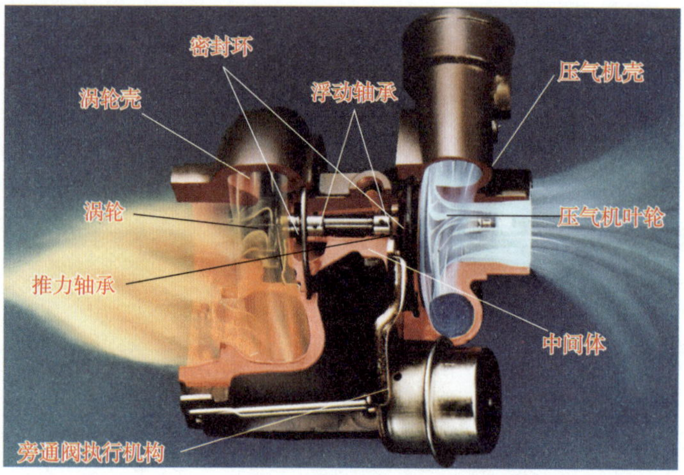

图 24-2 涡轮增压器的结构

（2）涡轮增压器的润滑和冷却作用

涡轮增压器属于精密高速旋转机械，其最高转速为 18 000 r/min。增压发动机的排气温度非常高，在经过较长时间的高速行驶后，排气歧管往往温度很高、颜色通红，这属于正常现象。通常，涡轮增压器在高温、高速环境下工作，因此，涡轮增压器必须有润滑系统和冷却系统。

润滑系统的作用：冷却来自涡轮的热量，向轴承系统提供润滑油，为转子动平衡提供油膜支撑，如图 24–3 所示。

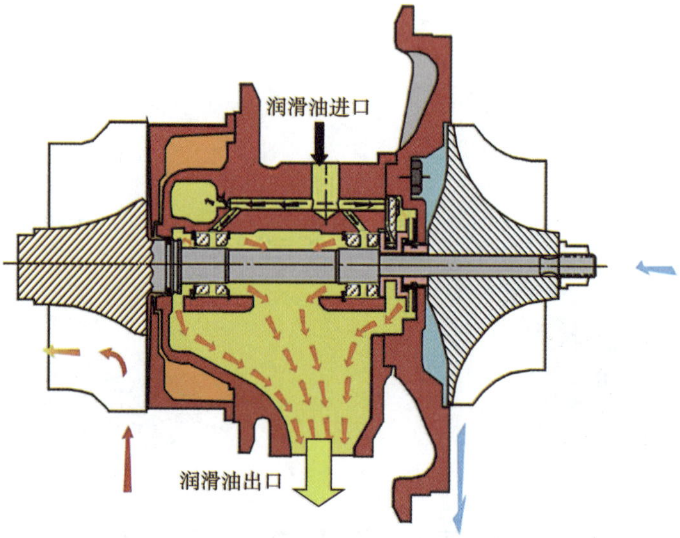

图 24-3 涡轮增压器润滑系统示意图

冷却系统的作用：通过冷却液的循环对整个涡轮增压器进行冷却，如图 24–4 所示。

3. 中冷器

中冷器是涡轮增压系统的重要组成部分。经过涡轮增压器压缩后的空气温度很高，从而影响发动机的充气效率，还很容易导致发动机燃烧温度过高，造成爆震等故障。为了解决增压后的空气升温造成的不利影响，最常用的方式就是加装中冷器来降低进气温度，如图 24–5 所示。

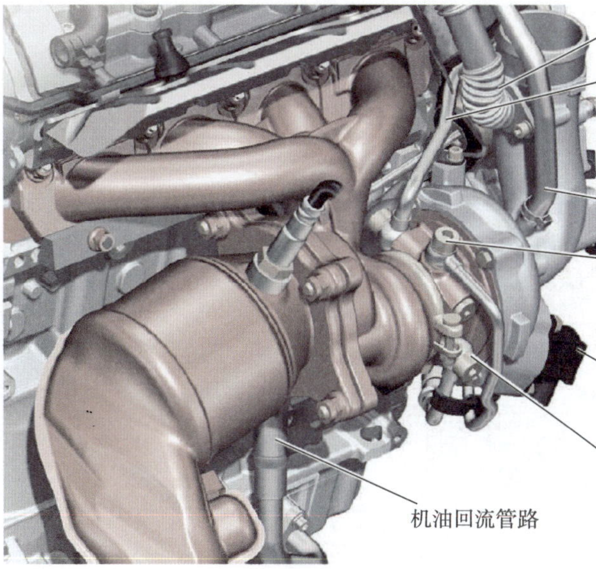

图 24-4 涡轮增压器冷却系统示意图

图 24-5 中冷器的安装位置

4. 增压压力限制阀

增压压力限制阀的作用是在发动机转速过高时对进入涡轮壳的废气进行旁路排放，降低涡轮增压器的工作强度，也可防止进气管进气过量，如图 24-6 所示。增压压力限制阀可通过控制旁通阀（即放气组合阀）的打开和关闭来实现该功能。

5. 增压空气再循环阀

涡轮增压器的最高转速约为 100 000 r/min，因此，涡轮增压器的转速上升和下降需要较长时间，与发动机转速相比有非常大的滞后。当发动机节气门关闭后，涡轮增压器继续产生压缩气体，造成节气门前的进气管中压力迅速升高，有可能造成节气门损坏或进气管爆裂。这时，ECU 会打开增压空气再循环阀，从而使涡轮增压器前后导通，保持系统压力平衡，如图 24–7 所示。

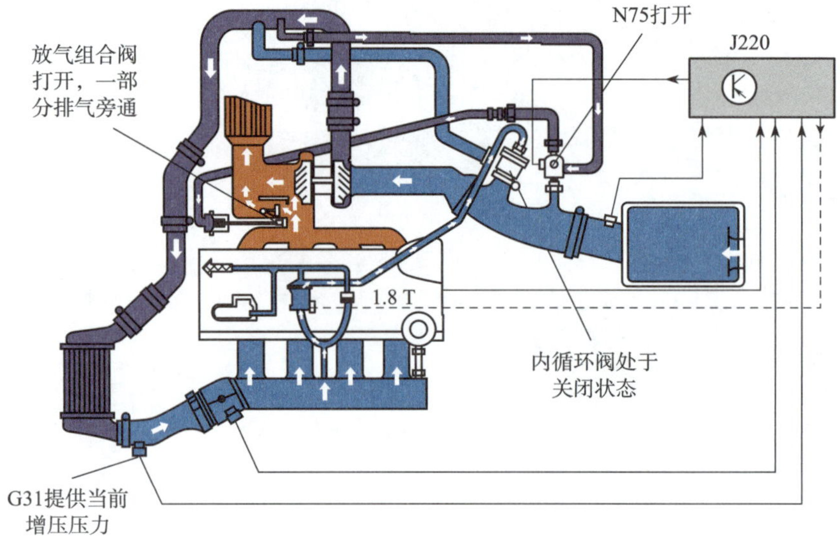

图 24–6　增压压力限制阀的工作原理

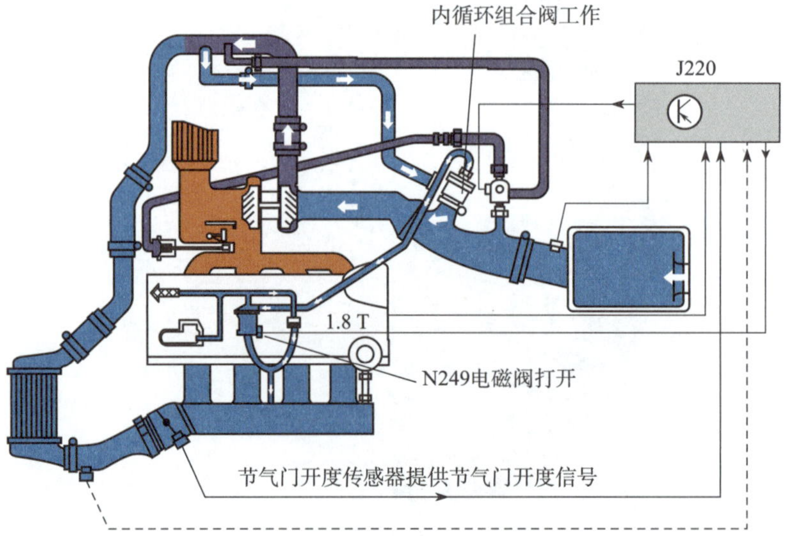

图 24–7　增压空气再循环阀的工作原理

（二）涡轮增压系统故障检查与分析

涡轮增压系统故障主要是由进气系统堵塞、排气系统堵塞、涡轮增压器失效导致的。

涡轮增压系统的故障检查思路如下：

1. 连接专用检测设备，读取故障码并初步分析故障原因。
2. 读取空燃比组数据流，查看进气、氧传感器等数据流信息，分析燃烧情况。
3. 读取涡轮增压组数据流，查看进气、增压值等数据流信息，分析涡轮增压系统的工作情况。
4. 检查增压压力限制阀、增压空气再循环阀、增压压力传感器等的工作情况。
5. 检查涡轮增压叶片、排气系统等机械系统的工作情况。

二、任务准备

在下列图片中勾选出完成本任务所需的工具、设备、资料等。

燃油压力表	二极管试灯	三件套	吹尘枪
		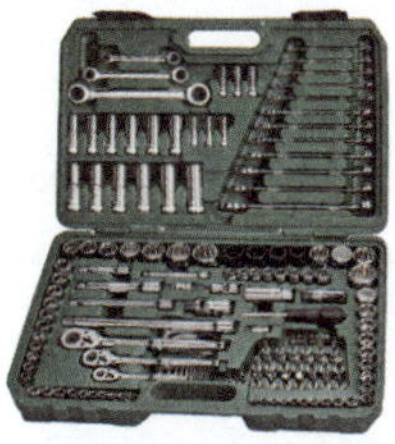	
专用诊断仪	工具车	工具套件	万用表
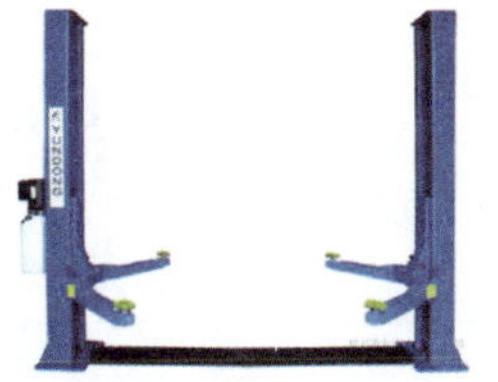			
举升机	维修手册	涡轮增压器	实训车辆

三、防护措施

1. 进入车间应穿工鞋、戴工帽；工作服应整洁，无破损；操作时不可佩戴手表等金属饰品，以防划伤车辆表面。

2. 举升车辆时应严格按照举升机使用方法进行操作，并通知其他人员远离举升设备。

3. 更换油液或配件时，应处理好油液和配件的回收清理工作，以免对工作环境造成污染。

4. 拆卸供油系统零部件时应保证操作现场通风良好、无明火，且在断开供油管路时要用抹布擦干燃油，现场应准备灭火器。

观察下列车间操作图片，勾选出操作正确的图片。

		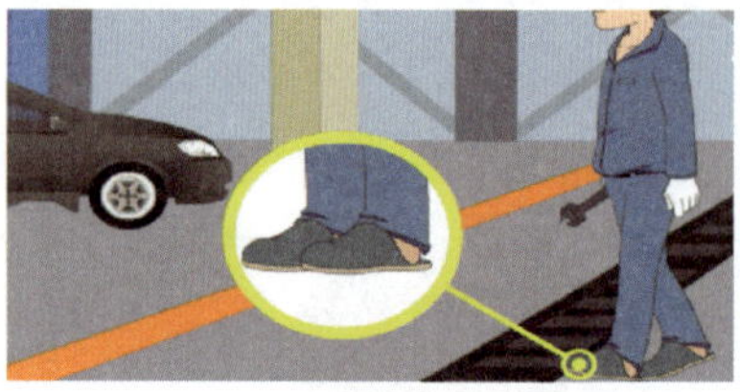

四、任务分配（见表 24-1）

表 24-1　任务分配表

职务	代码	姓名	工作内容
组长	A		监督、管理组员工作
组员	B		准备实训所需车辆及设备
	C		
	D		准备实训所需工具及资料
	E		

五、任务实施

（一）操作步骤

完成表 24-2 中工作内容对应工作步骤的排序。

表 24-2　操作步骤

项目	工作步骤	工作内容
安全防护与准备工作		铺设三件套
		打开发动机舱盖并铺设翼子板布
发动机自诊断		连接诊断仪，选择“自诊断”→“发动机电子控制单元”，读取空燃比组数据，查看进气、氧传感器等数据流信息，分析燃烧情况
		读取涡轮增压组数据流，查看进气、增压值等数据流信息，分析涡轮增压系统的工作情况
检查增压压力限制阀		断开增压压力限制阀插接器，使用万用表 200 Ω 电阻挡测量 1 号端子与 2 号端子之间的电阻值，正常约为 25 Ω，若电阻值过大或无穷大，则表明该电磁阀损坏
		拔下 SB18 号熔丝，检查其是否正常，若熔丝正常则使用万用表 200 Ω 电阻挡测量熔丝插脚与电磁阀插接器 1 号端子之间的线束电阻值，正常为 0.1 Ω，若电阻值过大或无穷大，则表明该线束损坏
		断开发动机电子控制单元插接器，使用万用表 200 Ω 电阻挡测量其 T60/3 号端子与电磁阀插接器 2 号端子之间的线束电阻值，正常为 0.1 Ω，若电阻值过大或无穷大，则表明该线束损坏。若以上检查均正常，则表明发动机电子控制单元损坏

续表

项目	工作步骤	工作内容
检查增压空气再循环阀		断开增压空气再循环阀插接器，使用万用表 200 Ω 电阻挡测量 1 号端子与 2 号端子之间的电阻值，正常约为 13 Ω，若电阻值过大或无穷大，则表明该电磁阀损坏
		拔下 SB18 号熔丝，检查其是否正常，若熔丝正常则使用万用表 200 Ω 电阻挡测量熔丝插脚与电磁阀插接器 1 号端子之间的线束电阻值，正常为 0.1 Ω，若电阻值过大或无穷大，则表明该线束损坏
		断开发动机电子控制单元插接器，使用万用表 200 Ω 电阻挡测量其 T60/50 号端子与电磁阀插接器 2 号端子之间的线束电阻值，正常为 0.1 Ω，若电阻值过大或无穷大，则表明该线束损坏。若以上检查均正常，则表明发动机电子控制单元损坏
检查增压压力传感器		连接诊断仪，读取增压压力传感器故障码。拆卸增压压力传感器，检查其是否脏污，若脏污则对其进行清洁后装回
		断开增压压力传感器插接器，打开点火开关，使用万用表 20 V 电压挡测量 T4bm/3 号端子是否有 5 V 电压。若无 5 V 电压，则断开发动机电子控制单元插接器，使用万用表 200 Ω 电阻挡测量 T4bm/3 号与 T60/27 号端子之间、T4bm/1 号与 T60/13 号端子之间的线束电阻值，正常为 0.1 Ω，若电阻值过大或无穷大，则表明该线束损坏。若检查线束正常且无 5 V 电压，则表明发动机电子控制单元损坏
		若有 5 V 电压且搭铁正常，则使用万用表 200 Ω 电阻挡测量 T4bm/4 号与 T60/39 号端子之间的线束电阻值，正常为 0.1 Ω，若电阻值过大或无穷大，则表明该线束损坏。若线束正常，则连接示波器，启动发动机检查是否有波形，若有波形，则表明发动机电子控制单元损坏；若无波形，则表明增压压力传感器损坏
检查真空管及涡轮增压机械部分		检查各真空管是否断裂，管路是否老化
		检查增压压力限制阀的运转是否正常
		检查涡轮增压器涡轮及泵轮叶片运转是否正常
整理		撤去翼子板布并关闭发动机舱盖
		撤去三件套，整理工具并打扫现场卫生

（二）实施记录

结合实施过程，对照检查项目，填写实际的检查结果（见表 24–3）。

表 24–3 实施记录

检查涡轮增压系统故障	涡轮增压系统是否正常	增压压力限制阀是否正常	增压空气再循环阀是否正常
	是 □ 否 □	是 □ 否 □	是 □ 否 □
	发动机电子控制单元是否正常	增压压力传感器是否正常	真空管及涡轮增压机械部分是否正常
	是 □ 否 □	是 □ 否 □	是 □ 否 □

六、检查

（一）自检

结合本组任务操作过程，对任务执行过程中的操作规范性进行检查，检查操作过程中是否存在以下问题，分析讨论应如何避免并总结规范的操作方法（见表 24–4）。

表 24-4　自检

检查项目	检查结果
车辆停放位置是否合适，是否将变速器换挡杆置于空挡并拉紧驻车制动器	是 □　否 □
是否使用三件套对车辆进行防护	是 □　否 □
涡轮增压系统故障是否排除	是 □　否 □
拆卸、诊断部位是否恢复	是 □　否 □
工具、配件是否归位	是 □　否 □
工作场地是否清洁，车辆是否复位	是 □　否 □

（二）互检

组与组之间相互进行操作过程及结果检查，并把检查结果填写在表 24-5 中。

表 24-5　互检

检查项目	检查结果
车辆停放位置是否合适，是否将变速器换挡杆置于空挡并拉紧驻车制动器	是 □　否 □
是否使用三件套对车辆进行防护	是 □　否 □
涡轮增压系统故障是否排除	是 □　否 □
拆卸、诊断部位是否恢复	是 □　否 □
工具、配件是否归位	是 □　否 □
工作场地是否清洁，车辆是否复位	是 □　否 □

七、课堂小结

情境六

柴油发动机传感器故障检修

任务二十五　柴油发动机燃油含水率传感器的检查

汽车发动机管理系统故障诊断与维修任务工单

客户信息	姓名		电话	

车辆信息	车型	VIN 码	行驶里程

客户描述

车辆动力差、油耗高 □	车辆加速无力、发动机抖动 □	排气冒黑烟 □
急加速动力差、油耗增加 □	燃油含水率警告灯点亮 □	供油系统高压部分无压力 □
车辆行驶中发动机易熄火 □	仪表盘上 EPC 故障指示灯异常点亮 □	仪表盘上充电指示灯点亮 □

其他：

车辆外观检查

- 凹凸 □
- 划痕 □
- 石击 □
- 油漆 □

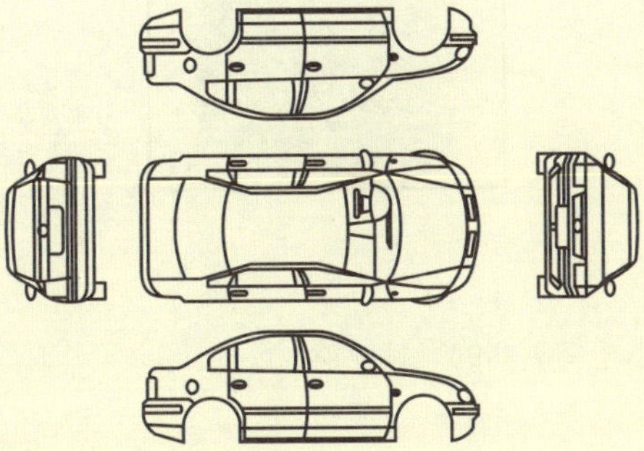

车辆内部检查

- 污渍 □
- 破损 □
- 色斑 □
- 变形 □

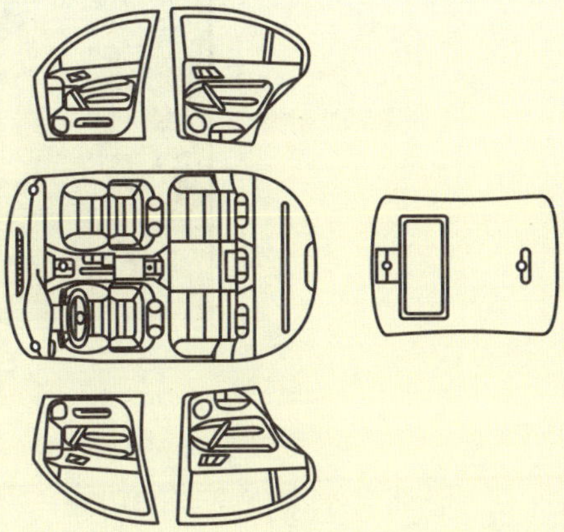

明确具体工作任务

任务目标

- 能够规范地完成燃油含水率传感器的故障诊断
- 能够规范地完成燃油含水率传感器的检查

续表

任务内容	● 柴油供给系统中燃油滤清器的作用 ● 燃油含水率传感器的功能 ● 燃油含水率传感器的检查方法
任务重点	● 燃油含水率传感器常见故障排除方法
任务难点	● 燃油含水率传感器故障检查方法

一、知识讲解

（一）柴油供给系统中燃油滤清器的作用

柴油供给系统中燃油滤清器的作用是滤除燃油系统中的有害杂质和水分，保护发动机正常工作，减少磨损，避免堵塞，提高发动机的使用寿命。

（二）柴油发动机燃油含水率传感器

1. 燃油含水率传感器的安装位置

燃油含水率传感器安装在燃油滤清器内，如图 25–1 所示。

图 25–1　燃油含水率传感器的安装位置

2. 燃油含水率传感器的功能

柴油中含有水分和颗粒物质，因此必须在油路中安装过滤水分和杂质的油水分离器。燃油含水率传感器安装在燃油滤清器内的油水分离器下方，当燃油中的水分在油水分离器内到达传感器两电极的高度时，利用水的可导电性将两电极短路，此时水位报警灯点亮，提示驾驶员应及时放水。

3. 燃油含水率传感器的检查方法

（1）连接专用检测设备，读取故障码，如果存在“油水分离器的水位满”等故障码，拧松柴油发动机燃油含水率传感器，放净油水分离器中的水分，然后进行路试，如果故障现象消失，即可排除传感器故障。

（2）检查各连接线束。

（3）打开点火开关，测量传感器线束端的电压。

（4）测量传感器各端子之间的电阻。

二、任务准备

在下列图片中勾选出完成本任务所需的工具、设备、资料等。

	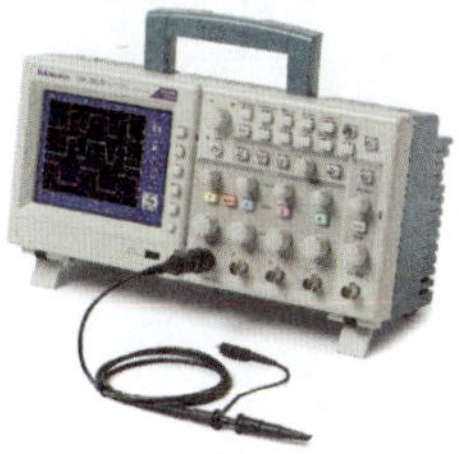		
扭力扳手	示波器	三件套	吹尘枪
		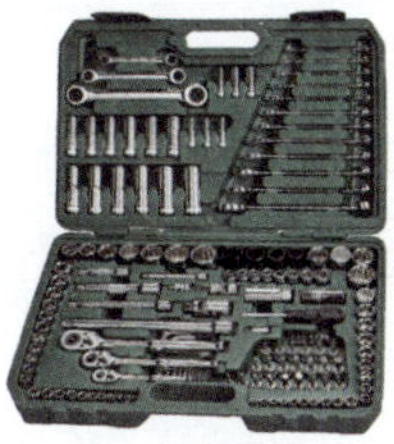	
专用诊断仪	工具车	工具套件	万用表
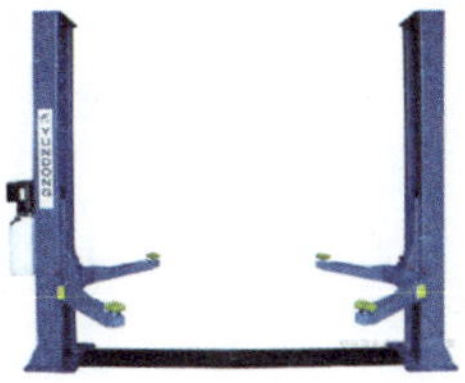			
举升机	燃油滤清器	维修手册	长城 2.8TC 柴油共轨发动机试验台

三、防护措施

1. 进入车间应穿工鞋、戴工帽；工作服应整洁，无破损；操作时不可佩戴手表等金属饰品，以防划伤车辆表面。

2. 举升车辆时应严格按照举升机使用方法进行操作，并通知其他人员远离举升设备。

3. 更换油液或配件时，应处理好油液和配件的回收清理工作，以免对工作环境造成污染。

4. 拆卸供油系统零部件时应保证操作现场通风良好、无明火，且在断开供油管路时要用抹布擦干燃油，现场应准备灭火器。

观察下列车间操作图片，勾选出操作正确的图片。

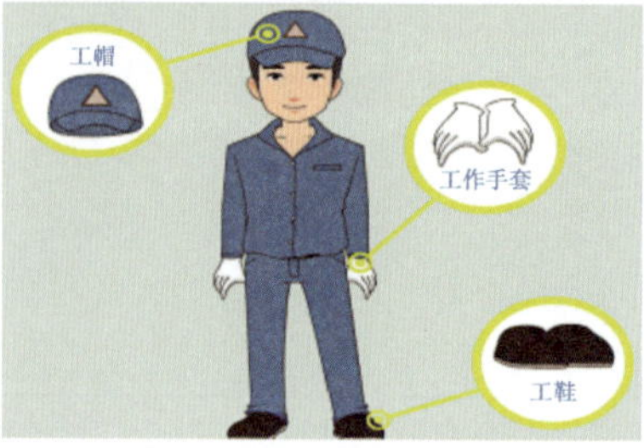		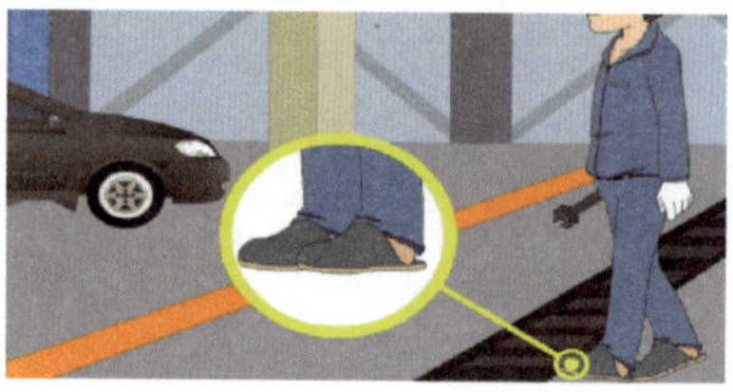

四、任务分配（见表 25-1）

表 25-1　任务分配表

职务	代码	姓名	工作内容
组长	A		监督、管理组员工作
组员	B		准备实训所需车辆及设备
	C		
	D		准备实训所需工具及资料
	E		

五、任务实施

（一）操作步骤

完成表 25-2 中工作内容对应工作步骤的排序。

表 25-2　操作步骤

项目	工作步骤	工作内容
安全防护与准备工作		铺设三件套
		打开发动机舱盖并铺设翼子板布
用诊断仪检查		连接诊断仪，进入发动机电控系统，读取故障码
		如果故障未排除，则检查传感器线路的连接情况，检查插头有无脱落、虚接、氧化等情况
		如发动机电控系统存在“油水分离器的水位满”等故障码，拧松燃油含水率传感器，放净油水分离器中的水分，然后进行路试，如果故障现象消失，即可排除传感器故障
检查燃油含水率传感器的电压		如线路无异常，可判定为柴油发动机燃油含水率传感器故障
		短接两电极，测量电压，信号线端子电压约为 12 V，电极处电压约为 0 V
		打开点火开关，不启动发动机，拧下传感器，将线束插头插上，此时测量电压。电极 1 处电压为 0 V，电极 2 处电压为 12 V

续表

项目	工作步骤	工作内容
整理		撤去翼子板布并关闭发动机舱盖
		撤去三件套，整理工具并打扫现场卫生

（二）实施记录

结合实施过程，对照检查项目，填写实际的检查结果（见表 25-3）。

表 25-3 实施记录

检查柴油发动机燃油含水率传感器故障	有无故障码		故障码内容
	有 □ 无 □		
	传感器线路连接是否正常	插头有无脱落、虚接、氧化情况	燃油含水率传感器是否正常
	是 □ 否 □	有 □ 无 □	是 □ 否 □

六、检查

（一）自检

结合本组任务操作过程，对任务执行过程中的操作规范性进行检查，检查操作过程中是否存在以下问题，分析讨论应如何避免并总结规范的操作方法（见表 25-4）。

表 25-4 自检

检查项目	检查结果
车辆停放位置是否合适，是否将变速器换挡杆置于空挡并拉紧驻车制动器	是 □ 否 □
是否使用三件套对车辆进行防护	是 □ 否 □
柴油发动机燃油含水率传感器故障是否排除	是 □ 否 □
拆卸、诊断部位是否恢复	是 □ 否 □
工具、配件是否归位	是 □ 否 □
工作场地是否清洁，车辆是否复位	是 □ 否 □

（二）互检

组与组之间相互进行操作过程及结果检查，并把检查结果填写在表 25-5 中。

表 25-5 互检

检查项目	检查结果
车辆停放位置是否合适，是否将变速器换挡杆置于空挡并拉紧驻车制动器	是 □ 否 □
是否使用三件套对车辆进行防护	是 □ 否 □
柴油发动机燃油含水率传感器故障是否排除	是 □ 否 □
拆卸、诊断部位是否恢复	是 □ 否 □

续表

检查项目	检查结果
工具、配件是否归位	是☐ 否☐
工作场地是否清洁，车辆是否复位	是☐ 否☐

七、课堂小结

任务二十六　柴油发动机油轨压力传感器的检查

<table>
<tr><td colspan="6">汽车发动机管理系统故障诊断与维修任务工单</td></tr>
<tr><td>客户信息</td><td>姓名</td><td colspan="2"></td><td>电话</td><td></td></tr>
<tr><td rowspan="2">车辆信息</td><td colspan="2">车型</td><td colspan="2">VIN 码</td><td>行驶里程</td></tr>
<tr><td colspan="2"></td><td colspan="2"></td><td></td></tr>
<tr><td>客户描述</td><td colspan="5">车辆动力差、油耗高 □　车辆加速无力、发动机抖动 □　排气冒黑烟 □
急加速动力差、油耗增加 □　燃油含水率警告灯点亮 □　供油系统高压部分无压力 □
车辆行驶中发动机易熄火 □　仪表盘上 EPC 故障指示灯异常点亮 □　仪表盘上充电指示灯点亮 □
其他：</td></tr>
<tr><td colspan="3">车辆外观检查</td><td colspan="3">车辆内部检查</td></tr>
<tr><td>凹凸 □
划痕 □
石击 □
油漆 □</td><td colspan="2">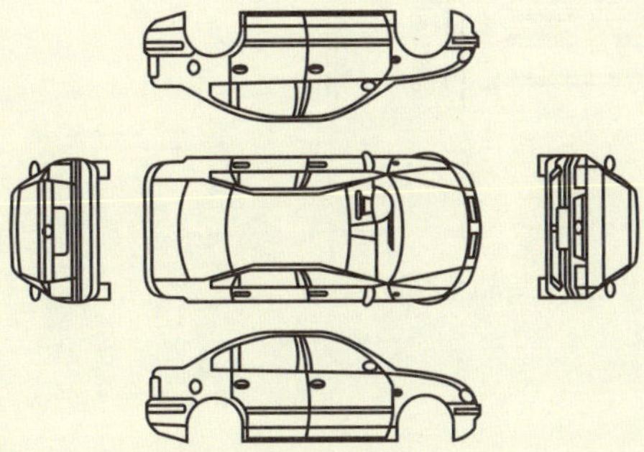</td><td>污渍 □
破损 □
色斑 □
变形 □</td><td colspan="2">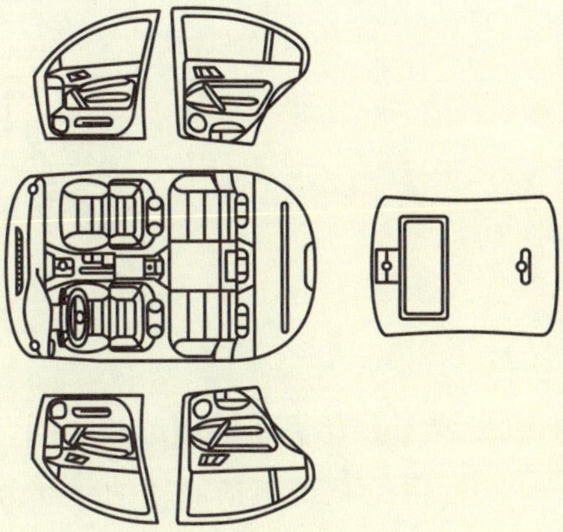</td></tr>
<tr><td>明确具体工作任务</td><td colspan="5"></td></tr>
</table>

任务目标

- 能够规范地完成油轨压力传感器的检查
- 能够排除高压共轨系统中油轨压力传感器的常见故障

续表

任务内容	● 柴油发动机高压共轨系统的组成 ● 柴油供给系统的组成及功能 ● 油轨压力传感器的检查方法
任务重点	● 油轨压力传感器的检查及故障排除
任务难点	● 油轨压力传感器的检查及故障排除

一、知识讲解

（一）柴油发动机高压共轨系统

1. 柴油发动机高压共轨系统的组成

柴油发动机高压共轨系统主要由油轨压力传感器、高压油轨、燃油箱、燃油滤清器、喷油器等组成，如图 26–1 所示。

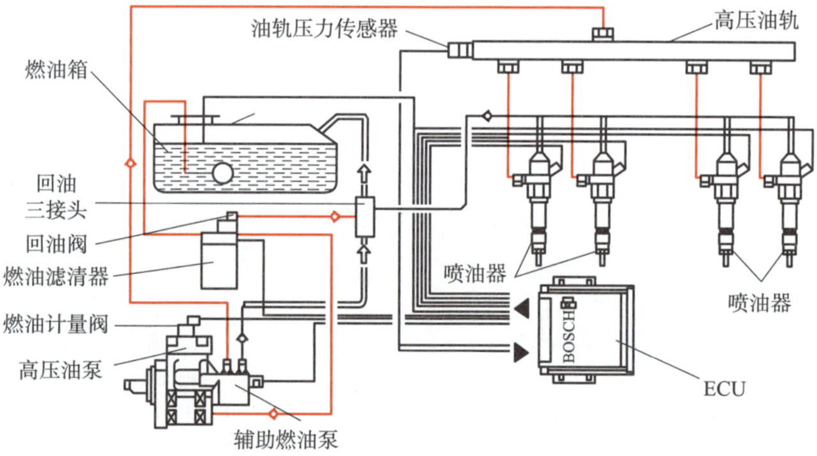

图 26–1　柴油发动机高压共轨系统的组成

2. 柴油供给系统的组成及功能

柴油供给系统包括低压油路部分和高压油路部分，如图 26–2 所示。

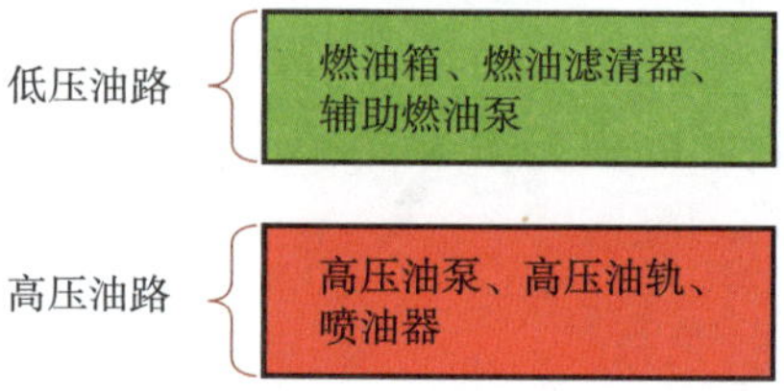

图 26–2　柴油供给系统油路

（1）低压油路

低压油路主要由燃油箱、燃油滤清器、辅助燃油泵（也称输油泵）等组成，其功能是储存、过滤和输送燃油，为高压油路部分提供充足的燃油。

（2）高压油路

高压油路主要由高压油泵、高压油轨、喷油器等组成，其功能是将低压燃油压缩成高压燃油，并在高压油轨里保持一定的压力，根据发动机不同负荷的需要，定时、定量、定压以一定的喷雾质量将燃油喷入燃烧室。

（二）柴油发动机高压共轨系统零部件

1. 高压油轨

高压油轨主要用于储存高压燃油，高压油泵的供油和燃油喷射产生的高压振荡在共轨容积中衰减，这样可以保证在喷油器打开时刻，喷射压力维持瞬间稳定；同时，高压油轨还起到燃油分配器的作用。

高压油轨上装有用来测量燃油压力的油轨压力传感器，用来进行燃油压力的闭环控制。闭环控制是指 ECU 根据发动机当前工况下传感器输出的信号计算出理论油轨压力，通过控制燃油计量阀的开度来实现油轨压力控制，并依靠油轨压力传感器检测当前实际油轨压力，与理论油轨压力进行对比和修正，从而实现闭环控制。

高压油轨的常见布置形式如图 26–3 所示。

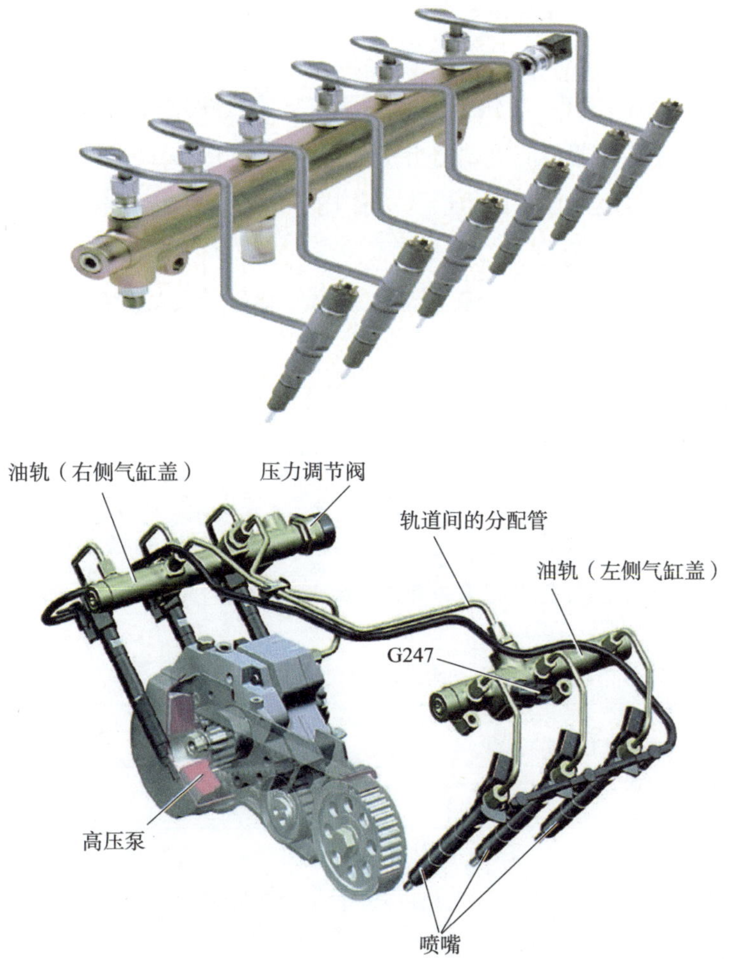

图 26–3　高压油轨的常见布置形式

拆装高压油轨的注意事项：拆卸前应清洁高压油轨各油道螺栓孔，不能让杂物进入共轨油道中。拆下油路所有的接头后立即用适当的密封塞封住，以免杂物侵入。

2. 油轨压力传感器

高压油轨上装有用来测量供油压力的油轨压力传感器（见图 26–4），用于实现燃油压力的闭环控制。油轨压力传感器需要保证足够的精度和响应速度。

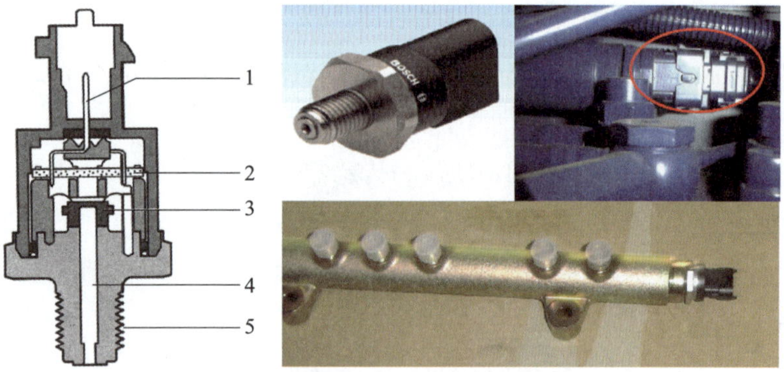

图 26–4　油轨压力传感器

1—端子　2—放大电路　3—带传感器元件的膜片　4—高压燃油油道　5—连接高压油轨的螺纹

燃油通过油轨上的一个小孔流向油轨压力传感器，它的尽头用传感器膜片密封。有压力的燃油通过一个孔到达传感器膜片，传感器检测到信号并放大后传送给 ECU。

若油轨压力传感器损坏，燃油计量阀也会失去作用，ECU 将启用紧急模式运行。

（三）油轨压力传感器的检测

1. 使用诊断仪读取故障码，查看是否有与油轨压力传感器相关故障码。

2. 结合电路图进行线路检修。

3. 使用诊断仪读取数据流，读取“当前实际共轨压力”一项，启动发动机，缓慢提升发动机转速，在正常情况下，油轨压力值应随着发动机转速的升高而不断提升，当转速稳定后，油轨压力值应稳定在某一个压力值左右。

4. 启动发动机，接入诊断仪，读取当前的实际油轨压力，同时检测 2 号端子的输出电压。正常情况下油轨压力与 2 号端子输出电压之间的关系见表 26–1。

表 26–1　正常情况下油轨压力与 2 号端子输出电压之间的关系

实际油轨压力 / MPa	0.65	25	33.6	70.3
输出电压 / V	0.45	1.06	1.24	2.06

5. 不能拆卸油轨压力传感器，对于由线路问题导致的故障现象，应修复线束，不能盲目更换油轨压力传感器。

二、任务准备

在下列图片中勾选出完成本任务所需的工具、设备、资料等。

扭力扳手	油盆	三件套	吹尘枪
		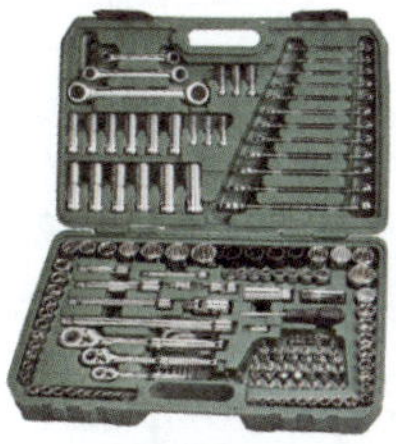	
专用诊断仪	工具车	工具套件	万用表
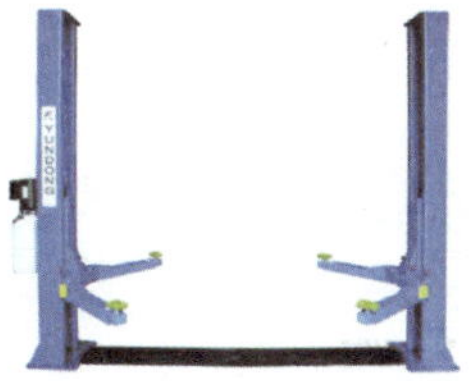			
举升机	油轨压力传感器	维修手册	长城 2.8TC 柴油共轨 发动机试验台

三、防护措施

1. 进入车间应穿工鞋、戴工帽；工作服应整洁，无破损；操作时不可佩戴手表等金属饰品，以防划伤车辆表面。

2. 举升车辆时应严格按照举升机使用方法进行操作，并通知其他人员远离举升设备。

3. 更换油液或配件时，应处理好油液和配件的回收清理工作，以免对工作环境造成污染。

4. 拆卸供油系统零部件时应保证操作现场通风良好、无明火，且在断开供油管路时要用抹布擦干燃油，现场应准备灭火器。

观察下列车间操作图片，勾选出操作正确的图片。

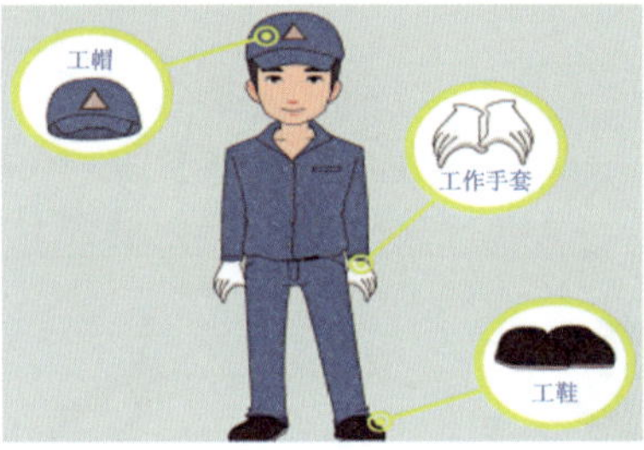		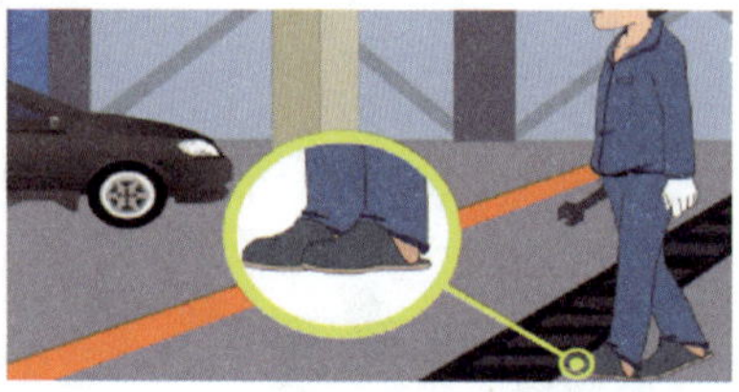

四、任务分配（见表 26-2）

表 26-2　任务分配表

职务	代码	姓名	工作内容
组长	A		监督、管理组员工作
组员	B		准备实训所需车辆及设备
	C		
	D		准备实训所需工具及资料
	E		

五、任务实施

（一）操作步骤

完成表 26-3 中工作内容对应工作步骤的排序。

表 26-3　操作步骤

项目	工作步骤	工作内容
安全防护与准备工作		铺设三件套
		打开发动机舱盖并铺设翼子板布
使用诊断仪测试		连接诊断仪，打开点火开关
		进入柴油机电控系统，读取数据流，查看油轨压力实际值与参考值，分别记录下列状况下的油轨压力数值： 1. 测量静止时的压力（参考值为 0.4 MPa） 2. 启动发动机，测量启动瞬间的油轨压力（参考值为 6.4 MPa） 3. 启动发动机，待发动机平稳后，测量怠速时的油轨压力（参考值为 33 ~ 35 MPa） 4. 加速至 2 000 r/min，测量油轨压力（参考值为 40 MPa） 5. 启动发动机，缓慢提升发动机转速，正常情况下，油轨压力值应随着发动机转速的升高而不断提升，当转速稳定后，油轨压力值应稳定在某一个压力值左右

续表

项目	工作步骤	工作内容
测量油轨压力传感器		打开点火开关，使用万用表分别测量油轨压力传感器的 1 号端子、2 号端子、3 号端子的电压（参考值：1 号端子无电压，2 号端子有 5 V 电压，3 号端子有 5 V 电压）
		插上油轨压力传感器插头，启动发动机，接入诊断仪，读取当前的实际油轨压力，同时检测 2 号端子的输出电压
拆装高压油轨		在台架底部放油盆，做好防护工作
		先松开高压油轨上的进油管螺栓，将油轨中的燃油压力卸掉（拆开的进油管要做好防护）
		拔下油轨压力传感器插头，拆卸油轨上各缸供油管螺钉，拆掉各供油管，油管要做好防护
		拆卸高压油轨固定螺钉，将高压油轨取下
		按照与拆卸相反的顺序进行安装，注意防尘
整理		撤去翼子板布并关闭发动机舱盖
		撤去三件套，整理工具并打扫现场卫生

（二）实施记录

结合实施过程，对照检查项目，填写实际的检查结果（见表 26–4）。

表 26-4　实施记录

<table>
<tr><th>检测项目</th><th>参考值</th><th>实测值</th><th>是否正常</th><th>处理意见</th></tr>
<tr><td>静止时的压力</td><td>0.4 MPa</td><td></td><td>是 □　否 □</td><td></td></tr>
<tr><td>瞬间油轨压力</td><td>6.4 MPa</td><td></td><td>是 □　否 □</td><td></td></tr>
<tr><td>怠速时的油轨压力</td><td>33 ~ 35 MPa</td><td></td><td>是 □　否 □</td><td></td></tr>
<tr><td>2 000 r/min 时的油轨压力</td><td>40 MPa</td><td></td><td>是 □　否 □</td><td></td></tr>
<tr><td colspan="2">油轨压力是否随发动机转速变化而变化</td><td colspan="2">柴油发动机油轨压力传感器是否正常</td><td rowspan="2"></td></tr>
<tr><td colspan="2">是 □　否 □</td><td colspan="2">是 □　否 □</td></tr>
</table>

六、检查

（一）自检

结合本组任务操作过程，对任务执行过程中的操作规范性进行检查，检查操作过程中是否存在以下问题，分析讨论应如何避免并总结规范的操作方法（见表 26–5）。

表 26-5　自检

检查项目	检查结果
车辆停放位置是否合适，是否将变速器换挡杆置于空挡并拉紧驻车制动器	是 □　否 □
是否使用三件套对车辆进行防护	是 □　否 □

续表

检查项目	检查结果
柴油发动机油轨压力传感器故障是否排除	是 □　否 □
拆卸、诊断部位是否恢复	是 □　否 □
工具、配件是否归位	是 □　否 □
工作场地是否清洁，车辆是否复位	是 □　否 □

（二）互检

组与组之间相互进行操作过程及结果检查，并把检查结果填写在表 26-6 中。

表 26-6　互检

检查项目	检查结果
车辆停放位置是否合适，是否将变速器换挡杆置于空挡并拉紧驻车制动器	是 □　否 □
是否使用三件套对车辆进行防护	是 □　否 □
柴油发动机油轨压力传感器故障是否排除	是 □　否 □
拆卸、诊断部位是否恢复	是 □　否 □
工具、配件是否归位	是 □　否 □
工作场地是否清洁，车辆是否复位	是 □　否 □

七、课堂小结

____

____

____

任务二十七　柴油发动机燃油计量阀的检查

汽车发动机管理系统故障诊断与维修任务工单				
客户信息	姓名		电话	
车辆信息	车型	VIN 码	行驶里程	
客户描述	车辆动力差、油耗高 □ 急加速动力差、油耗增加 □ 车辆行驶中发动机易熄火 □ 其他：	车辆加速无力、发动机抖动 □ 燃油含水率警告灯点亮 □ 仪表盘上 EPC 故障指示灯异常点亮 □	排气冒黑烟 □ 供油系统高压部分无压力 □ 仪表盘上充电指示灯点亮 □	

车辆外观检查		车辆内部检查	
凹凸 □	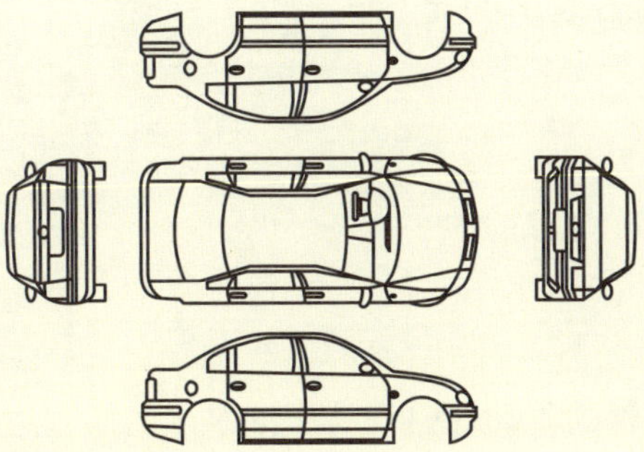	污渍 □	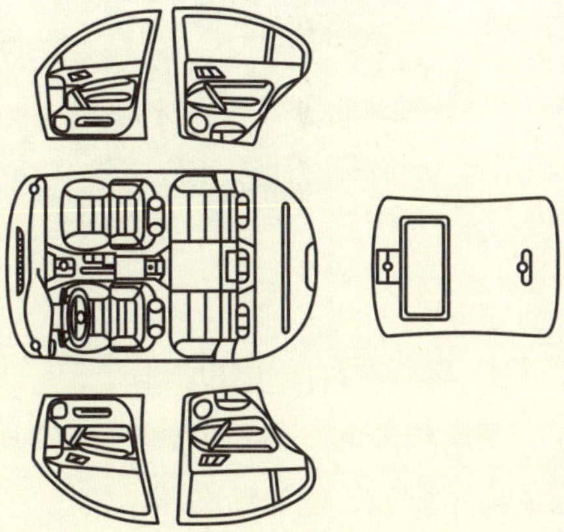
划痕 □		破损 □	
石击 □		色斑 □	
油漆 □		变形 □	

明确具体工作任务	

任务目标

- 能够规范地完成燃油计量阀的检查
- 能够排除高压共轨系统中燃油计量阀的常见故障

续表

任务内容	● 高压油泵的结构、工作原理及故障诊断要点 ● 燃油计量阀的作用及检查方法
任务重点	● 燃油计量阀常见故障的排除
任务难点	● 燃油计量阀故障诊断及排除

一、知识讲解

（一）高压油泵

1. 高压油泵的结构

高压油泵是高压油路和低压油路的分界点，在所有工况下，它负责提供高压燃油，且保证供油量和压力要求。高压油泵由发动机通过齿带或链条驱动。高压油泵上安装有燃油计量阀，通过控制进入高压油泵的进油量来调节高压燃油压力。高压油泵的结构如图 27–1 所示。

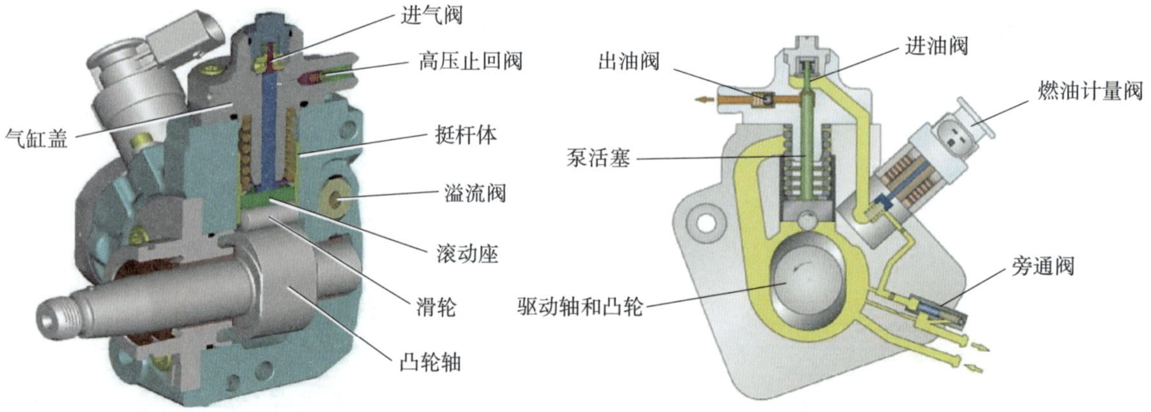

图 27–1　高压油泵的结构

2. 高压油泵的工作原理

高压油泵的工作原理如图 27–2 所示。带偏心凸轮的驱动轴驱动高压油泵内的活塞运动，将燃油压缩成高压燃油，输送给高压油轨。

燃油压力传感器反馈燃油压力信号，燃油计量阀负责接收发动机 ECU 指令，调节高压油泵产生的燃油压力的大小。

泵柱塞向下运动时，辅助燃油泵使燃油经进油阀进入柱塞腔。在泵柱塞越过下止点后，进油阀关闭（吸油行程结束），柱塞腔内的燃油被密封。燃油被以高于供油压力的油压压缩，当油压升高到共轨油压，出油阀打开，被压缩的燃油就进入高压油轨。柱塞继续供给燃油，直至到达上止点（供油行程结束），压力减小，导致出油阀关闭，使在柱塞腔内的燃油压力下降，柱塞又向下运动。当柱塞腔内的压力降至低于输油泵的供油压力时，进油阀再次开启，吸油过程重新开始。

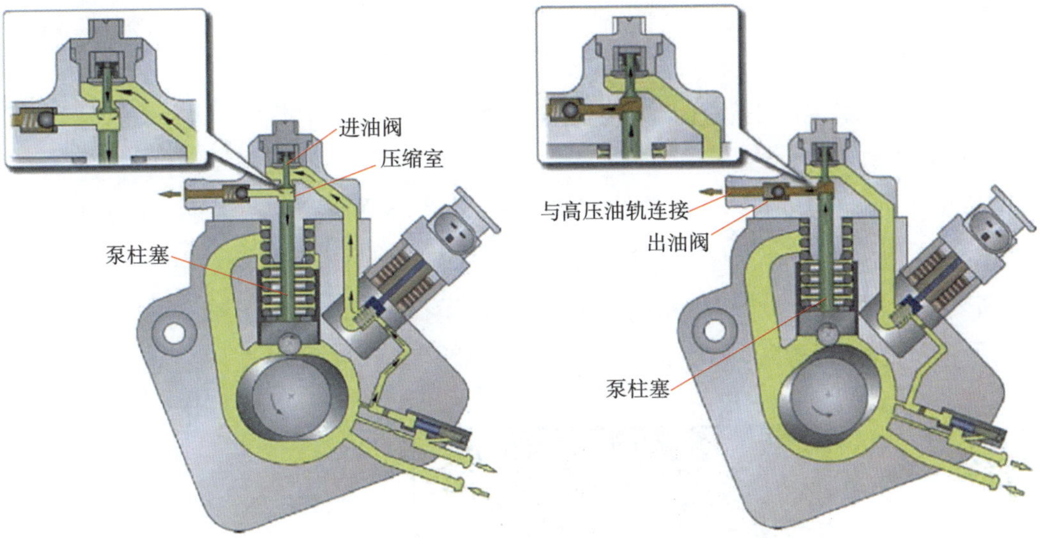

图 27-2 高压油泵的工作原理

3. 高压油泵的故障诊断要点

首先，需要判定高压油路压力是否正常；其次，需要判定低压油路是否通畅；最后，需要判定燃油计量阀工作是否正常。

（二）燃油计量阀

1. 燃油计量阀的作用

燃油计量阀（见图 27-3）通过控制流入高压油泵的燃油量来调节高压区域的燃油压力，其优点是仅产生当前工作状态所必需的压力，从而减少高压油泵的功率消耗，避免没有必要的燃油加热。

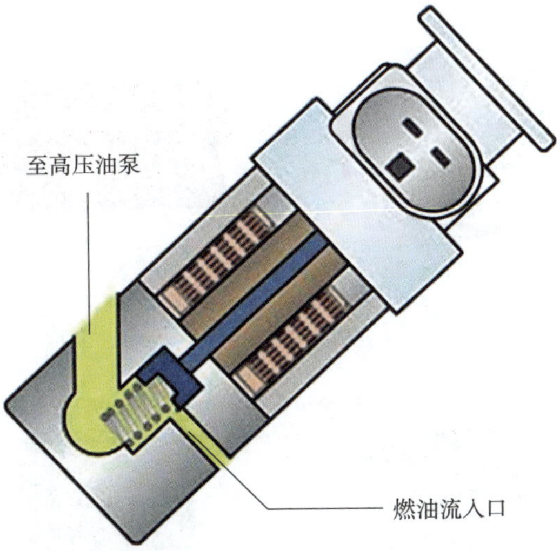

图 27-3 燃油计量阀

2. 燃油计量阀的检查

（1）如发动机启动后立即熄火，且有“燃油压力超过最大限值”等故障码，应使用诊断仪读取数据流，如故障出现时燃油压力确实高于标准值，可判定为燃油计量阀故障。

（2）打开点火开关，燃油计量阀应有嗡鸣声，用手靠近燃油计量阀能感觉到振动，如声音尖锐，则可判定是油路内进入空气导致的，此时应检查油路的气密性。

（3）测量燃油计量阀电阻，正常情况下电阻值约为 3 Ω。

（4）结合电路图进行线路检修。

（5）拆下燃油计量阀，在不通电的情况下燃油计量阀应处于全闭状态，此时使用化油器清洗剂测试油路，如图 27–4 所示，旁通油道与出油道应为关断状态；向燃油计量阀通电（直流电即可），随着电压逐渐升高至 5 V，燃油计量阀应逐渐全开。此时使用化油器清洗剂测试油路，旁通油道与出油道应为通畅状态，如出现异常，可判定为油液质量问题导致燃油计量阀损坏。

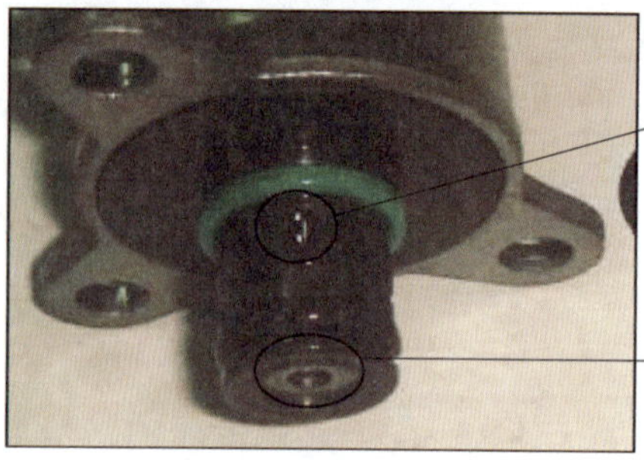

图 27–4　燃油计量阀的旁通油道和出油道位置

二、任务准备

在下列图片中勾选出完成本任务所需的工具、设备、资料等。

	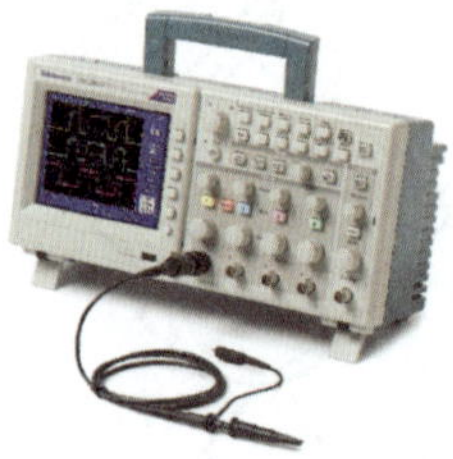		
扭力扳手	示波器	三件套	吹尘枪

专用诊断仪	工具车	工具套件	万用表

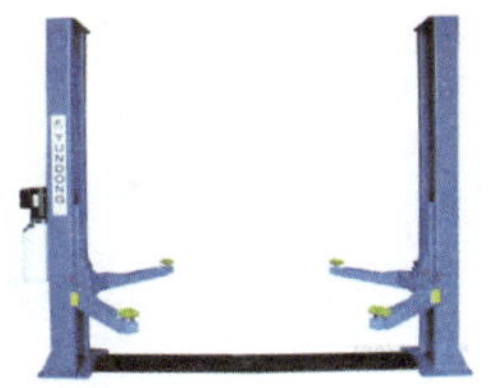	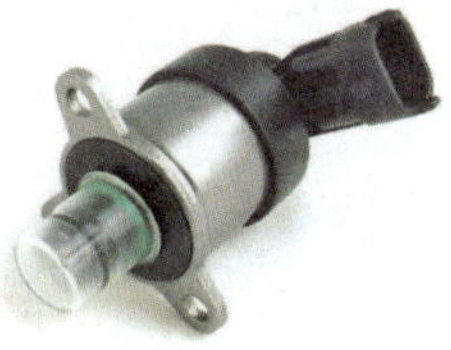		
举升机	燃油计量阀	维修手册	长城 2.8TC 柴油共轨发动机试验台

三、防护措施

1. 进入车间应穿工鞋、戴工帽；工作服应整洁，无破损；操作时不可佩戴手表等金属饰品，以防划伤车辆表面。

2. 举升车辆时应严格按照举升机使用方法进行操作，并通知其他人员远离举升设备。

3. 更换油液或配件时，应处理好油液和配件的回收清理工作，以免对工作环境造成污染。

4. 拆卸供油系统零部件时应保证操作现场通风良好、无明火，且在断开供油管路时要用抹布擦干燃油，现场应准备灭火器。

观察下列车间操作图片，勾选出操作正确的图片。

		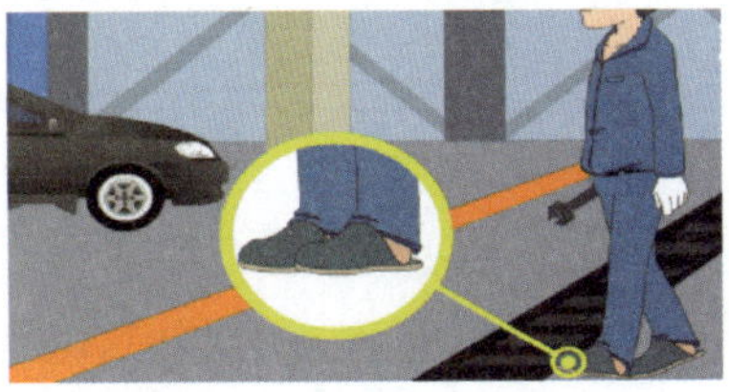

四、任务分配（见表 27-1）

表 27-1 任务分配表

职务	代码	姓名	工作内容
组长	A		监督、管理组员工作
组员	B		准备实训所需车辆及设备
	C		
	D		准备实训所需工具及资料
	E		

五、任务实施

（一）操作步骤

完成表 27–2 中工作内容对应工作步骤的排序。

表 27–2　操作步骤

项目	工作步骤	工作内容
检查燃油计量阀		故障现象：发动机启动后立即熄火或无法启动，且有“燃油压力超过最大限值或最低限值”等故障码
		启动发动机时使用诊断仪读取数据流，如故障出现时燃油压力高于标准值，可判定为燃油计量阀故障
		打开点火开关，燃油计量阀应有嗡鸣声，用手靠近燃油计量阀能感到振动，如声音尖锐，则可判定是油路内进入空气导致的，此时应检查油路的气密性
		测量燃油计量阀电阻，正常情况下电阻值约为 3 Ω
		检查燃油计量阀插头与发动机线束端子之间是否正常导通
		拆下燃油计量阀，在不通电的情况下燃油计量阀应处于全闭状态，此时使用化油器清洗剂测试油路，旁通油道与出油道应为关断状态
		给燃油计量阀接通 5 V 直流电，检查燃油计量阀工作是否正常，如出现异常，可判定为燃油计量阀故障

（二）实施记录

结合实施过程，对照检查项目，填写实际的检查结果（见表 27–3）。

表 27–3　实施记录

<table>
<tr><td rowspan="4">检查柴油发动机燃油计量阀</td><td colspan="2">有无故障码</td><td colspan="2">故障码内容</td></tr>
<tr><td colspan="2">有 □　无 □</td><td colspan="2"></td></tr>
<tr><td>燃油计量阀是否正常</td><td colspan="2">燃油计量阀线路是否正常</td><td>其他故障</td></tr>
<tr><td>是 □　否 □</td><td colspan="2">是 □　否 □</td><td></td></tr>
</table>

六、检查

（一）自检

结合本组任务操作过程，对任务执行过程中的操作规范性进行检查，检查操作过程中是否存在以下问题，分析讨论应如何避免并总结规范的操作方法（见表 27–4）。

表 27-4 自检

检查项目	检查结果
车辆停放位置是否合适，是否将变速器换挡杆置于空挡并拉紧驻车制动器	是 □ 否 □
是否使用三件套对车辆进行防护	是 □ 否 □
柴油发动机燃油计量阀故障是否排除	是 □ 否 □
拆卸、诊断部位是否恢复	是 □ 否 □
工具、配件是否归位	是 □ 否 □
工作场地是否清洁，车辆是否复位	是 □ 否 □

（二）互检

组与组之间相互进行操作过程及结果检查，并把检查结果填写在表 27-5 中。

表 27-5 互检

检查项目	检查结果
车辆停放位置是否合适，是否将变速器换挡杆置于空挡并拉紧驻车制动器	是 □ 否 □
是否使用三件套对车辆进行防护	是 □ 否 □
柴油发动机燃油计量阀故障是否排除	是 □ 否 □
拆卸、诊断部位是否恢复	是 □ 否 □
工具、配件是否归位	是 □ 否 □
工作场地是否清洁，车辆是否复位	是 □ 否 □

七、课堂小结

____

____

____

情境七

发动机电控系统综合故障检修

任务二十八　发动机电控系统综合故障诊断（一）

汽车发动机管理系统故障诊断与维修任务工单——传感器检查

客户信息	姓名		电话	

车辆信息	车型	VIN 码	行驶里程

客户描述

车辆无法启动，不着车 □	车辆过颠簸路面时发动机熄火 □	发动机启动困难 □
车辆上坡时发动机熄火 □	发动机维持在固定转速 □	车辆加速无力 □
车辆行驶中发动机易熄火 □	仪表盘上 EPC 故障指示灯异常点亮 □	仪表盘上充电指示灯点亮 □

其他：

车辆外观检查		车辆内部检查	
凹凸 □	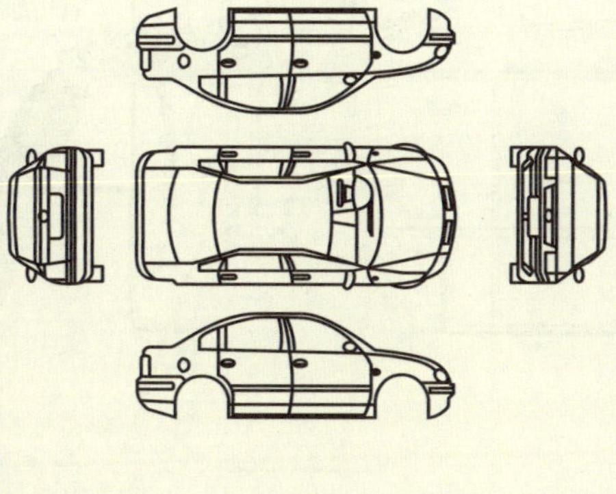	污渍 □	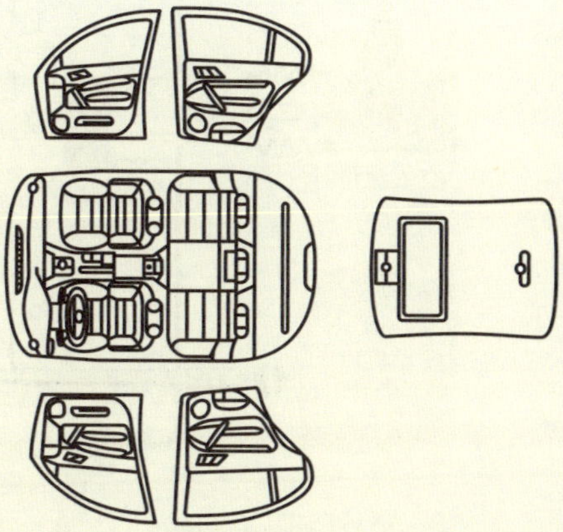
划痕 □		破损 □	
石击 □		色斑 □	
油漆 □		变形 □	

明确具体工作任务

任务目标

- 能够独立、规范地完成发动机电控系统常见故障检查
- 能够正确、规范地使用专用诊断设备
- 能够对发动机电控系统的故障进行分析

续表

任务内容	● 发动机电控系统的工作原理 ● 发动机电控系统故障分析
任务重点	● 发动机电控系统综合故障诊断思路
任务难点	● 发动机电控系统综合故障排查

一、知识讲解

（一）发动机电控系统的工作原理

如图 28–1 所示为发动机电控系统的工作原理，根据加速踏板位置信号，发动机电控单元 ECU 将驾驶员的意图转换为发动机转矩；再基于大量的发动机当前运行数据（蓄电池电压、变速器挡位、冷却液温度、进气温度、爆震倾向等），将转矩转换为：

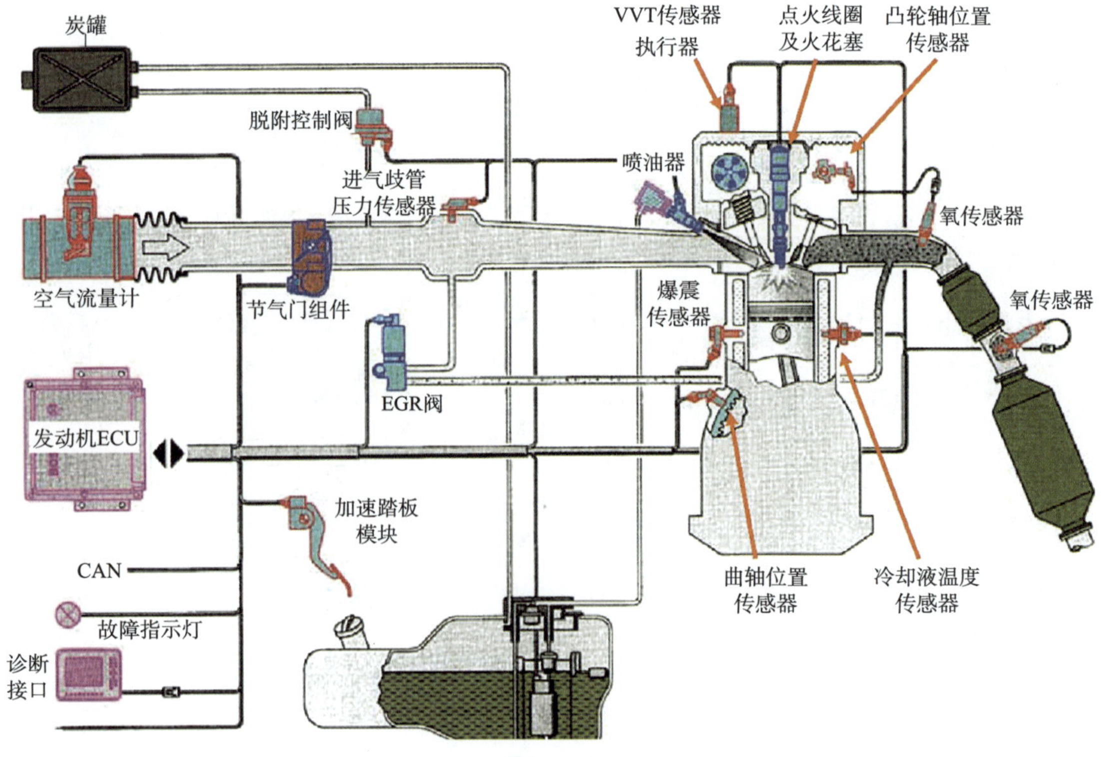

图 28–1　发动机电控系统的工作原理

1. 进入气缸的新鲜空气流量（通过电控节气门实现，由空气流量计或进气歧管压力传感器检测流量）。

2. 喷油量（通过燃油喷射系统实现）。

3. 点火提前角（通过点火系统实现）。

发动机电控系统可根据功能不同分为进气系统、供油系统、点火系统、排放控制系统、附件系统等子系统。各个传感器、执行器均分布在以上几个具有独立功能的子系统中。各子系统虽然相对独立，但是相互影响、相互辅助。

（二）发动机电控系统故障诊断

1. 发动机电控系统的检测

发动机电控系统具有自诊断功能，用于监测发动机管理系统是否有发生故障的迹象，存储故障信息，便于故障诊断和修理。自诊断工作原理如下：

（1）监测 ECU 的输入信号：判断传感器及引线的工作状态，判断是否断路、是否对电源或对地短路。

（2）监测传感器的供电电压。

（3）检查传感器测量值是否在正常范围内（如冷却液温度为 –40 ~ 150 ℃）。

（4）如有可相互印证的两个传感器的测量值，则进行可信度检查（如比较曲轴和凸轮轴转速）。

（5）对非常重要的传感器采用冗余设置，以判断和比较相关信号的可信度（如加速踏板采用两个位置传感器）。

（6）监测 ECU 的输出信号：判断执行器及引线的工作状态，执行器是否发生故障，是否断路、短路。

（7）将发动机管理系统中的数据与执行器控制信号进行比较，判断执行结果的真实性。如排气系统中，根据氧传感器的信号可以判断喷油器工作状况是否在规定范围内。

2. 发动机电控系统故障的处理措施

（1）存储故障码，点亮故障指示灯。

（2）跛行回家功能：发生故障后，电控系统启动应急功能，用预先设定的喷油、点火角度使发动机进入简易控制状态，如稳定在一个转速范围内，从而能继续工作，让汽车勉强行驶。

（3）熄火停机，避免车辆危险和造成进一步损坏。

3. 发动机电控系统诊断的注意事项

（1）确定故障现象，详细了解故障出现时的车辆情况。

（2）如果有故障码，根据故障码提示操作。

（3）根据故障现象，依次检查点火、喷油、进气系统零部件，并用诊断设备读取运行时的数据流作为参考。

（4）不要局限于某个传感器或子系统单独的故障，电控系统是一个整体，需要从整体考虑，如喷油器故障时系统可能会报氧传感器的故障码。

（5）分析故障现象，结合发动机电控系统工作原理，从简单到复杂，养成合理的诊断思路。

4. 发动机无法启动故障排除流程（见图 28-2）

5. 发动机加速无力故障排除流程（见图 28-3）

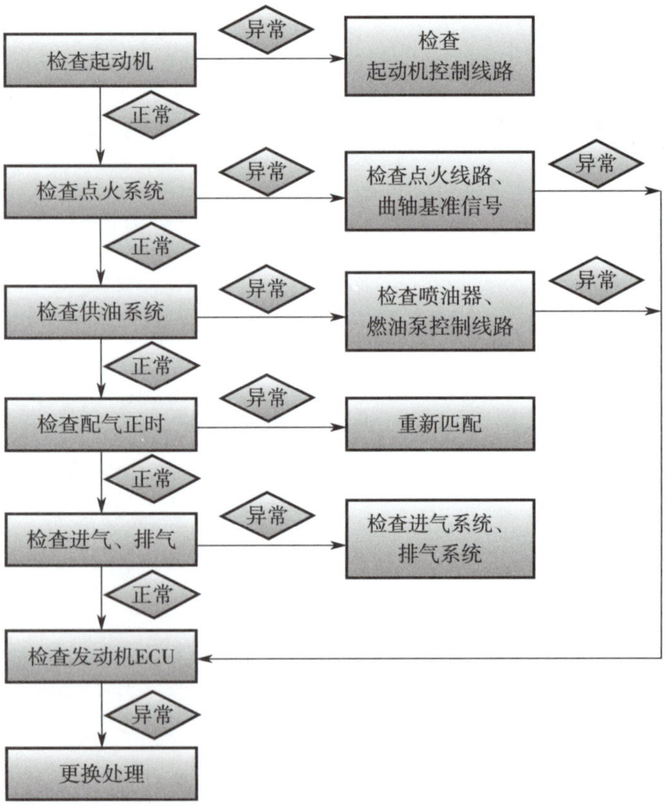

图 28-2　发动机无法启动故障排除流程

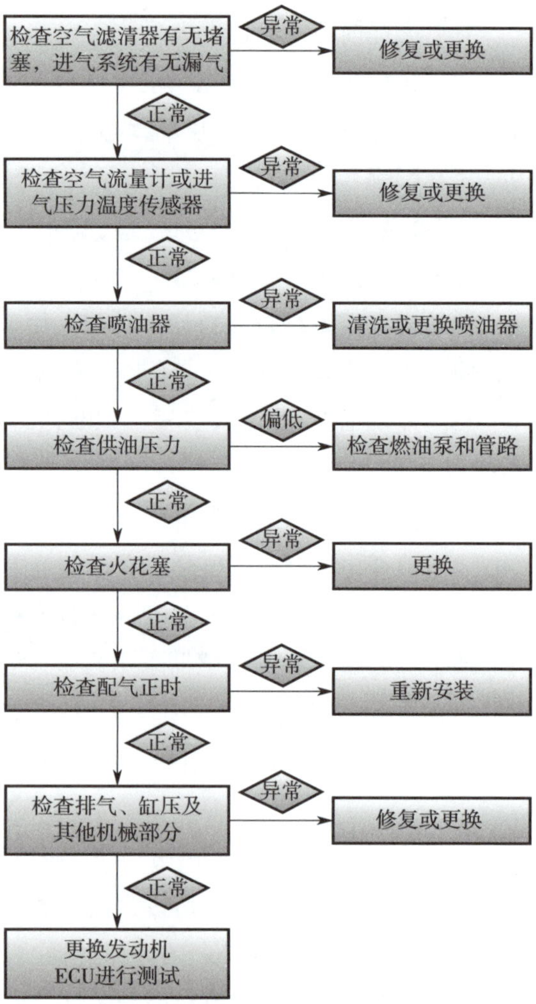

图 28-3　发动机加速无力故障排除流程

二、任务准备

在下列图片中勾选出完成本任务所需的工具、设备、资料等。

	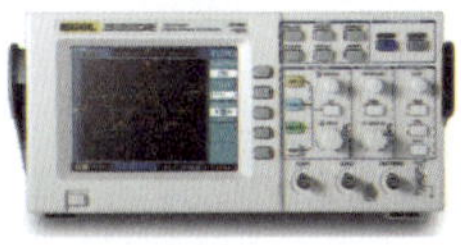		
扭力扳手	示波器	尾气分析仪	吹尘枪

专用诊断仪	工具车	工具套件	万用表

三、防护措施

1. 进入车间应穿工鞋、戴工帽；工作服应整洁，无破损；操作时不可佩戴手表等金属饰品，以防划伤车辆表面。

2. 举升车辆时应严格按照举升机使用方法进行操作，并通知其他人员远离举升设备。

3. 更换油液或配件时，应处理好油液和配件的回收清理工作，以免对工作环境造成污染。

观察下列车间操作图片，勾选出操作正确的图片。

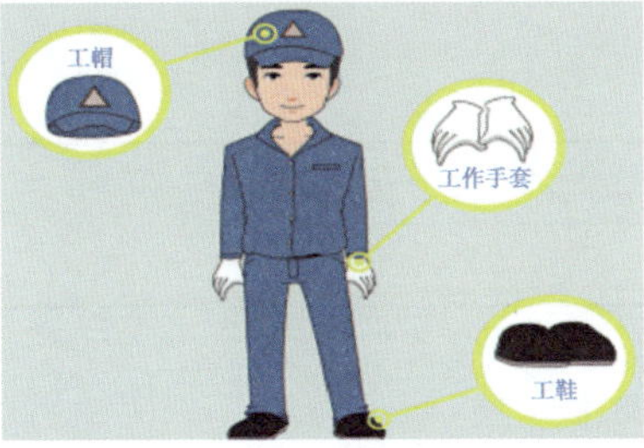		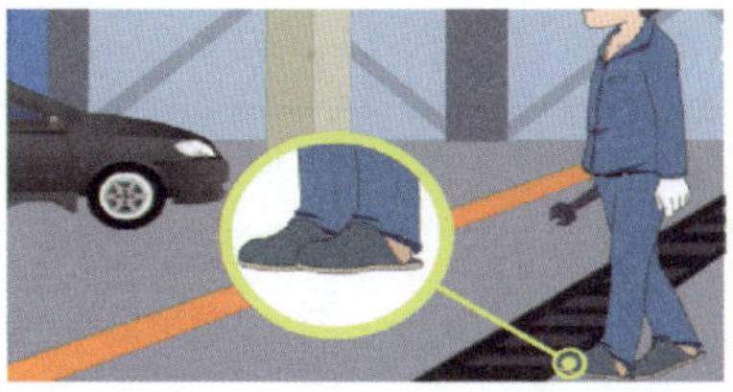

四、任务分配（见表 28-1）

表 28-1　任务分配表

职务	代码	姓名	工作内容
组长	A		监督、管理组员工作
组员	B		准备实训所需车辆及设备
	C		
	D		准备实训所需工具及资料
	E		

五、任务实施

（一）操作步骤

完成表 28–2 中工作内容对应工作步骤的排序。

表 28–2　操作步骤

工作步骤	工作内容
	将诊断接头插到车辆诊断接口上
	打开点火开关
	执行读取故障码信息的操作
	铺好转向盘套、座椅套、脚垫，打开发动机舱盖，铺好翼子板布
	连接汽车诊断设备
	分析数据流，排除故障
	整理工具并打扫现场卫生

（二）实施记录

结合实施过程，对照检查项目，填写实际的检查结果（见表 28–3、表 28–4、表 28–5）。

表 28–3　实施记录

检测项目	与诊断设备连接是否正常	安装位置
发动机电子控制单元（ECU）	是 □　否 □	

表 28–4　检测传感器的实施记录

序号	检测项目	故障码、数据流内容	检查结果	安装位置
1	空气流量计（AFS）			
2	曲轴位置传感器（CPS）			
3	凸轮轴位置传感器（CLS）			
4	节气门位置传感器（TPS） 怠速开关（IDL）			
5	进气温度传感器（LATS）			
6	氧传感器（O_2S）			
7	爆震传感器（DS）			

表 28–5　检测执行器的实施记录

序号	检测项目	故障码、数据流内容	检查结果	安装位置
1	燃油泵			
2	喷油器			

续表

序号	检测项目	故障码、数据流内容	检查结果	安装位置
3	点火控制器与点火线圈			
4	活性炭罐电磁阀			
5	氧传感器加热器			
6	怠速控制电动机			
7	空调驱动信号 点火反馈信号			

六、检查

（一）自检

结合本组任务操作过程，对任务执行过程中的操作规范性进行检查，检查操作过程中是否存在以下问题，分析讨论应如何避免并总结规范的操作方法（见表 28–6）。

表 28–6　自检

检查项目	检查结果
车辆停放位置是否合适，是否将变速器换挡杆置于空挡并拉紧驻车制动器	是□　否□
是否使用三件套对车辆进行防护	是□　否□
是否注意人身安全	是□　否□
发动机电控系统检测项目是否有漏项	是□　否□
工具、配件是否归位	是□　否□
工作场地是否清洁，车辆是否复位	是□　否□

（二）互检

组与组之间相互进行操作过程及结果检查，并把检查结果填写在表 28–7 中。

表 28–7　互检

检查项目	检查结果
车辆停放位置是否合适，是否将变速器换挡杆置于空挡并拉紧驻车制动器	是□　否□
是否使用三件套对车辆进行防护	是□　否□
是否注意人身安全	是□　否□
发动机电控系统检测项目是否有漏项	是□　否□
工具、配件是否归位	是□　否□
工作场地是否清洁，车辆是否复位	是□　否□

七、课堂小结

任务二十九　发动机电控系统综合故障诊断（二）

汽车发动机管理系统故障诊断与维修任务工单——发动机电子控制单元及执行器检查			
客户信息	姓名		电话
车辆信息	车型	VIN 码	行驶里程

客户描述：

车辆无法启动，不着车 □　车辆过颠簸路面时发动机熄火 □　发动机启动困难 □

车辆上坡时发动机熄火 □　发动机维持在固定转速 □　车辆加速无力 □

车辆行驶中发动机易熄火 □　仪表盘上 EPC 故障指示灯异常点亮 □　仪表盘上充电指示灯点亮 □

其他：

____

____

____

车辆外观检查	车辆内部检查
凹凸 □	污渍 □
划痕 □	破损 □
石击 □	色斑 □
油漆 □	变形 □

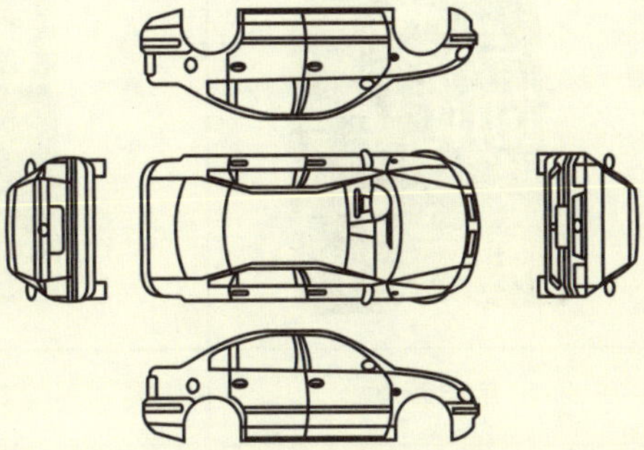

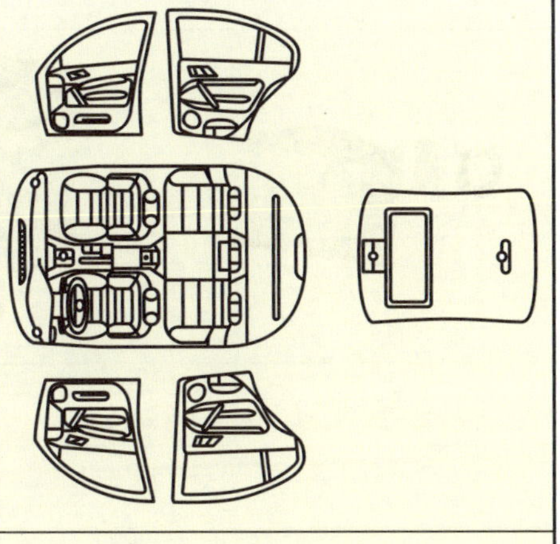

明确具体工作任务：

____

____

____

任务目标

- 能够独立、规范地完成发动机电控系统常见故障检查
- 能够正确、规范地使用专用诊断设备
- 能够对发动机电控系统的故障进行分析

续表

任务内容	● 发动机电控系统的工作原理 ● 发动机电控系统故障分析
任务重点	● 发动机电控系统综合故障诊断思路
任务难点	● 发动机电控系统综合故障排查

一、任务准备

在下列图片中勾选出完成本任务所需的工具、设备、资料等。

扭力扳手	示波器	尾气分析仪	吹尘枪

专用诊断仪	工具车	工具套件	万用表

二、防护措施

1. 进入车间应穿工鞋、戴工帽；工作服应整洁，无破损；操作时不可佩戴手表等金属饰品，以防划伤车辆表面。

2. 举升车辆时应严格按照举升机使用方法进行操作，并通知其他人员远离举升设备。

3. 更换油液或配件时，应处理好油液和配件的回收清理工作，以免对工作环境造成污染。

观察下列车间操作图片，勾选出操作正确的图片。

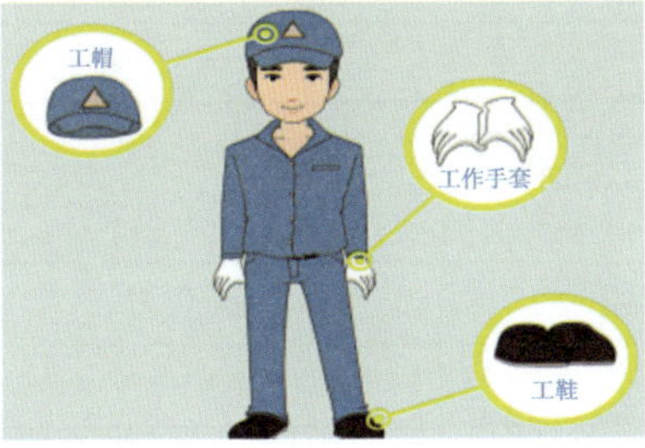		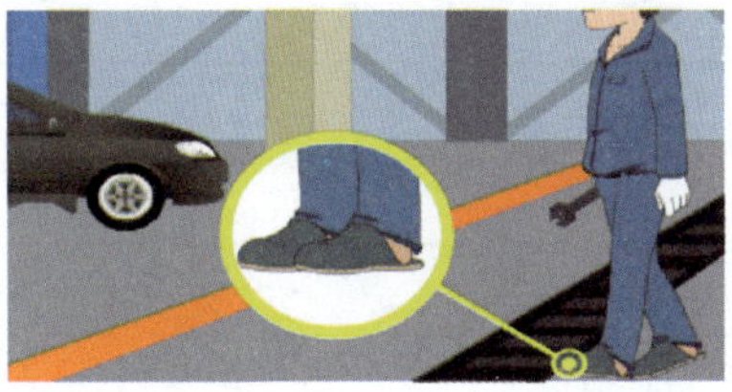

三、任务分配（见表 29-1）

表 29-1　任务分配表

职务	代码	姓名	工作内容
组长	A		监督、管理组员工作
组员	B		准备实训所需车辆及设备
	C		
	D		准备实训所需工具及资料
	E		

四、任务实施

（一）操作步骤

完成表 29-2 中工作内容对应工作步骤的排序。

表 29-2　操作步骤

工作步骤	工作内容
	将诊断接头插到车辆诊断接口上
	打开点火开关
	执行读取故障码信息的操作
	铺好转向盘套、座椅套、脚垫，打开发动机舱盖，铺好翼子板布
	连接汽车诊断设备
	分析数据流，排除故障
	整理工具并打扫现场卫生

（二）实施记录

结合实施过程，对照检查项目，填写实际的检查结果（见表 29-3、表 29-4、表 29-5）。

表 29-3　实施记录

检测项目	与诊断设备连接是否正常	安装位置
发动机电子控制单元（ECU）	是 □　否 □	

表 29-4　检测传感器的实施记录

序号	检测项目	故障码、数据流内容	检查结果	安装位置
1	空气流量计（AFS）			
2	曲轴位置传感器（CPS）			
3	凸轮轴位置传感器（CLS）			
4	节气门位置传感器（TPS） 怠速开关（IDL）			
5	进气温度传感器（LATS）			
6	氧传感器（O_2S）			
7	爆震传感器（DS）			

表 29-5　检测执行器的实施记录

序号	检测项目	故障码、数据流内容	检查结果	安装位置
1	燃油泵			
2	喷油器			
3	点火控制器与点火线圈			
4	活性炭罐电磁阀			
5	氧传感器加热器			
6	怠速控制电动机			
7	空调驱动信号 点火反馈信号			

五、检查

（一）自检

结合本组任务操作过程，对任务执行过程中的操作规范性进行检查，检查操作过程中是否存在以下问题，分析讨论应如何避免并总结规范的操作方法（见表 29–6）。

表 29-6　自检

检查项目	检查结果
车辆停放位置是否合适，是否将变速器换挡杆置于空挡并拉紧驻车制动器	是 □　否 □
是否使用三件套对车辆进行防护	是 □　否 □
是否注意人身安全	是 □　否 □
发动机电控系统检测项目是否有漏项	是 □　否 □

续表

检查项目	检查结果
工具、配件是否归位	是 □　否 □
工作场地是否清洁，车辆是否复位	是 □　否 □

（二）互检

组与组之间相互进行操作过程及结果检查，并把检查结果填写在表 29-7 中。

表 29-7　互检

检查项目	检查结果
车辆停放位置是否合适，是否将变速器换挡杆置于空挡并拉紧驻车制动器	是 □　否 □
是否使用三件套对车辆进行防护	是 □　否 □
是否注意人身安全	是 □　否 □
发动机电控系统检测项目是否有漏项	是 □　否 □
工具、配件是否归位	是 □　否 □
工作场地是否清洁，车辆是否复位	是 □　否 □

六、课堂小结

____

____

____